历史社会学的力量

郭台辉 著

创于1897
商务印书馆
The Commercial Press

本书是《历史社会学的技艺》的续篇,谨献给作为访谈对象的15位前辈学者,并致以最真诚的感谢。是他们让作者有机会进入历史社会学这片"茂盛森林",并进一步系统反思其历史脉络。

他们分别是伊曼纽尔·沃勒斯坦(Immanuel Wallerstein)、彼得·伯克(Peter Burke)、西德尼·塔罗(Sidney Tarrow)、迈克尔·曼(Michael Mann)、克雷格·卡尔霍恩(Craig Calhoun)、杰克·戈尔斯通(Jack Goldstone,中文名金世杰)、理查德·拉克曼(Richard Lachmann)、彼得·比尔曼(Peter Bearman)、杰夫·古德温(Jeff Goodwin)、凯伦·巴基(Karen Barkey)、朱莉娅·亚当斯(Julia Adams)、池上英子(Eiko Ikegami)、裴宜理(Elizabeth Perry)、托马斯·埃特曼(Thomas Ertman)和菲利普·戈尔斯基(Philip Gorski)。

内容提要

本书的核心观点主要有三方面：

第一是关于历史社会学的兴起问题。根据阿伯特划分的前学科时代、学科化时代和后学科时代三个阶段，西方历史社会学兴起于 20 世纪确定的现代学科分化体制，尤其是历史学和社会科学之间的学科分离，以及社会科学各学科的体系建立之中。换言之，在 20 世纪 30 年代之后，历史社会学才走进社会科学的学科化时代，在这之前则是前学科时代。因此，无论是马克思、韦伯还是涂尔干、托克维尔，都不是历史社会学兴起的先驱，而是处在前学科时代的学人。他们不是历史社会学的开创者，而是秉承着 18 世纪孟德斯鸠、伏尔泰、休谟这些启蒙思想家的历史社会研究传统，20 世纪兴起并发展至今的历史社会学是这一研究传统的延续。换言之，直到 20 世纪之后，前学科时代的历史社会研究才转化为历史社会学。

第二是关于历史社会学的性质定位问题。历史社会学虽然在当代国际学术界发展得轰轰烈烈，但并不是一个学术流派或一种独特的方法。很多学者想把历史社会学发展成社会学的分支学科，但都以失败而告终。相反，本书对历史社会学的定位是：给社会科学各学科领域的既定主题增加历史维度，包括提倡历史意识、追踪历史轨迹、提供历史材料。换言之，历史社会学为社会学增加了历史面向，成为沟通历史学和社会科学的桥梁。于是,它恰好起到一个很大的作用,即努力突破20世纪以来西方知识界的学科界限和学科分类体系。因此,历史社会学是反对现行学科分化分类体系的学术运动和学术潮流。在这个意义上我们可以说,没有现代西方的学科分化体制,就没有历史社会学,这是一个相反相成的关系。为此,历史社会学无法被安放在现行的学科体制之中,也难以进入历史学和社会科学的主流学科领域。简言之,历史社会学是一场反学科分化体制的学术运动。

第三是关于历史社会学的构成问题。不像系统论、博弈论和理性选择理论那样,历史社会学这场学术运动持续时间非常久,涉及的学者和知识非常庞杂,渗透到许多学科领域,最终导致研究力量和研究领域极其分散,研究策略高度分化。历史社会学研究策略的分化已经对现代学科体制构成严重的冲击:历史社会学一方面为社会科学的知识增加了历史来源与过程面向,活跃并繁荣了当代西方社会科学;但另一方面也面临着对社会科学的知识性贡献严重不足的困境,进而稀释这场学术运动,带来自我消解的可能。

正是因为这三方面,本研究突出的议题是反思西方历史社会学作为一种知识生产方式的合法性来源和基础性困境,并由此转换成本研究的问题意识:历史社会学为什么有强劲的力量?为何又会自我消解?其基础性机制是什么?其实,西方历史社会学无论是在积极方面作为一个反现代学科分化体制的力量,还是在消极方面出现了构成性的自我消解趋势,都与前学科时代的历史社会研究传统一脉相承。

在这个问题意识与预设基础上,本研究把前学科时代的历史社会研究传统划分为两大阶段:第一个阶段是在19世纪,主要体现为方法论原则及其冲突,包括密尔、孔德、马克思、托克维尔、涂尔干、韦伯等人,这些经典思想家内在的方法论分野与冲突直接为20世纪兴起的历史社会学所继承;第二个阶段是在 17—18 世纪,主要体现为认识论基础及其分化,这种分化不仅深远影响了 19 世纪方法论原则的分化与冲突,而且在根源上可以追溯到基督教神学的形而上学传统在中世纪后期的分解。无论是 17—18 世纪英国的经验主义、法国的理性主义还是德国的历史主义,这种认识论分化都要溯源到中世纪后期的上帝神学那里,因为圣父、圣子、圣灵的三位一体位格被"三位化",进而转化成 17—18 世纪三种认识论的形而上学来源。

因此,从历史社会研究传统到历史社会学传统,其背后不仅内含着西方文明史对时间和空间两种意识、两种观念传统的形而上学设定,而且各自在文明进程中内在地出现了分疏、争论和冲突。正是西方文明的不同时间和空间观念传统,形成了其独特的本体论预设、认识论原则、方法论基础以及具体研究策略,从而相应地决定了西方历史研究、社会研究及其相结合但不断分化的历史社会研究传统以及之后的历史社会学传统。所以,20 世纪的历史社会学学术史可以一直追溯到中世纪。与此相对应,本书的重点研究内容就是本体论、认识论、方法论、研究策略这四个层次及其内在转换方式,在时间上则以倒过来的逻辑布局书写各篇章。

致　谢

　　本书部分章节曾发表于各学术期刊,但受版面限制而有所删节,所删减的内容在本书中首次得到充分展现。特此感谢诸期刊的用稿及责任编辑的认真校对并允许结集成书。具体如下:

　　导论的部分内容曾以《历史社会学的时空预设与学术定位》为题,发表于《云南大学学报(社会科学版)》2021年第3期,感谢责任编辑宋琴琼老师;

　　第一章的第二、三节以及第三章的第四、五节曾以《西方历史哲学的形而上学问题及其转换——兼论柯林伍德、沃尔什的一致与分歧》为题,发表于《南国学术》2020年第4期,感谢主编田卫平老师;

　　第五章曾以《西方社会科学方法论的历史之维》为题,发表于《中国社会科学》2019年第8期,并被《社会科学文摘》2019年第10期、《人大复印资料·社会科学总论》2019年第4期转载,感谢责任编辑刘倩老师;

　　第六章曾以《历史社会学方法论的分化来源》为题,发表于《学术月刊》2019年第12期,并被《人大复印资料·社会学》2020年第3期转载,感谢责任编辑周奇老师;

　　第七章第一节曾以《历史社会学的构成性难题——由来、演化与趋势》为题,发表于《广东社会科学》2020年第3期,并被《社会科学文摘》2020年第7期转载,感谢责任编辑陈泽涛老师;

第七章第二、三节曾以《历史社会科学的分化——马克思主义的视角》为题,发表于《马克思主义与现实》2019 年第 5 期,并被《人大复印资料·政治学》2020 年第 1 期转载,感谢副主编黄晓武老师与责编张甲秀老师;

第八章第一节曾以《历史社会学的三种研究导向》为题,发表于《天津社会科学》2019 年第 3 期,并被《中国社会科学文摘》2019 年第 10 期、《高等学校文科学术文摘》2019 年第 4 期、《人大复印资料·社会学》2019 年第 4 期全文转载,感谢责任编辑唐静老师;

第八章第二、三、四节以《政治学转向什么历史?》为题,发表于《教学与研究》2021 年第 10 期,感谢中国人民大学王续添老师和责任编辑刘蔚然老师;

第九章曾以《历史社会学能化解学科之争吗?——基于西方学术史的结构主题模型分析》为题,发表于《社会学研究》2020 年第 3 期,感谢副主编张志敏老师与责任编辑刘保中老师。

最后,还需要特别说明的是,本书构思已久,但真正提笔撰写是在刻骨铭心的 2019 年,而初稿直到 2020 年夏天才现雏形。感谢商务印书馆责任编辑尹振宇老师,本书若没有他的信任与积极投入,也是难以面世的。

2019 年可能是我人生中最值得圈点的"高光之年",对我个体的生命历程产生了转折性的影响。其一,意外得来的双胞胎宝宝,很意外地在 4 月 9 日降生,比预产期提前了一个半月,体重分别为 1490 克与 1720 克,接着又住院 38 天与 53 天,然后在月子中心再过渡一个月,最终才回到家,至今健康快乐地成长。意外收获两枚千金,使我从此相信,人的一生充满不确定性与无限可能性,我们不是努力去选择方向或规划目标,而是在各种意外来临时从容应对。其二,几乎同一时期,投给《中国社会科学》的论文进入紧张的修改环节,外审之严,修改难度之大,要求之高,时间之紧迫,两个月里一轮又一轮的大篇幅修改,以至于经常通宵达旦地工作,至今都自认为难以想象。在这段时间里,修改压力既极限挑战我的知识储备与智慧,也高强度挑战我的体力与精力。但这足以让我相信,任何人都有无限潜力与上升空间,只要踏实进取,持之以恒,必有成效。其三,自5月份开始,自己的人事关系开始启动调动程序,但延续时间更长,直到10月份才完成。从工作了十几年的华南师范大学转入云南大学,档案调动和办理各种手续就花了半年多时间,其间的等待、煎熬以及各种材料的补充,涉及的部门之多、手续之繁,没有经历过真不知其复杂,这足以让我相信中国社会政治体制的稳定性与韧性。

在这些日子里,我的写作时间完全是碎片化的,从来都没有整天甚至完整几个小时的时间投入到写作中,随时都可能因紧要的杂事而中止思考与写作。幸好,任劳任怨的妻子与经验丰富的岳母精心照料俩嗷嗷待哺的宝宝,全身心投入其中,日夜不辞辛劳;俩宝宝又特别争气,回家后极少生病,更没有再去医院。这样,我一有时间就打开电脑,在家庭内部与外部的嘈杂环境中不断推进书稿的写作。当然,这也让我养成了一个习惯,可以不受外在任何干扰,包括宝宝此起彼伏的哭闹声与飞机的轰鸣声,随时随地进入阅读、思考与写作的状态。在此特别感谢家人十几年如一日支持我的学术研究,也让我有机会以这本书的面世来纪念人生这段艰难的"高光时刻"。

郭台辉

2021年7月7日星期三

于云南大学呈贡校区

目　录

导　论　历史社会学的时空预设与学术定位

历史社会学不是一种新的理论流派，因为没有内在逻辑连贯的思想观点；也不是新的研究范式，因为没有达成共识的基本概念；更不是新的学科领域，因为没有聚焦的研究议题。这也意味着，我们必须从本体论层次的原初意义重新定位"历史社会学"的知识范畴。

其实，历史社会学之"历史"是为人类社会现象提供历史形成的过程思维，为人类知识生产提供时间意识的变动面向；历史社会学之"社会"是展示人类多层次多领域的物理与精神空间，为人类生活的历史变迁提供一种结构性思维；而且，"历史"与"社会"相结合构成时空的关联意识。因此，历史社会学是以时空意识的结合为前提预设，以历史时间与社会空间两个面向的统一体为认识论基础，承接学科分化体制之前或者前学科时代的历史社会观念传统及其研究实践，更为客观地展示、理解、阐释并解释人类社会真实的生活情境与样态，抵制无空间结构性思维的历史研究与无时间流变思维的社会科学研究。

第一节　研究预设：从时空关联到时空体

人类是受时间与空间双重意识限制的存在物。其中，时间意识让人类感知外界客观事物与自我存在的渐变、突变、不变、周期变、线性变,空间意识则是人类对事物占位大小及其与周围关系方位的心理反映。时间与空间两种意识设定并限定了人类的自我意识,规定了"我是谁""我们是谁"的存在论问题。没有时间流变意识,人类就不知道自己从何而来,要通向何方;没有空间存在意识,人类就会迷失方位。同样,时间与空间意识设定了"事"的存在。无论是自然存在之事物,还是人类自身制造之事件,都必须通过时间流变与空间存在两种意识来界定,并在时空关系框架中赋予"事"以某种特定意义;反过来,时—空也因人—事而有意义。因此,人—事与时—空紧密结合在一起。

人类发明了一套测量自然属性的时空标准。时空有了刻度精确的、统一的计算方法,可以准确反映事物存在与变化的方向、次序与速率,人类以此定位世间万物及其与自身关系的存在距离。自然尺度的年、月、日、时、分、秒等单位计算时间的变化,千米等单位计算长宽高的绝对空间占位,东南西北的明确方向标记相对的空间位置。人类由此才能理解自己在宇宙空间中的存在和变化,明确与自然共处的物理位置次序。换言之,人类认识世界与自我,并确定彼此之间的关系次序,创造出一种时空交织的物理坐标系,使宇宙万物在其中都可以找到各就其位的存在及其变化位置,从而锚定自然界发生的与人类制造的各种现象。

时间与空间的社会属性及其相互关系更为复杂。人类的任何个体、家庭与社会群体都有独特而具体的时空意识,形成多层、多元、复合的时空观念结构,难以转换成自然的、统一的、线性的精确刻度,也难以整合到整齐划一的时空意识中。同时,时间意识之间、空间意识之间以及时空意识之间往往出现冲突、交织、争夺和分离。其中,时间是一种意识流体,没有始点与终点,只有主体自身设定并判断过去、现在与未来三个时间环节，并且始终立足于"现在"（present），才能回忆过去与期待未来，并建构三者的意识关联。如果没有当下时间意识的行动主体，就无所谓过去与未来，唯有"现在"能让人类在过去与未来找到思维与意识的起点、存在的基础与连续性的意义，进而把空间的所有存在物都纳入时间流变的次序过程中。但对过去的回忆与对未来的期待无时无刻不在争夺"现在"，以至于通常出现转向过去的与通向未来的两个"现在"。

同时，"在场"（present）表达人事的空间占位与此在，其社会属性是人类自身创造的制度、信仰、权力、交流和生活等规定性范畴，属于人造空间。但是，设定与构建社会政治空间，往往受制于传统观念的文化习俗和政治权力的制度性安排。其中，主权者对空间的界别与层级进行的权威性划分，定义了不同社会群体的存在位置、地位与身份关系，其目的在于对空间的垄断性占有，维持社会群体交往的规范与秩序，甚至是操纵时间观念。但这必然产生相对抗的力量，以抵制、反抗、争夺与颠覆既定的时空结构次序。

总之，人类的真实样态应该是生活在时空关系框架中的，既依托特定的物理空间并存在于具体的秩序空间中，又处于变化次序严格的自然与社会时间中。因在时空关系框架中发生的问题波及长波段的时间与大范围的空间，涉及大规模的人群以及复杂的事件，影响人类历史进程与社会结构变迁，促发人类反过来思考时空关联问题。因此，唯有把时间与空间结合起来的历史社会研究才能逼近人类存在的真实状况、人事结构与生态环境。

当然，有关时间与空间之间的关联性问题更为复杂，不同的文明体系有不同的时空观念，在文明进程的不同阶段对时间与空间之关系也有不同的理解。比如，近代西方在科学革命之后，牛顿奠定的经典物理学认为,时间和空间是两种不相干的独立存在物,其中时间是一种稳定的匀速运动的客观存在,是宇宙标准的"主时钟"。这种认识成为近代科学与自然哲学的基础性假设,因此,时间作为一种常量而被自然科学忽视。但进入 20 世纪之后,这种时空分离的经典假设也率先在物理学领域被颠覆了。1905 年,爱因斯坦在狭义相对论中指出,时间不是牛顿想象的匀速运动,宇宙不存在"主时钟",时间的变化取决于观察者的位置与运动。这意味着时间与空间紧密相连。德国数学物理学家闵可夫斯基进一步提出,时间与空间可以结合在一个四维的时空结构中:"从现在起,孤立的空间和孤立的时间注定要消失成为影子,只有两者的统一才能保持独立地存在。"[①]时空结构理论为广义相对论奠定了理论框架,颠覆了近代物理学奠定的绝对时空观念。

现代物理学开创的时空结构理论逐渐得到人文科学领域的回应。比如 1940 年俄国文学家巴赫金创造了一个新的合成词"时空体"(俄语 хронотоп,英语 chronotope),开创了西方历史诗学领域[②];到了 80 年代,历史学家海登·怀特以此探讨 19 世纪的欧洲世界[③]。在他们看来,时间与空间不可分割,空间存在的一切事物并非永恒不变的,而是必然卷入时间的流变,打上时间流逝的烙印,并且在时间中才能获得独特的意义与形式。时间及其各种表现都局限于具体空间中,并表现为具体事物。有了空间的限制,时间意识取代了基督教神学确立的线性论、进化论、时期论与阶段论;而有了时间意识的限制,空间便不再

---

　　① 爱因斯坦等:《相对论原理》,赵志田、刘一贯译,科学出版社 1980 年版,第 61 页。

　　② 巴赫金:《小说理论》,白春仁、晓河译,河北教育出版社 1998 年版,第 274—460 页。

　　③ 海登·怀特:《叙事的虚构性:有关历史、文学和理论的论文(1957—2007)》,罗伯特·多兰编,马丽莉、马云、孙晶姝译,南京大学出版社 2019 年版,第 16 章。

是绝对、普遍、静止、永恒不变的。因此,时空体是人认识事物的载体,事物是认识时空体的形式,时间在空间中展开,而空间通过时间来理解和衡量,并融入具体的事物整体中。

显然,时空体理论在自然哲学与人文科学领域得到了认可与经验实践,这超越了康德在先验论层面上的时间与空间关系讨论。康德把时间(Zeit)与空间(Raum)置于先验感性范畴,认为这是认识事物的两种基本形式。其中,时间是人的内感觉形式,所有人类活动都在时间序列中运行;空间是人的外感觉形式,一切感知和经验的对象都在空间中排列组合。这种内外感觉限制了人对事物的认知与判断。但是,时间与空间有不同的属性,外感觉是心灵之外的事物,需要时间与空间的共同参与,但内感觉形式比如心灵、精神、概念与数学思维只需要时间,而不需要空间参与。①

然而,相对论的时空体理论几乎没有对西方社会科学的主流范式产生影响。在20世纪前期,西方社会科学受实证主义的方法论主导和自由主义的意识形态影响,社会学、经济学与政治学等学科遵循数学、物理学、化学、生物学、心理学等不同的科学论假设和认识论逻辑,但主要还是受斯宾塞进化论的影响,专注于现时空中的具体社会、经济与政治问题,切断了与历史的关联。历史研究的主流范式也遵从兰克史学派的观点,专注于官方档案的史料考据,摆脱法律、哲学与神学的约束。换言之,20世纪前期,西方主流的社会科学研究已经不同于19世纪的历史社会研究,与历史学出现方法论分野,对人类社会生活的真实样态进行了时空切割。

①　康德:《纯粹理性批判》,邓晓芒译,人民出版社2004年版,第25—50页。

第二节 核心关注：历史社会学是什么？

西方社会科学主流范式在走向无历史与反历史的过程中，并非一路坦途，其学术分工遭到各方力量的抵制，其中最为典型并持续有力的就是历史社会学。历史社会学是抵制现代学科分类体制的标志，旨在把时间观念与历史意识重新带回仅关注当下空间的社会科学，承接了19世纪的西方历史社会研究传统。西方历史社会学迄今有了半个多世纪的历史发展，虽然仍没能突破社会科学与历史学的学科分类体制，没有真正实现"时空体"的理论追求，但的确以各种方式把时间与空间两种意识关联在了一起。

历史社会学是什么？这是一个本体论层面的元问题。我们只有直面这个不言而喻的元问题，才能回答"为何需要历史社会学"的因果论问题和"历史社会学有何用"的功能论问题。为了系统回答这个元问题，本书把西方历史社会学本身视为我们认识、反思与研究的对象，系统揭示其作为一种知识生产方式的前提预设、认识论基础、方法论原则、分析策略及其层级关系之间的历史演进过程。这构成了本书研究的核心内容。

也只有回答了这个元问题，我们才能解释当代西方知识界两种相互矛盾又彼此关联的学术现象：半个多世纪以来，西方历史社会学成就了一大批名学者与好作品，几乎所有具有国际影响力的社会科学家都有历史倾向；即便如此，西方历史社会学至今依然没有形成公认的核心概念和统一的研究议程，没有突破既定的学科分类体制，没有发展成为一个独特的学科领域。

第一种学术现象众所周知。西方历史社会学从20世纪60年代复兴以来,产生了许多国际知名的社会科学家,如沃勒斯坦、查尔斯·蒂利、斯考切波、迈克尔·曼等,他们广为流传的社会科学作品无不关联于历史研究。这些倾向于历史的名家名作不仅成功抵制了功能论、系统论、博弈论等西方学术界反历史的主流范式,而且强烈不满实证主义、现代化、理性选择等主导西方社会科学的理论与方法论基础。他们共同表达出一种反现行学科分化体制的学术立场,试图打破历史学与社会科学之间的森严壁垒,汇集为一股强劲的学术运动,成为当代西方社会科学领域最具活力和创造力的一股学术力量。

从19世纪前期开始,历史学开始发展成为一门现代学科、学术传统和研究职业,专注于一手史料的真实性及其考证,关注严格的时间安排与具体的历史过程。几乎与此同时,社会科学在方法论层面独立于自然科学,随后逐渐丧失历史感,也脱离与历史材料的关联,专注于永恒不变的普遍规律、法则、结构、秩序、逻辑等非历史或反历史的目标。从此,历史与哲学出现了方法论分离,逐渐呈现没有时间的社会科学研究和没有结构性思维的历史研究两种研究范式。如果说历史学与社会科学或哲学在19世纪的分化更多是在观念上,那么,进入20世纪,知识生产的世界中心从欧洲转向没有历史意识的美国,加剧了历史学与社会科学之间的学科分化,并高度体系化和建制化,以至于近乎成为常识的是,历史学关注过去具体情境的特殊性,而社会科学关注现在民族国家空间的普遍性。

实际上,时空分离的研究预设与知识生产方式只是20世纪之后西方尤其是美国学术界人为建构的结果,并不符合人类社会生活的真实状态。人类本应该是时间与空间关系框架的存在物,其真实状态是时空一体化即"时空体",时间流变和空间占位两种属性缺一不可、不可分离。时空体意识带来历史与社会两个面向相结合的观念，相应形成了历史社会研究的知识生产传统，而历史社会学是历史社会研究传统在西方现代世界兴起的表现形式。

在这个意义上，历史社会学具备"破"与"立"两种力量："破"在于抵制 20 世纪以来西方主流历史学与社会科学之间彼此分割的学科建制；但更重要的在于"立"，即当代一部分社会科学家不满于时空分离的知识生产状况，以历史社会学的名义，恢复或继承自 17—18 世纪以来近代欧洲知识界在认识论层面奠定的历史社会研究传统——如孟德斯鸠、休谟、伏尔泰等启蒙哲人一样，关注人类真实的经验世界，运用时间与空间的双重意识，把历史与哲学真正勾连起来，而 19 世纪的托克维尔、马克思、韦伯等思想家承此历史社会研究传统，成为 20 世纪历史社会学兴起的思想源泉与知识合法性基础。

第二种学术现象也不难理解。西方历史社会学在学术史上曾经出现两次学科化的尝试，但都以失败而告终。第一次尝试是在初创时期。"历史社会学"（historical sociology）这个术语出现在 20 世纪 30 年代的美国社会学学科内部。这个术语的出现是为了反对没有历史意识的主流社会学范式（以芝加哥学派为代表），主要以人类学领域为基础，抵制斯宾塞的线性进化论，并视之为社会学学科的一个子学科领域。然而，这种尝试失败了，因为它所批评的诸多范式，诸如反历史的、抽象经验主义的线性进化论、结构功能论，非历史的"中层理论"以及心理—行为分析等，后来都占据社会科学领域的主导地位。

第二次尝试出现在 20 世纪六七十年代。历史社会学再次复兴，在更大范围吸收知识资源，包括英国经济史、法国年鉴学派、美国社会史、德法的批判理论、马克思主义史学等等。同时，历史学领域兴起定量史学和新社会史，借用社会科学的概念、理论、方法与模型展开历史研究。历史学与社会学出现从未有过的亲密,历史社会学亦迅速成为跨学科运动的"旗手"。这段时期,以巴林顿·摩尔与斯考切波为代表的社会学家们抵制以帕森斯为主导的功能论与系统论,提倡采用比较历史分析方法,专注于经济、军事、国家、革命等议题,与马克思、韦伯、托克维尔等 19 世纪经典理论家一样关注传统向现代转型的大问题。到 20 世纪 80 年代前期为止,历史社会学通过学会、论坛、期刊、课程、奖项以及各种研究与教学平台等表现方式,已经获得主流社会学学科的认可,似乎成功实现了学科化建制。

　　然而,在 1990 年前后,历史社会学遭到了来自历史学的集体发难,也引起一部分倾向于历史的社会科学家的自我反思与转向。在 90 年代之后,历史社会学研究开始出现新的变化:在主题上扩展现代性空间,从物质性的经济政治到非物质性的文化社会,从中心的精英群体到边缘的底层大众;在问题意识上转向行动、观念与关系网络,多样化研究反现代性的社会条件,并与当下热点结合;在方法上重视叙事分析与过程阐释,弱化实证性与结构性解释的主导地位。因此,历史社会学的既定学科基础遭到质疑。

　　进入 21 世纪,随着世界形势的巨大变化与充满不确定性,移民、文化、宗教、帝国/殖民、民族等成为历史社会学的新议题,且难以被束缚于既定的民族国家视域,而是经历了从微观到宏观,从事件的快变到长时段的慢变,从村庄的小区域到全球的大规模,从经验的社会领域到信仰、心灵与艺术等精神领域的转变。历史社会学的研究主题呈碎片化的扩展。同时,分析策略同样也呈现多样化趋势,包括回归比较历史分析,发展中层理论的机制研究和网络分析等,而时间理论化则成为历史社会学不可绕过的环节。议题的碎片化与方法的多样化并存,使历史社会学大大溢出了作为社会学的子学科范畴,甚至超出社会科学的研究议题。从此，社会学作为母体学科，已经无法为历史社会学提供充足的理论与方法，相反，历史社会学的新发现也不再仅仅反哺社会学或者社会科学，而是在客观上为人类的知识生产丰富历史面向，或者提供历史基础。

第三节　前世：西方历史社会研究传统

每一种文明与文化体系都存在自己的时间与空间意识及关联性，为历史社会观念及历史社会研究传统的认识论基础确立一个统一的形而上学预设，本书把西方历史社会学的学术史置于时空视野更宏大的西方文明史脉络中，视之为西方历史社会研究传统在 20 世纪的延续。

在西方文明史上先后出现过两种主要的时空关系观念：古希腊时期，城邦秩序的空间意识占据绝对的主导地位，追求永恒绝对的确定性法则，抵制或逃避时间流变带来的焦虑，与之相契合的是一种周期性循环变化的时间观念；进入中世纪之后，基督教神学接受希伯来文明的线性时间观念，时间的流变意识开始依据上帝的创生和尘世人类的救赎，获得了统一的开端与结束。从此，历史不再仅仅指向过去，还根据上帝的指示乐观地通向未来；而在人类的精神空间归属"上帝之城"之后，身体的物理空间即"尘世之城"已经不重要了，并且在线性历史中找到了信仰的特定位置，时间与空间意识统一为一体。在时间之"环"转换为"箭"[1]时，空间观念也从主导地位转变为服从时间观念。

---

[1]　"时间之环"与"时间之箭"的比喻，参见柯文尼：《时间之箭》，江涛译，湖南科学技术出版社 2007 年版。

从此,西方文明史上不仅存在两种时间观念的冲突,存在物理与精神空间观念之间的张力,还存在时间与空间两种观念之间的竞争。

主导现代西方文明进程的时间观念依然是延续中世纪基督教的神学传统。虽然近代启蒙运动倡导理性化与世俗化转型,但中世纪的神学体系对"时间之箭"的绝对预设并没有随着基督教神学的衰退而退场,而是通过进步、增长、发展等先验预设的主流观念得以保留与延续,并完整反映在 19 世纪的社会进化论与 20 世纪的现代化理论中。同时,古希腊空间观念中的因果、规律、法则、确定、永恒等意识通过启蒙运动提倡的理性精神而得以传承,并且与线性进步的时间观念结合在一起,成为现代西方哲学、历史学和社会科学共同的时空观念基础。时空观念的一脉相承使西方文明进程从中世纪到近代得以不间断地延续,但时间、空间及其之间关系的观念分歧导致现代西方文明体系的内在紧张、冲突与分化。

具体来说,西方近代思想家们普遍接受基督教神学的线性进步史观,并以不同方式视之为形而上学的前提预设,在此基础上接入"我能知道什么"的认识论问题和"我如何知道"的方法论问题。然而,基督教神学体系的内在张力导致圣父、圣子、圣灵的分化,各自对自然、理性、意志、历史的地位优先性有不同的理解,为近代的认识论分形奠定了形而上学基础。其中,培根以圣子的自然神为形而上学预设,发展出英国的经验主义认识论传统,笛卡尔以圣父的理性神为预设,发展出法国的理性主义认识论传统,维柯坚持圣灵的意志神预设,发展出人文主义与历史主义的认识论传统。17—18 世纪法国启蒙运动与英国苏格兰启蒙运动竞相发展,相互也有所吸收与融合;时间意识领域的历史观念与空间意识领域的哲学观念也结合在一起,并通过"自然""真理""科学"的现代语言表达出来。同时,从 17 世纪后期开始,以意大利思想家维柯为代表,掀起了反启蒙运动,18世纪德国哲学家推动历史主义认识论传统的形成,奠定了19世纪前期与近代西欧思想传统分离的基础。

因此,近代欧洲文明一方面继承了中世纪神学传统的进步观念,但另一方面是内部存在明显的观念分化。英、法、德三国代表了近代欧洲三种主要的文明与文化传统,对自然、历史、世界、人等有不同的前提预设,决定其历史社会观念的认识论及方法论,相应地形成不同的历史社会研究传统。同时,随着自然科学的飞速发展和工业革命的巨大成就,尤其是法国大革命带来的秩序混乱,欧洲思想家们致力于以数学推理或物理试验的思维与方法,建构人类未来美好的社会政治秩序。最终,在18世纪末19世纪初,英法思想家致力于寻找因果法则与普遍规律的社会科学,相应也把时间意识领域的历史观念降格为记录过去的文字材料,并用作社会科学的论证材料与试验场地。随着德意志民族意识的崛起,德国思想家越来越明确地抵制英法传统的理性主义与经验主义认识论,坚定地以历史和人文为观念基础,抵制科学主义思潮,而德国历史学家不满历史与哲学的混同,要求在方法论层面区分追求普遍性的哲学与追求特殊性的历史学。从此,二者出现了时空分离。以此为滥觞,讨论时间次序的历史研究发展成为职业化、学科化的历史学,把空间秩序带入时间流逝过程,而专门研究秩序空间的稳定与进步,成就社会科学,历史成为其中的论证材料。

19世纪的历史学与社会科学之间的研究路径及目标存在很大差异。在历史学方面,德国历史学家兰克秉承德国历史学派传统,把历史研究视为严肃的科学研究,主要任务是甄别史料来源的真实性以追求客观事实,发展出兰克史学派。虽然兰克史学的特点保持形而上学层次的"上帝之手"和认识论层次的普遍历史,但兰克史学派却更推崇兰克史学的方法论层面,即追求档案史料的真实性与独特性,而抽离其"上帝"预设——这在法国发展成为史料派和史学方法论派,在英国则成就了19世纪后期以阿克顿为代表的剑桥史学派。

在社会科学方面,法国与英国思想界提倡在自然科学成就的基础上发展社会科学。其中,英国以密尔的《逻辑体系》四卷本为典型,在18世纪经验哲学传统的基础上,突出方法论层次的逻辑经验主义;斯宾塞的社会进化论则成为19世纪英美社会科学的圭臬。当然,法国的孔德为西方主流社会科学奠定了方法论基础,他糅合英国经验主义与法国理性主义两种哲学传统,以鸿篇巨制的《实证哲学教程》六卷本开创实证主义哲学体系。

当然,历史学与社会科学的学科分化趋势在19世纪前期停留在观念层次,只是到19世纪后期才开始进入组织化与制度化的发展过程。同时,如果说历史学作为一门学科的内在同质性较强,而社会科学的内在分歧很大的话,那么按对待历史的不同态度,可以划分出三种类型的历史社会研究传统。其中,孔德与密尔可谓解释型社会科学传统的奠基人,旨在寻找社会结构有序运行的基本法则与因果规律,是20世纪西方社会科学主导范式的先驱。他们倾向于把历史视为寻找永恒秩序的试验场和论证材料,历史本身丧失了本体实在论的意义。马克思属于第二种类型,从阶级分析出发,开创一种批判型社会科学传统,寻找资本主义社会的历史形成与内在构成原因,反思并批判其阶级剥削、压迫与异化的社会机制,并提供超越资本主义社会的基本方案。社会科学的批判传统从历史过程来看待社会的构成与运行规律,历史与社会不可偏颇地结合在一起,也成就一种独特的历史社会研究传统。第三种类型是韦伯从历史个体分析出发奠定的阐释型社会科学传统。在德国,历史主义与人文精神成为思考社会运行与变迁的实在基础,科学则是历史社会研究从局部扩展到普遍的论证手段。相应的,韦伯意义上的社会科学具有工具性意义,旨在阐释独特、具体的历史过程,由此形成一种以历史为本体的历史社会研究传统。

当然,此外一种是叙事型的历史社会研究传统。这并非源于社会科学,而是来自反兰克史学派的社会史、文明史与文化史领域。这个传统的开创者是19世纪中后期的经济史家罗雪尔、法律史家蒙森、民族史家兰普兰希特、社会史家约翰·格林、文化史家布克哈特等人。他们的共同特点在于抵制兰克史学派的唯政治史与唯官方史料导向,主张在专门史与非官方史料中探析民族精神的结构性与普遍历史的内在规律性。这种叙事型的历史社会研究传统为20世纪90年代历史社会学兴起的叙事分析提供了知识资源。

概括起来,古希腊时期确定秩序空间主导且时空一体的西方文明特征,中世纪基督教神学体系奠定历史哲学传统及其线性进步的形而上学预设,近代则分化出三种特殊的形而上学预设,即自然神—机械动力论预设、理性神—唯灵论预设与意志神—辩证动力论预设,并带来相应的认识论转型,由此决定17—18世纪三种历史社会研究形态,即经验主义、理性主义与历史主义。在此基础上,19世纪在方法论层面相继兴起解释型、批判型与阐释型三种社会科学类型,并演化为四种历史社会研究范式。其间的关联、交织、对立与冲突直接影响到20世纪的历史学与社会科学发展,而20世纪兴起的历史社会学恰恰延续与糅合了19世纪几种典型的历史社会研究传统。

第四节　今生:西方历史社会学的出场与收场

　　对于西方历史社会学的学术史从何开端、如何划分阶段的问题,西方学术界已有几种观点。在西达·斯考切波、史密斯、德兰迪等人看来,韦伯、马克思、托克维尔、涂尔干等 19 世纪的经典社会理论家是创建者,20 世纪前期的重要学者与伟大作品是战后历史社会学复兴的直接资源,如波兰尼的《大转型》与埃利亚斯的《文明的进程》,更直接的是以马克·布洛赫与布罗代尔为代表的"年鉴学派"以及以佩里·安德森与汤普森为代表的英国左翼史学,而艾森斯塔德、本迪克斯、查尔斯·蒂利、沃勒斯坦、巴林顿·摩尔等人则是美国历史社会学的直接推动者。[①] 史密斯与朱莉娅·亚当斯等人把历史社会学的学术史划分为三次浪潮:18 世纪的孟德斯鸠和休谟以及 19 世纪的托克维尔、马克思、涂尔干与韦伯为第一波,20 世纪 50—80 年代的学者是第二波,而90 年代之后的学者则是第三波。[②]

　　这些划分方法是根据后人对历史社会学研究特征的理解与要求,以"历史倒溯"的方式追溯其历史源头。在斯考切波看来,"真正的历史社会学研究"有四个特征:1.基于时空来思考社会结构与过程问题;2.强调过程并在时间场景中解释结果;3.重视个体生命与社会转型中

---

　　① 斯考切波编:《历史社会学的视野与方法》,封积文等译,上海人民出版社 2007年版;史密斯:《历史社会学的兴起》,周辉荣等译,上海人民出版社 2000 年版;德兰迪、伊辛主编:《历史社会学手册》,李霞、李恭忠译,中国人民大学出版社 2009 年版。

　　② 史密斯:《历史社会学的兴起》,周辉荣等译,上海人民出版社 2000 年版;Julia Adams et al. (eds.), *Remaking Modernity: Politics, History, and Sociology*, Durham, NC.: Duke University Press, 2003。

的意料或非意料后果，体现行动意义与结构背景的交互作用；4. 主张社会结构类型及其变迁模式的特殊性与多样性。① 他们根据这些特征将历史社会学追溯到 18—19 世纪。然而，这些划分标准存在三个问题：1. 悬置了时空坐标系与进化论预设及其奠定的西方历史社会研究传统；2. 没有在 20 世纪兴起的历史社会学与 18—19 世纪的历史社会研究传统之间做出区分；3. 没有重视历史社会学在抵制同时期学科分化体制中发挥的重要作用。

其实，如前文所述，19 世纪初创的社会科学并没有制度与组织上的学科分化，也不存在事实上的历史社会学，只有前学科意义上的历史社会研究传统；而 20 世纪兴起的历史社会学恰恰充当了抵制同时代学科分化体制的批判武器。因此，本研究以产生"历史社会学"（historical sociology）这个术语的 20 世纪前期为起点。目的有四：1. 找到历史社会学与 19 世纪历史社会研究四个传统之间的连续性与断裂；2. 明确历史社会学在不同发展阶段汲取同时代的知识资源，以此抵制历史学与社会科学之间的分离及其内部日趋分化的学科体制；3. 更为清晰地展示历史社会学研究的构成性困境与分化来源问题；4. 为当代西方历史社会学诸多相互竞争的分析策略寻找知识合法性来源。

在这个意义上，历史社会学继承、延续与糅合了 19 世纪及其之前的形而上学预设、认识论基础与方法论原则；西方文明体系内部各个知识传统之间存在的诸多紧张、冲突与竞争，充分反映在历史社会学各种分析策略的分途中。

根据查尔斯·蒂利的概括，20 世纪的历史社会学有四种分析策

---

① 斯考切波编：《历史社会学的视野与方法》，封积文等译，上海人民出版社 2007年版，第 2 页。

略①：1.因果分析，其特征是重构过去，以启示当下和未来的人类选择。哈贝马斯的公共领域与协商民主、斯考切波的国家与社会革命属于这种路径。2.模式解释，其特征是寻求跨时空的、周期性的结构与过程。本迪克斯的国家形成和迈克尔·曼的社会权力是其中的典型。3.过程阐释，主要考察社会在具体时空中的相互作用，比如蒂利本人的社会运动和抗争政治。4.范围延伸，把当代社会科学的技术或模型运用到历史情境中，如20世纪70年代兴盛的新社会史和定量史学。同样的，斯考切波把二战后兴起的历史社会学归纳为三种策略：1.运用普遍模式解释特定历史；2.运用或修正经典概念和主题，重新阐释历史进程；3.对历史偶然事件的因果关系做出科学分析。②皮尔逊批判性地指出了社会科学转向历史的三种方式：1.因果分析的"历史即研究往事"，以理解当代社会问题；2.模式解释的"历史即搜寻例证性材料"，以论证既定的普遍命题；3.提炼方法的"历史即产生更多案例的场所"。③

　　同时，德兰迪与伊辛在方法论层面把历史社会学分为科学与阐释两个知识传统：科学型的历史社会学从孔德与涂尔干的社会学传统发展出来，体现在年鉴学派的史学传统中，并在美国历史社会学中得到

---

①　Charles Tilly, "Historical Sociology", in Neil Smelser, Paul Baltes (eds.), *The International Encyclopedia of the Social & Behavioral Sciences*, Oxford: Elsevier, 2001, pp.6753-6757.

②　斯考切波编：《历史社会学的视野与方法》，封积文等译，上海人民出版社2007年版，第373—407页。斯考切波本人的研究也徘徊于科学与历史之间，早年更倾向于科学化解释，充分发展并运用了休谟、密尔的比较分析方法，但在后来对美国本土的研究中采用了不同的路径。

③　皮尔逊：《时间中的政治：历史、制度与社会分析》，黎汉基、黄佩璇译，江苏人民出版社2014年版，第5—6页。这三种方式的共同特点是都没有尊重历史学的时间性与人文性，而是把历史作为论证的工具。当然，社会科学家也有尊重历史并以此为基础的，并且得到了历史学界的认可，比如查尔斯·蒂利。

继承;阐释型的历史社会学是以韦伯的阐释社会学传统和英国的社会史为导向的新史学传统。[①]威廉·休厄尔从时间意识的角度把历史社会学研究划分为三种类型,即以宏大理论为旨趣的"目的论时间",以历史案例为分析对象并以实验思维为导向的"实验时间",而他提出"事件的时间",主张把具体研究的历史事件置于相互关联的事件链条中,旨在把历史叙事带入历史社会学研究。[②]

本书多层次、多角度地定位西方历史社会学的学术图景,并提出与上述不同的类型学划分。其中,在学科地位上,把科学型的历史社会学视为"历史的社会科学化",而阐释型的历史社会学则是"社会科学的历史化"。在研究导向上,历史社会学可以分为理论导向、方法导向与问题导向三种不同的学术追求:理论导向强调知识的性质,方法导向关注研究的思维与方法,问题导向则重视研究的目的。在学科范畴上分为两种:其中,把历史研究与社会科学各学科的结合视为广义的"历史社会科学"(historical social sciences);相比较而言,沃勒斯坦倡导整合社会科学的内在差异,并与历史研究的整体结合,是一种狭义的"历史社会科学"(historical social science)。在此基础上,又进一步划分两种类型:"总体表现的"历史社会科学是指总体社会及其各领域、各领域内部实现统一的有机联系;"总体结构化的"历史社会科学是社会单一领域对社会总体的运转与变迁起决定作用。

纵观40年来的当代学术史,我们可以看到,历史社会学存在方法规范化与主题多样化两种学术运动,推动着上述诸多类型的分化、交

---

① 德兰迪、伊辛主编:《历史社会学手册》,李霞、李恭忠译,中国人民大学出版社2009年版,第2—4页。

② 休厄尔:《历史的逻辑:社会理论与社会转型》,朱联璧、费滢译,上海人民出版社2013年版,第3章。

又与融合。其中,20世纪80年代兴起的方法规范化运动,通过方法讨论来获得较稳定的理论基础,但面临研究主题的固化;90年代,历史社会学转向主题多样化运动,研究主题得到较大的扩展,但动摇了其原有的理论共识。这两种学术运动的矛盾与交替表明,历史社会学不能化解传统学科的"体""用"之争,而是转移为内部紧张,使之成为历史社会学自我更新的动力与充满活力的源泉。在21世纪,西方新历史社会学重启中层理论的研究策略,可能会发起新一轮的方法规范化运动。由此,方法与主题之间的竞争难以消停,既刺激了历史社会学的发展,又不断给西方社会科学提供丰富的知识滋养。

当然,上述分析策略的差异和斑驳的分析类型以及交替的学术运动直接源于方法论原则的分野,更根本的来源则在于认识论基础及其形而上学预设的分化。这些差异及之间的竞争、冲突与调和,已经无法安放在任何单一的学科范畴内来理解,而是成功地挑战了现代西方尤其是美国知识界主导的学科分化体制。尽管如此,历史社会学在21世纪的最新发展不断抛弃其历史学与社会学的学科母体,使"历史社会学"这个术语不堪其内容之重,已经越来越"名不副实"了。人文、艺术、自然等知识领域纷纷转向其自身的历史过程,不断涌入、重叠、交错与汇聚在一起,逐渐以"历史社会科学"来表达之。依此趋势,当所有知识领域都启动历史意识,所有研究主题都转向自己的历史过程,或者由历史研究主导社会科学时,历史转向便不再是一场社会科学的运动。作为一种学术运动的"历史社会科学"也将与"历史社会学"一样,走向"终结";与此同时,社会科学不断扩大研究议题,不断包容并吸收人文、艺术与自然科学,历史研究可能成为社会科学的一部分。

总之,20世纪西方世界兴起的历史社会学,最初是从社会学学科领域内发起的最狭义的分支学科,后来上升到历史学与社会学的学科阵营之间，如今进一步突破历史学与社会科学的既定学科范畴，成为人文与自然科学都能参与其中对话的知识场域。这个变化过程表明，历史社会学作为一种学术运动，不断打破西方现代学科分化体制的知识壁垒，抵制时空分离的学术研究格局。

历史社会学的合法性基础源于西方历史社会研究传统在 17—18 世纪奠定的认识论基础，以及 19 世纪形成的方法论原则，但历史社会学的内在分化与冲突在观念上源于历史社会研究传统的形而上学预设。知识基础使历史社会学无法安放在现代任何既定体制的学科体系下，而观念冲突作为其内在的力量则决定了历史社会学分析策略的多元化及其发展路径。

因此，本书研究的全部内容是，立足于西方文明史的时空关联与时空体及其内在的构成与分化问题，从形而上学预设、认识论基础、方法论原则、分析策略四个层次，系统研究西方文明进程中的前学科时代到学科化时代，展示从历史社会研究传统到历史社会学的前世今生。相应的，全书除了导论与结论之外，正文共九章，分为两部分：前一部分六章集中探讨历史社会学的"前世"，即西方历史社会研究的观念渊源与认识论基础，包括西方文明史演进过程中的时空预设、历史社会观念传统及历史社会研究实践；后一部分三章关注"今生"，即 20 世纪以来西方历史社会学的学术史，探讨其来源、构成、类型、特性、困境、演化过程与趋势等几个问题。

第一章　历史社会研究的时空预设[*]

第一节　古希腊文明的时空关联

空间观念是理解古希腊文明兴起与秩序结构的核心,时间观念则是理解其流变与衰亡的关键,只有把空间与时间两种观念统一起来,才能完整地理解古希腊文明及其对后世西方社会历史研究产生重要影响的观念渊源。古希腊文明的"空间"概念不能简单地从地理疆域意义上,也不能简单地从人口聚集与资源占有意义上来理解,而是指一套秩序结构和理念精神,旨在接纳与塑造事物的本质,从而把原本的无序状态变成正当的秩序存在。古希腊的时间观念是在理念的永恒存在与感觉的瞬间存在、静止稳定与运动循环之间进行比较时形成的,因此虽然与代表永恒真理的空间观念同时出场,但却处于明显被排斥、被抵制的次要位置。这种时空一体观首先产生于古希腊的神话中,然后在物理学、政治学、哲学、历史学等领域充分展示出来。

　　*　本章第二、三节曾以《西方历史哲学的形而上学问题及其转换——兼论柯林伍德、沃尔什的一致与分歧》为题,发表于《南国学术》2020 年第 4 期。

一、神话

古希腊神话是西方文明的真实来源。古希腊历史分为森林时代（氏族时代）、青铜时代（英雄时代）与平民时代（城邦时代）三个阶段。第一个历史阶段产生的神话，成为历史的起源，后人只能通过神话来获得关于古希腊文明起源的信息，因此这一阶段也被称为"神话时代"。根据法国人类学家维尔南的分析，古希腊诸神话中有两个特别的神祇，即赫斯提与赫尔墨斯，两者缺一不可但非亲非故。赫斯提居住在四方形的房子中央和大地的中心，象征着人类居所的中心，意味着确定性、不变性与永恒性，构成人类空间开拓的宇宙中心以及与大地合一的原点；相反，赫尔墨斯代表在大地上游荡的神，生活在俗世的人们中间，是诸神中最亲近人类的神，他居无定所，没有固定、不变与永恒的东西来限制和封闭其行动范围，因此代表运动、变迁、状态的转变、过渡和交流，引领着季节的更替变化与人的生死轮回，"是人和神、此世生命和天国众神之间的联系者和中介人"①。

那么，在古希腊人的宗教意识中，这两尊神为何可以组成一对呢？那是因为，他们共同承担神圣的功能，两者是一种互补又对立、同时出场又缺一不可的关系。赫斯提代表女性身份、祭坛、家庭空间观念，是"人类内在的、确定的、封闭的和自省的方面"；赫尔墨斯象征男性身份、行动与时间观念，是"外在的、开放的、流动的、与他人的交流"。这种对立共存的内在紧张关系意味着古希腊的时空观念存在一种张力："空间要求有一个中心，一个具有特殊价值的支点，人们须以这个支点

---

① 维尔南：《希腊人的神话和思想：历史心理分析研究》，黄艳红译，中国人民大学出版社 2007 年版，第 162 页。

为导向，以它来确定各种存在本质差异的方向；但空间同时也呈现为一个运动的时间领域，这就意味着须存在各点之间的位移和过渡。"①

由此可以展开，在古希腊神话中，神（天空）、祭坛（神庙）、虔敬者（公民）和隙地（城邦土地）以最原始的方式构建"空间"观念，成就一个完满统一的有序世界，突破了自然形成的家庭和部落空间。这种空间观念表现为三个规定性：1.空间作为物质性的实体存在，有超自然性，抵制时间之流的侵蚀；2.空间具有敞开性，是被火光照亮并接受神意和逻各斯的地方；3.空间确保公民整体享有公共的神，把精神家园与肉体统一在一起。这三个规定性奠定了"共同体"以神为顶点的空间结构，并由三个阶层构成，即神、观照者（诗人、理论家）和公共生活的行动者（政治家以及作为公民的贵族）。② 空间结构表明古希腊的人神共在，其政治源于神意的合法性。古希腊人将从神那里得来的宗教观念转化成世界观、公共价值、社会习俗与制度结构，用以指导规则化、仪式化的行动体系，形成时空关系观念的心理认知结构与西方文明的来源。

当然，古希腊神话中的时间与空间观念在不同领域中表现出来。古希腊神话把空间视为人神共处的多层宇宙，上层是宙斯与众神的空间，中层是人的空间，下层是死者与地下神灵的空间，由此形成以大地为中心的几何空间，并用距离与位置、圆心与周长来定义几何空间的稳定性。这就把天文学思想转换为以几何学为特征的数学与物理学，从而古希腊神话也是语言文字的来源，形成了社会知识与自然知识相

---

① 维尔南：《希腊人的神话和思想：历史心理分析研究》，黄艳红译，中国人民大学出版社 2007 年版，第 163 页。

② 洪涛：《逻各斯与空间：古代希腊政治哲学研究》，上海人民出版社 1998 年版，第 33—34 页。

互关联的语词、概念与知识框架。在这个意义上,古希腊神话成为时间与空间观念的最初来源。

二、政治学

城邦的政治空间与物理的几何空间关系密切。克里斯提尼改革使雅典城邦第一次打破了因社会、家族、地域、宗教等差异而造成的政治隔阂,让自然状态的男性走出家庭,成为以政治行动与言说为标志的公民,建立了全新的"秩序空间",即同质性的、公民共同参与公共事务管理的民主政体。在历史学家看来,克里斯提尼实施的政治改革吸取了空间观念主导时间观念和计数体系的古希腊文明精髓,把宗教意义上的想象真正变成经验上可以操作与实践的政治形态。[①]

克里斯提尼改革的第一个特点是创立公民空间,或者"空间政治学",在城邦组织方面以地域空间原则压倒性地替代了血缘部落原则。部落、胞族、村落都与固定的土地关联,是时间缓慢变化的结果,但改革把城邦的政治权力"心脏"放在雅典城,每个部落派代表参加祭祀、战争与日常政治的活动;城市中心的广场成为公共空间,部落代表在任期内轮流主持公共活动。城邦活动中心的确立把宗教象征与政治象征结合起来,而且自由、运动的公民通过行动集合形成公共空间,替代了原来由时间变化形成的、以女性为主导的家庭空间,也打破了原来家庭空间的封闭性。不同于家庭空间严格的等级结构,城邦空间的中心点与周围空间的关系体现了相似性、对称性、等值性,体现了同质与平等的关系结构,形成了政治与宗教相统一的一种新的空间结构。政

---

① 维尔南:《希腊人的神话和思想:历史心理分析研究》,黄艳红译,中国人民大学出版社 2007 年版,第 250 页。

治的空间边界不是物理学意义上的，其存在于人的理性逻各斯通达之际，是由所能理解的神话起源、所能交流的语言以及所能约束的伦理秩序限定的。

就此而言，亚里士多德的名言"人在本性上应该是一个政治动物"①，其中的"人"是指雅典公民，"政治"是指城邦的秩序空间，可以使公民脱离血缘、地缘的限制，在信奉共同的神及参加祭祀仪式和政治管理中充分实现其自由天性。政治学与哲学都源于城邦，只是前者作为一种行动的学问，关注公民追求最高善的实践活动，而哲学以关注公民思考最高价值性存在为目标。古希腊政治学的本质性任务是以空间对抗时间。因为时间意味着衰败与消逝、对起源的侵蚀，而政治学则是强调空间的本源性及生生不息的永恒性，从而以空间的秩序抵制时间的流变。当然，其他学科知识与政治学一样，都来源于城邦的公共生活。正如后来维柯所言："玄学、逻辑学和伦理学各方面的原则都是从雅典广场上产生出来的。"②

克里斯提尼改革的第二个特点是创立了人造的公民时间，或者"时间政治学"，把日历与五百人委员会的轮流执政时长结合起来：一年划分为 360 天，10 个地域性部落产生 10 个委员会，每个委员会掌管城邦最高权力的时限为 36 天。因此，时间组织是按照空间管理进行设计的。同时，这种公民时间完全等值，并且可以交换，确保时间整体的一致性。因此，所有政治组织、空间结构与时间都可以用数量来表达，并且都与 10 个部落的总数量有关联，从而形成五进制或十进制的度量衡标准。当然，"时间政治学"还不止于此，应更广泛地包括政体的兴衰

---

① 亚里士多德：《政治学》，吴寿彭译，商务印书馆 2017 年版，第 133 页。
② 维柯：《新科学》，朱光潜译，商务印书馆 1989 年版，第 567 页。

与流变,这充分体现在城邦时代后期的柏拉图与亚里士多德对政体更迭的讨论中。比如,柏拉图在《理想国》的第8—9卷对城邦的衰变史进行"时间政治学"的讨论:与城邦原型最接近的贵族政体,其由于忽视哲学家的知识,缺乏体育与音乐的艺术教育,而开始蜕变为只依靠勇气的荣誉政体,并进一步衰败为寡头政体和民主政体:每一次蜕变都是精神的衰败,转而由利益与欲望支配。[①] 在柏拉图看来,这些都是由当权者的无知导致的政体衰败,所以需要用知识和真理来限制统治者,而最好的政体便是实现"哲学王"的统治,这是抑制时间侵蚀和城邦衰败,并使政体重返正义和理想的唯一出路。

三、哲学

在上述意义上,古希腊人在物理世界的秩序模式与城邦政治的组织模式之间、人与神之间实现了同源同构,有同样的几何学原理、空间观念及中心原点。同时,古希腊人还以"物理学"的世界观来论证几何空间的稳定性:认为大地是万物之源、运动之源与生命之源,从而把时间的运动变化置于空间的稳定恒久之上,构成了空间对万物变化即时间的绝对主宰。这在自然世界与人类世界的各种相容或斗争因素之间建立了对称、可逆和平等的关系,天文、地理、几何、生物学、物理学、政治学与哲学等所有知识都完全统一起来,并运用了同样的语言、概念工具和其他的象征符号,所有的知识都以几何学为理性基础。当然,这是公元前5世纪的特征。

在柏拉图时代之后,随着城邦秩序出现危机,古希腊文明中的这一切平衡、平等与均质的形态开始消逝,文化与知识内在的一致性不再

---

① 柏拉图:《理想国》,郭斌和、张竹明译,商务印书馆1986年版,第7—8卷。

存在,社会生活各领域与理念思维之间不再相互渗透。到了亚里士多德时代,几何学和天文学的自然知识及其构成的物理空间与城邦的政治空间分离,时间也失去其统一的政治含义。巴门尼德使哲学获得力量,每个学派都有自己关注的哲学问题并形成了自己的思维模式和理论体系。①

古希腊神话不仅是西方文明与历史的来源,也催生了理性精神和理论创制活动。这是因为,古希腊人只有依靠理性的语言与理论的推理逻辑,才能理解并阐释神话对于文明起源的意义。唯有城邦开始陷入危机状态,神话的终极性价值消退,哲学思辨的逻辑语言取代充满想象的诗性语言,时间与空间观念的世俗现实意义及其理性精神意涵才得以凸显。因此,只有从神话与哲学角度才能真正理解古希腊人的时间与空间观念及其在生活世界和价值规范中的意义,而政治、伦理与自然的意义居此神话想象与哲学理性的两端之间。

在哲学一端,古希腊自然哲学普遍把时间($\chi\rho\acute{o}\nu o\varsigma$, chronos)与空间($\tau\acute{o}\pi o\varsigma$, topos)分开来理解。虽然毕达哥拉斯学派(Pythagoras)、埃利亚学派(Elea)、原子论学派(Demokritos)都对时间与空间观念有不同的阐释②,但柏拉图的时空思想在古希腊哲学中最有代表性。柏拉图把流变与不朽、瞬间与永恒对立起来,认为时间是不朽之运动的影像,与运动变化的现象世界相关联,并且同时生成,但不是属于精神理念的永恒存在。因此,自然现象变化的时间与宇宙世界的不朽相分离,宇宙空间和理念世界是永恒一体的,而自然世界与经验世界只是理念的模拟。相应的,柏拉图把空间视为容纳物质的基体,认为任何物质都需

---

① 维尔南:《希腊人的神话和思想:历史心理分析研究》,黄艳红译,中国人民大学出版社 2007 年版,第 260—261 页。

② 曾宵容:《时空论》,青文出版社 1972 年版,第 1—3 页。

要占据场所,物质与空间合为一体,精神领域的理念空间则是宇宙世界生成的先验条件。显然,柏拉图不仅把变化易逝的时间与永恒不变的空间相分离,而且还把物质空间与精神空间相分离。这种时空思想对中世纪基督教的柏拉图主义有决定性的影响。

不过,从与近代时空关系观念的关联度及影响力来说,还是亚里士多德对空间与时间观念的讨论具有最为重要的意义,奠定了近现代时空观念的基础。正如海德格尔所总结的:"亚里士多德的时间论著是第一部流传至今的对时间这一现象的详细解释。它基本上规定了后世所有的人对时间的看法——包括柏格森的看法。对亚里士多德的时间概念进行分析,同时就可以倒溯回来看清楚康德对时间的看法——这种看法就是在亚里士多德制定出来的结构中打转;这就是说,康德存在论的根本方向——不管他对问题的新提法与前人有多少不同——依然是希腊式的。"①

古希腊哲学的时间观念还有一个突出的特点是循环论,即把时间理解为圆圈,认为万物出于本原,周而复始,又回到本原。这种"时间之环"的循环时间观念追求永恒与不朽,抗拒流变,目的是取消时间本身,反过来突出空间结构的永恒不朽。因此,循环的时间观念与古希腊哲学的理念论尤其是不朽观念相关联,意味着世间万物有规律性的变化,但也有永恒不变的本原,循环则是变与不变的统一。其中,不变的是灵魂,变化的是肉体的衰亡。从此,灵魂与肉体的二分形成生命循环观念,成为古希腊文化传统的重要特征。灵魂不死观念形成了古希腊循环时间观念,在数学的毕达哥拉斯学派、哲学的苏格拉底与柏拉图理念派及斯多亚学派中是一致的,并进一步形成了循环史观,充

---

① 海德格尔:《存在与时间》,陈嘉映、王庆节译,商务印书馆2018年版,第34页。

分表现在希罗多德与修昔底德等人的史学作品中。

　　总之,古希腊在时间维度上的循环生命观、循环时间观、循环史观相一致,并与空间维度上的理念论、原子论、永恒秩序论相一致,构成了古希腊时空关系观念的最重要特征。这些观念虽然在基督教兴起之后为希伯来文明的线性时间观所取代,并对近现代西方哲学、历史与社会观念都产生了巨大影响,但是随着 19 世纪末期资本主义陷入危机,对进步史观的怀疑、循环史观的回归以及二者之间的竞争关系开始在西方历史与哲学领域表现出来,并影响到 20 世纪历史社会学传统的时间意识。

　　概言之,西方哲学史上的认识论传统一般能追溯到古希腊的苏格拉底,他试图寻找一种能为人类理性所领悟并最终把握的认识客体,即客观不变、永恒绝对的确定性知识。柏拉图与亚里士多德秉承苏格拉底的理想,构建古希腊时期相对完备的认识论体系,但各自实现的途径不同。柏拉图主张理念论,认为理性获得真正知识的途径是通过灵魂的回忆来认识理念世界,在灵魂 vs 肉体二分的基础上提出“灵魂不死”的形而上学假设。亚里士多德的经验论全面探讨人的认识能力及认识对象、起源、过程、阶段和方法等,其形而上学假设主要围绕个别 vs 一般、形式 vs 质料、推动 vs 推动者等概念及其关系问题而展开,并提出证明知识为真的逻辑学方法。[①] 二者的差异并不影响其共同点,即抵制流逝的时间与意外的偶然事件,从而导致了历史与物理、修辞、诗、哲学不同,不能进入认识论范畴。

---

　　① 关于西方认识论在古希腊哲学体系中的形成,可以参见 E. 策勒尔:《古希腊哲学史纲》,翁绍军译,山东人民出版社 1992 年版,其中,关于柏拉图的认识论构建详见第 136—143 页,关于亚里士多德的认识论构建详见第 182—197 页。

四、物理学

亚里士多德生于希腊城邦被征服的衰亡时期,他关于时间与空间的认识,超出了柏拉图仅在城邦秩序及其衰败层面上的认识,从形而上学假设的神秘色彩退回到物理空间与历史时间的本来性质。正是因为在衰败时代,亚里士多德的时间意识才更为强烈,不再受制于空间观念,带来时空观念的相对分离并以物理运动的方式重新关联起来。因亚里士多德对时间与空间均有具体讨论,故得策略性地分开阐释。

在亚里士多德之前的古希腊智者都表明过空间的存在,但亚里士多德对此并不满意。在他看来,物质的客观存在必然占据一定空间,而客观空间的存在必然依赖于物质的存在,物质的位移、运动、体积都带来空间的变化,因此,空间类似于"容器",虽不是事物本身,却与事物构成依存关系。"空间乃是一事物(如果它是这事物的空间的话)的直接包围者,而又不是该事物的部分。"[1]同时,亚里士多德认为,所有物质共同相处于一个空间,但任何物质的占位都有限制,因此,空间也是特定而有限的。这与事物的一般性和个别性有着一致的关系,后来由牛顿发展为宇宙的绝对空间与具体事物的相对空间。

对于时间的本质,亚里士多德第一次明确指出,"时间不是运动,而是使运动成为可以计数的东西","时间是运动和运动存在的尺度"[2],从而把事物在空间里的存在、运动、变化都与时间关联起来,时间反映事物运动前后的数量和持续性。当然,事物的静止及其持续性也是一种运动的存在,因此也在时间计量的范围。与空间一样,时间也依赖

① 亚里士多德:《物理学》,张竹明译,商务印书馆 2017 年版,第 89 页。
② 亚里士多德:《物理学》,张竹明译,商务印书馆 2017 年版,第 125、129 页。

于事物的运动及其客观存在,时间与空间因事物而关联在一起。与空间一样,时间也分为具体与无限两种类型:具体事物都有具体的运动变化和兴衰过程,因此有具体的时间规定和限制;同样的,事物有永恒、统一和普遍存在的时间。因此,"时间是无限的"和"永恒存在的"。①

当然,时间与空间存在本质性的差异。在构成方式上,空间是被事物区隔和划分的,而时间是一个不可分割的意识整体,且像一个在天体圆周上运动而没有始点与终点的循环流体,是人的意识对外界客观事物存在与变化的反映,或者是反映人对周而复始变化的意识区隔。在存在方式上,时间有过去、现在与未来三个环节,但以"现在"为中心,"没有'现在'就没有时间"②,现在连接着过去与未来,是过去的结束与未来的开始。"现在"是时间真实存在的方式,使得过去与未来真正有意义。"过去"是"现在"对事物已变化的记忆,而"未来"是"现在"对事物未发生的期待,二者都因"现在"对变化的意识与感知而被赋予意义。在运动方向上,时空因事物的运动而勾连在一起,但空间在事物的运动与静止中是没有方向的。事物的时间变化是一种单向的、不可逆的持续性运动,处于"永在开始和终结之中"③,因"现在"的不同而不断变化。当然,时间的连续流变体除了相对性特点,还存在事件发生先后的绝对序列关系。

综上所述,亚里士多德把时间与空间的关系转换为物质与意识之间的关系,即空间附着于物体(空间的物质化)上,时间归属于运动的感知(时间的精神化),时空因物质的运动而关联为时空体。这种理解影响了中世纪和近代的时空观,为西方时间哲学奠定了基础,尤其是

---

① 亚里士多德:《物理学》,张竹明译,商务印书馆 2017 年版,第 77、220 页。
② 亚里士多德:《物理学》,张竹明译,商务印书馆 2017 年版,第 126 页。
③ 亚里士多德:《物理学》,张竹明译,商务印书馆 2017 年版,第 133 页。

以"现在"为中心的时间界定,是后来西方文明的时间框架。只有在这种时间观念的基础上,古希腊开创的历史学传统,才会成为历史学在文明衰败时受到高度关注的理据。

五、历史学

从神话、政治学、哲学、物理学等几个方面理解古希腊哲学有关时间与空间关系的观念之后,我们更容易理解古希腊的历史观念以及历史学的兴起。西方文明源于古希腊神话,其时空观念都以神话为形而上学的预设。同样,西方的历史研究传统也始于对神的叙述,柯林伍德称之为"神权历史学"或"准历史学",认为这看似是陈述已知的事实,实际上却是以神为中心,而人是工具。[①] 只有在公元前5世纪古希腊文明兴起之后,"历史学之父"希罗多德才真正开创了影响至今的历史学,即以人类自身实践活动为中心的人文主义传统,记录在时间上确定有据可查的真实事件,并且尽可能地探索其缘由。这符合"历史学"(history,希腊语 $\iota\sigma\tau o\rho\iota\alpha$)的原意,即通过经验调查而获得的关于人的知识。

希罗多德在《历史》的开篇指出,他的研究目的是"为了保存人类的功业,使之不致由于年深日久而被人们遗忘,为了使希腊人和异邦人的那些值得赞叹的丰功伟绩不致失去它们的光彩,特别是为了把他们发生纷争的原因记载下来"[②]。这个表述可以分为三点来理解:其一,人是或然性与必死性的,容易随着时间流逝而被遗忘,必须用文字记录来保存人类所取得的伟大成就;其二,这些创造成就的人类不局限

---

① 柯林伍德:《历史的观念》,何兆武、张文杰译,商务印书馆1997年版,第15—16页。

② 希罗多德:《历史》,王以铸译,商务印书馆2017年版,第1页。

于希腊文明,而是多样的各种族群与文明,只要能体现人类自身在与自然共存或彼此斗争中的理性与智慧的成就,就值得被记载;其三,尤其记录与整理曾经发生的重大事件及其缘由。在这里暗含了一个不言而喻的设定,即人类的行为活动是暂时的、流逝的,而不是类似于自然之物的永恒,因此需要人类自身有意识地记忆和记录。

历史学是关于人并以人为中心的人文知识,必须通过经验调查的归纳而获得结论,并以时间的变化为叙述主线;与此相对照的是,几何学与物理学等学科的自然知识以及与之一致的哲学知识,主要通过演绎得来,并且以空间的方位结构及秩序为中心,而神话与诗歌则是通过想象来赋予丰富的意义。历史学之所以必要,在于自然之物的物理空间是不朽的,而人的生命是有限的、必死的,时刻面临生老病死的威胁,因此人的必死与自然的不朽无法比拟;而且,在所有必死物中,唯有人才能意识到死亡的威胁以及关于死亡的记忆,人类的生命只能通过周而复始的循环,才能保证有生有死的自身与自然存在一样永恒;因此,需要有一门专门关注人类自身变化的学科知识,记录人类活动中一个个超乎寻常的特定实例与言行,以此形成丰富的事件链,打破生命日常生活的循环。因此,在古希腊文明土壤中诞生了历史学,其不言而喻的三个假设是:时间的流逝与空间的永恒相分离,带来了必死性与不朽性之间的二分,人及其造物与其赖以存在的自然之间相分离。① 这些假设在近代启蒙运动与文艺复兴之后得以重新恢复,并进入西方近代文明体系和知识体系中。

在这个意义上,历史学的特征是记录因时间流逝而已发生的人类

---

① 阿伦特:《过去与未来之间》,王寅丽、张立立译,译林出版社 2011 年版,第39 页。

实践活动,这种活动是真实的、有据可查的。历史学的任务则在于,用不朽的书面文字替代口传的言说和个体记忆,不同于诗歌的浪漫想象,可以准确记录并传播人类自身造成的伟大事件。历史学给短时间发生的重要活动及其留下的痕迹赋予永恒的意义,并寻找发生的原因以吸取教训,从而在精神世界获得丰富的历史经验,获得与自然一样的永恒。这意味着,古希腊的历史学与哲学一样,可以保留精神不朽的永恒,反向呼应了柏拉图与亚里士多德对人类永恒秩序的追求,也符合空间压服时间的古希腊文明传统。

当然,希罗多德与修昔底德对历史的理解与关注有很大差异,成就了历史学研究的不同传统:希罗多德记录同时代人们广为流传的故事与传说,倾向于描述在这个大千世界发生的各种奇闻趣事、风土人情与风俗习惯,而不重视考证其来源的真实性,即使探讨原因,也多是基于主观的推测,而不是真正可查的证据;相反,修昔底德开创政治史与战争史传统,集中关注伯罗奔尼撒战争,这是影响古希腊文明进程的重大事件,并且强调确凿证据以及证据链条的可靠性。

追求确定性与永恒是古希腊人的精神特质,也是古希腊文明的内核。但在公元前 5 世纪古希腊进入城邦危机与衰败时代之后,不确定性、流变以及快速变化给古希腊人以强烈的冲击,使之认识到永恒的不可能性与事物变化的必然性。因此,在瞬息万变的时代,保留人类实践活动的伟大创举,为后人提供记忆的片刻痕迹而记录人类在关键时刻的关键事件及其成因,给后来人提供深刻的教训与启示,成为古希腊人的历史意识。为了记录与保留的真实性,要求尽可能详细地描述事件真实发生的时间、地点、人物,直接陈述历史学家自己的所见所闻或者事实目击者的证词,还原历史现场,而不加任何修辞与评论,成为古希腊历史学的方法基础。

　　但柯林伍德指出,这种历史学方法存在三种局限:一是历史眼光的局限,所记录的历史无法超过历史学家自己有生之年的时代,无法叙述遥远过去的事件以及史学家不能到达的地方;二是历史题材的局限,"不是历史学家在选择题材,而是题材在选择历史学家",历史学家无法以此为职业,专注同一个历史主题;三是不可能写出通史性的史学作品,只能是局部的、片面的、零散的复合体历史。[①]

　　除了方法,古希腊历史学还开创了两个背反性的传统,一直影响到近现代西方的史学观念。其一是在形而上学预设上的反历史性倾向。古希腊文明的时间与空间观念源于古希腊神话,神话成为古希腊历史与理性的源头。古希腊哲学家追求知识和对象的永恒性,故而难以宽容社会群体和地方文化的多样性,难以接受时局动荡的不确定性和自然变化的多变性;恰恰相反,希罗多德与修昔底德试图从过去获得关于人的知识,并寻找通向永恒的希望。这就是柯林伍德所言,古希腊思想是"基于一种强烈的反历史的形而上学的"[②];而历史学则是以另一种方式归属于古希腊思想,并且在人类实践活动中寻找永恒。

　　其二是在历史认知上的非历史性倾向。非历史性倾向是《伯罗奔尼撒战争史》的书写风格之一,作者修昔底德关注战争事件的变化过程,重视战争背后的政治机制,开创了战争史与政治史传统。但修昔底德更感兴趣的是支配事件变化过程的反历史规律,试图借用历史事件与过程探讨历史事实的因果关系。正如他本人的史学定位所言:"对于过去的事情,除了那些对于目前有用的以外,我们不要再抱怨

---

　　① 柯林伍德:《历史的观念》,何兆武、张文杰译,商务印书馆1997年版,第28—29页。

　　② 柯林伍德:《历史的观念》,何兆武、张文杰译,商务印书馆1997年版,第44页。

了。"①这开创了实用主义的史学传统，其特点是，分析历史事件的前因后果，总结历史经验和教训，重视给当下人带来的教育意义，或者通过重新发现过去来化解当下的危机或焦虑，使今人不再重蹈覆辙。这成为历史研究的科学知识本身及其意义。这种实用主义传统"没有历史先验的东西"②，没有提供可知的、不变的历史认知框架，也不需要一个终极意义和目的论的普遍假定。于他们而言，历史是偶然的、多变的事件或现象，无法作为获得普遍知识和发现事物本质的来源。显然，古希腊的历史学并没有进入哲学范畴，尚未开创出历史哲学传统。

　　因此，历史学在方法上的历史性、认知上的非历史性与形而上学预设上的反历史性，成为古希腊史学的特点。当然，在希罗多德与修昔底德之后，古希腊与古罗马还产生了几位对后世有重要影响的历史学家，比如波利比乌斯、塔西佗、李维等。他们对西方近现代史学有着不同的影响，当代的历史社会学传统对此也有不同的继承与发扬。因此，历史研究传统始于古希腊，在方法论层面已开创多种研究策略，成为现代史学的基础。③

　　概括起来，古希腊历史学家们至少开创出了三种研究策略：希罗多德记录、叙述和阐释人类能动性留下的所有痕迹，强调活动领域的多样性与内容的独特性，为近代之后的经济史、社会史、文化史等领域的历史学家所推崇和发展；修昔底德解释政治活动，分析重大事件的因果关系，为后来突出政治史和因果分析的历史学家所继承，如波利比

---

①　修昔底德：《伯罗奔尼撒战争史》，谢德风译，商务印书馆 2018 年版，第 95 页。

②　克莱因：《雅各布·克莱因思想史文集》，张卜天译，湖南科学技术出版社 2015 年版，第 125 页。

③　莫米里亚诺：《现代史学的古典基础》，冯洁音译，华东师范大学出版社 2009 年版。

乌斯、马基雅维利、奎恰尔迪尼、孟德斯鸠；塔西佗的编年体形式则发展出传记和自传的历史学传统，强调人类活动发生的严格时间次序性。[①] 这几种策略对后来的西方历史学传统有不同的影响，综合推动了近现代历史学的发展。

正是研究策略之间的分歧造成了近现代史学史的内在分化，但除了这些方法与策略层面的分歧与分化之外，更重要的分化体现在认识论及其形而上学预设的分化上。其中，循环论的时间观念与永恒秩序论的空间观念以希腊神话为假设，形成了循环史观的认识论。在下一节可以看到，基督教传统受希伯来文明的影响，形成了线性进步史观，一直影响到近现代西方史学传统。时间与空间在循环与线性进步之间的观念竞争，背后是古希腊神话与基督教神学之间的形而上学预设之争，构成了古希腊与中世纪及近代之间两种相对立的历史观念传统。

第二节　基督教神学的时空重设

上一节已经讲述古希腊奠定的时空关系观念传统，但古希腊罗马时期并没有形成时间与空间一体化的哲学体系。直到罗马帝国时代，奥古斯丁糅合古希腊哲学的理性传统与犹太教的"天启""神意"传统，创立基督教神学体系，为作为整体的人类世界与历史确立起源、发展与终结的先验框架。从此，西方世界的历史观念从循环论转为线性进步论：时间观念超越了古希腊的过去、现在、未来三段划分，在逻辑上

---

① 凯利：《多面的历史：从希罗多德到赫尔德的历史探询》，陈恒、宋立宏译，生活·读书·新知三联书店 2006 年版。

获得了人类历史整体的起点与终点关联;空间观念则从城邦秩序和物理范畴上升到整个人类社会。从此,人类的整体历史与整体社会在上帝神学那里实现了普遍、永恒与统一,开创了历史与世界相统一的哲学传统,即历史哲学。奥古斯丁的《上帝之城》被后世视为"首次完全自觉创立历史哲学的努力"[①],第一次为历史研究确立了规范、绝对、普遍的形而上学预设,为拯救人类世界与历史提供了基督教的神学解释,借用神圣历史和世俗历史的关系来解释基督教的真理性。

一、《上帝之城》对人类进步论的预设

奥古斯丁把人类分为因罪孽而活的与因神之救赎而活的两个群体,即丰富多样的"尘世之城"和普遍同质的"上帝之城"。人类因罪孽而被惩罚至尘世,唯有人的活动(包括意志和行为)全部归顺永恒而绝对的上帝意志,尘世之城才能被摧毁,人类才能重新回到上帝之城并获得永生。奥古斯丁从历史目的论的预设出发,把从人类社会的起源到世界历史的终结的过程划分为六个阶段,并通过创造、堕落、救赎与拯救的永恒联系,构成了人类不断接近上帝的统一编年史和普遍世界史。[②] 从此,人类主观的、变动的、有善恶之分的经验活动背后存在一个永恒的、客观的、绝对善的、超历史的上帝,成为人类历史发展的根本动力,引导人类向善和追求进步的自由意志。相应的,人的具体实践、整体的人类活动以及超人类意志的普遍规律之间存在必然联系。"人们的活动不过是人生的一部分,那么对整个人生也是如此;人生不

① Alfred Stern, *Philosophy of History and the Problem of Values*, Hague: Mouton, 1962, p.39.

② 具体参见奥古斯丁:《上帝之城》,王晓朝译,人民出版社2006年版,第11—22卷。其中,第11—14卷关于人类社会的起源,第15—18卷关于人类历史的发展过程,第19—22卷关于人类历史的终结。

过是人类整个历史的一部分,则整个人类史又何尝不如此。"①不仅如此,因记忆、注意、期望的逻辑关联,时间被分为"过去的现在、现在的现在、将来的现在"②,过去、现在与未来之间的严格次序也被统一为线性发展的、连续且不断完善的有机整体。

　　从此,基督教神学为拯救人类世界与历史注入了先验性、目的论、进步性与普遍规律性的形而上学预设。基督教思想的革命性影响成就了历史研究的第二次转折。③ 作为末世论构建目的与意义的中心,未来提供了不断进步的秩序与意义,赋予历史进程的终结及其完成的阶段划分,成为人类所有活动的统一历史观念:从此,历史进步论取代了古希腊罗马哲学的历史循环论,克服了对宿命和命运的恐惧。这种进步论的形而上学预设是,信仰一个主宰全人类历史的全能上帝,并且借助一个绝对的开端和一个绝对的终结,始与终之间因划时期和进步规律而紧密联系,把历史联结为一个整体。历史学家们以此为普遍预设,论证人类普遍历史及其进步规律的合理性,记录并鉴定遵从或违背规律的人类活动。《上帝之城》对人类历史进步的形而上学预设以不同形式为此后至今的历史观念所继承。④

二、《论三位一体》处理"多"与"一"的关系

　　如果说《上帝之城》是一部人神关系史,把哲学带到了历史体系中,

---

　　① 奥古斯丁:《忏悔录》,周士良译,商务印书馆1963年版,第256页。
　　② 奥古斯丁:《忏悔录》,周士良译,商务印书馆1963年版,第247页。
　　③ 柯林伍德:《历史的观念》,何兆武、张文杰、陈新译,北京大学出版社2010年版,第47页。
　　④ 柯林伍德:《历史的观念》,何兆武、张文杰、陈新译,北京大学出版社2010年版,第50—53页。柯林伍德把晚至18世纪启蒙哲学家的历史观念都纳入到基督教史学影响范围,参见该书第47—86页。

　　那么,《论三位一体》就是奥古斯丁为人神关系构建的哲学体系,并且把历史带入其中,标志着历史哲学的形而上学规范体系的真正确立。一神论的基督教源于犹太教,犹太教信仰创造宇宙万物的圣父耶和华,而基督教徒信仰的除了圣父之外,还有圣子以及联结父子关系的圣灵。那么,谁是上帝?如何处理三者之间以及"多"与"一"之间的关系?在基督教神学体系的早期发展过程中,对于"信仰谁"的争论最为激烈,而奥古斯丁的《论三位一体》确立了"三位一体"的三一结构,试图根本解决这个问题。其中,圣父是"宇宙的缔造者",圣子是"真理",而圣父所"发出"的圣灵是让圣子基督战胜敌人的自由意志。三者都可以代表上帝,但作为一个整体才是"唯一的上帝",并且回到圣父,形成一个自我循环的过程。[1] 在奥古斯丁看来,上帝是全能的造物主,把人与神分属在"物"与"灵"两个不同的世界,人靠信仰与神相联系。在人神关系中始终贯穿着"绝对平等"的圣父、圣子、圣灵,因为三者不是实体,而是作为相互关系与名称并构成了"上帝"这个"同一实体"的三种"存在"或"位格"(persona),代表不同事物之间的联系和规则。[2] 因此,三者同出一源,本质上是合一的,"因父与子乃一个上帝,相对受造界乃一个创造主、一个主,故相对圣灵他们是一个源头;但相对受造界,父、子、灵乃一个源头"[3],即永恒全能的上帝。

　　为了区分"三位"及其与"一体"的关系,奥古斯丁在《论三位一体》中运用了大量的三分法类比。波塔利总结了奥古斯丁所有的类

---

　　① 奥古斯丁:《独语录》,成官泯译,上海社会科学院出版社1997年版,第4—9页。

　　② 奥古斯丁:《论三位一体》,周伟驰译,上海人民出版社2005年版,第29—30、208页。

　　③ 奥古斯丁:《论三位一体》,周伟驰译,上海人民出版社2005年版,第173页。

比①（表 1-1 是进一步整理其中与本研究直接有关的内容）。其中，在上帝自身，圣父代表永恒与至上的存在，圣子代表最高的智慧、唯一的真理与形式，圣灵则是圣父与圣子应用的善、爱、意志和幸福，"永恒在父里面，形式在形象里面，应用在恩赐里面"②。在上帝创造的普遍万物中，圣父代表自然万物存在与运动的统一、起源及原因，圣子代表万物存在的形式、认知、教育与逻辑，圣灵则是对万物的实践和爱，因为万物存在的形式都有"形状和质量，及灵魂的科学或技能"，万物存在的秩序与规律都有"重量或适当位置，以及灵魂的喜好或快乐"。③ 人的内心世界与上帝、万物世界相一致，圣父是可见的存在，是人之为人的心灵本性，是人对上帝的记忆和被赋予的能力，圣子是理解和学习上帝的知识，圣灵则是人的生命、灵魂和意志。由此类比，奥古斯丁捍卫了三位一体的完整性和神圣性，以三一的类比方式，论证神的世界、世间万物以及人的内心之间存在本质一致的联系，并且都是出自三位一体的上帝及其信仰体系。

表 1-1　三位一体神学体系的范畴区分

	圣父	圣子	圣灵	出处
在上帝自身	至上之存在	最高智慧	最大之善	《上帝之城》11:28
	永恒	真理、形式	爱、意志、幸福	《论三位一体》1:2；6:11

---

① 本图表部分选自 Eugene Portalie, *A Guide to the Thought of Saint Augustine*, Chicago: Henry Regnery Company, 1960, pp.134-135。

② 奥古斯丁：《论三位一体》，周伟驰译，上海人民出版社 2005 年版，第 189 页。

③ 奥古斯丁：《论三位一体》，周伟驰译，上海人民出版社 2005 年版，第 190 页。

	圣父	圣子	圣灵	出处
在世界普遍生物	统一	形式	秩序与规律	《论三位一体》6∶12
	存在	认知	意愿	《忏悔录》13∶11、12
	万物起源、存在的原因	区分、存在种类的原因	和谐、存在之善的原因	《83 个不同的问题》18
	自然、物理	教育、逻辑	实践、伦理	《上帝之城》11∶5
人的感觉与心灵	可见的存在	理解	生命	《论三位一体》6∶11
	本性、心灵	知识	爱	《论三位一体》9∶3
	记忆、能力	理解、学习	意志、应用	《论三位一体》10∶17

三、神学体系的三对矛盾

然而，奥古斯丁的神学信仰体系遮蔽了诸多冲突，这主要体现为三对矛盾。其一是神启与哲学之间的矛盾。神学体系内部一直存在着犹太教传统的神启观念与古希腊哲学传统的理性精神之间的冲突。前者强调神的全能，后者重视人的理性精神和理性宇宙。奥古斯丁为上帝的启示构建实在论，认为共相是最终的真实存在，自然与理性相互依赖，并且在超自然的神灵中达到统一。人对世界的体验是神的理性范畴和共相的终极实在，而且，一种自然目的和神启的超自然目标指引作为理性动物的人。之所以成就完整的神学体系，是因为理性长期被贬为"神学的婢女"，哲学和科学作为"七种自由技艺"[1]，被统一纳入基督教教育之中，成为理解和阐释《圣经》深奥教义的工具。到 12—13 世

---

[1]　格兰特：《近代科学在中世纪的基础》，张卜天译，湖南科学技术出版社 2010 年版，第 22—25 页。七种技艺包括言辞学科和数学学科，前者有"三艺"（语法、修辞、逻辑或辩证法），后者有"四艺"（算术、几何、天文和音乐）。

纪,基督教大量引入、评介与运用亚里士多德的逻辑与自然哲学著作,产生了一种新的形而上学观念,认为人类可以有方法运用自己的意志和理性,掌控并改造自然以满足自己的需要。这导致启示与理性之间的内在张力随之激化,并导致神学体系内部的一系列变化。

其二是神、万物与人内心三个世界之间的矛盾。阿奎那认为,世界是永恒的,既没有开端也没有终结,一切物质都在运动中并相互联系,由此才能感知其性质和形式。存在者是上帝创造的、独特的、绝对的、有自由意志的个体,有着内在的尊严与价值。因此,万物的殊相本身才是真实的存在。上帝统一的共相是人之理性虚构的名称,是殊相经过逻辑证明的结果,服从于个体的理性思考与世俗的生活实践。这对奥古斯丁的神学体系发起了"属于一般形而上学问题"[①]的挑战,引出一种新的存在论以及关于神、万物与人的新观念。这标志着上帝之"神启"和"天意"与人之理性之间出现了裂缝,动摇了人的理性与对上帝的信仰之间的统一。从此,就像打开了"潘多拉盒子",人类对世界与历史的认识从全能上帝视域的"封闭世界"转向人之理性通达的"无限宇宙",但也给作为普遍和个体的人类带来了各种焦虑与不安全感。同时,区别于古代的现代观念开始投射向人类自身,意味着每一个时代都优越于前人的自由和进步,但灵魂救赎的任务交给人类自身。

同样的,科学作为理性真理,取代了启示真理的神学,越来越成为认识和理解万物之存在与起源的手段。中世纪后期,物理学逐渐成为一门自主的学科,逻辑和数学则是通达自然哲学的"婢女"。物理学的

---

① 根据吉莱斯皮的解释,形而上学关注存在、理性、神、人和自然的本质,分为关注存在论层面(ontological)问题的一般形而上学(研究存在本性和理性本质的问题)和关注存在者层面(ontic)问题的特殊形而上学(研究神、自然、人三个特定存在领域),近代与中世纪的差异恰恰表现在存在者问题的特殊形而上学领域。参见吉莱斯皮:《现代性的神学起源》,张卜天译,湖南科学技术出版社2011年版,第23—24页。

作用在于，把亚里士多德的概念运用于自然现象的宏观结构和原理上，为自然界的运动事物提供因果关系的解释，因此更能够为人们的直接经验和直观感受所支持。显然，从提供知识的确定性层次来说，物理学不如数学，在方法上也不同于算术几何的演绎推理，所以，数学往往是让物理学更加精确的分析工具，也是物理学通向神学的必由之路。这构成了中世纪假设性的、与经验研究无关的数学物理学。这种假设采用形而上学、神学和反事实推理，把"科学"归为认知范畴，视为与"宗教"一样的心灵习性或理智德性。因此，科学与宗教在知识的获得手段方面趋于一致，是神学体系中的一套信念和实践，从而有着共同的认识论基础和目的论假设。[①] 科学进步意味着个人有目的地迈向智慧和德性的运动；同时，通过目的论的科学进步，个人内心小宇宙的自我统治为上帝统治物质世界的大宇宙提供手段。

其三是圣父、圣子与圣灵之间的矛盾。奥古斯丁的神学体系通过信仰来维持上帝的永恒、全能和统一，但在中世纪后期之后，经院哲学对于三个位格如何实现"一"这个问题出现了分歧。对不同优先性的主张逐渐演化为三种神学体系，各自以不同的方式来理解上帝全知全能的存在以及人神关系。其中，圣父神学是麦奎利所说的"哲理神学"，对应康德"物自体"意义上的"世界"，解释上帝创造世界万物，意味着永恒、存在、统一、原因、起源、记忆、自然和物理是一切的根本。后来，圣父神学演化为自然神学，认为"神即自然"[②]，神学成为自然哲学或科学本身，经拉普拉斯对牛顿思想的改造，形成英国经验哲学传

---

① 彼得·哈里森：《科学与宗教的领地》，张卜天译，商务印书馆 2016 年版，第168—169 页。

② 参见斯宾诺莎：《伦理学》，贺麟译，商务印书馆 1997 年版，尤其第一部分"论神"。

统的自然神—机械动力论预设。圣灵神学相当于麦奎利的"应用神学"，对应康德"物自体"意义上的"灵魂"和"理念"，用以解释上帝与普遍人类的关系，意味着爱、幸福、秩序、规律、意志是构成上帝的核心要素。从笛卡尔的"身心二元论"到梅洛-庞蒂的"身体现象学"，都认为"神即普遍灵魂"，因此，神学成为一种"生命哲学"①，形成了法国理性哲学传统的理性神—唯灵论预设。"圣子神学"是麦奎利的"象征神学"，对应康德"物自体"意义上的"上帝"，目的是解释上帝与个人意志的关系，强调知识、智慧、理解、形式等是实现上帝之统一的要素。② 这演化为"意志神学"，认为神与人同一论是辩证的，进而以辩证理性推动历史进程，产生历史与逻辑的统一性。雅斯贝尔斯重申从奥古斯丁到黑格尔的历史哲学传统，认为"上帝之子的降临是世界历史的轴心"③，奠定了德国历史哲学传统的意志神—辩证动力论预设。

　　显然，三种神学体系形成了新的形而上学前提，对"时间、空间和物质的本性以及人与认识对象的关系这样的基本问题给出或假设了确定的回答"④。三者在近代启蒙运动中都得到了竞争性的发展，转化成近代历史哲学的前提假设。近代的历史哲学家不得不通过人类的历史性存在来规定时间，通过时间来规定人类的存在，以此拯救人类自身和所生存的世界，为人类的乐观、进步和目的性存在重新赋予确定性意义。然而，在世俗化的新时代，对不同议题之间的诸多理解、解释和重

---

①　参见柏格森：《创造进化论》，姜志辉译，商务印书馆 2004 年版。

②　参见约翰·麦奎利：《基督教神学原理》，何光沪译，上海三联书店 2006 年版；康德：《纯粹理性批判》，邓晓芒译，人民出版社 2004 年版。

③　雅斯贝尔斯：《历史的起源与目标》，魏楚雄、俞新天译，华夏出版社 1989 年版，第 15 页。

④　埃德温·阿瑟·伯特：《近代物理科学的形而上学基础》，张卜天译，湖南科学技术出版社 2012 年版，第 18 页。

新组合,构成各种相互冲突的"现代性方案"。现代性方案作为一系列努力,共同回应了基督教神学体系的形而上学危机,并对"上帝死了"这一时代问题,竞争性地重建出一种逻辑连贯的新的形而上学假设。其目的是,在基督教上帝隐退之后,为彻底个体化的绝对存在重新拯救人类自我、世界和历史。[①] 他们把自然、主体的人或神性的人推到上帝的位置上,从此,神的意识与力量依附在自然界、理性或历史中,而一只"看不见的手"继续推动着普遍历史(进步的观念)的发展。各种替代性的"神学体系"依据人的主体性、神意和自然赋予不同的优先性,形成了三种特殊的形而上学传统,带来了历史哲学的不同转化。

第三节　形而上学预设的近代分形

自然、人、神作为主体,经验、理性、个体作为手段,何者优先? 对这一问题的争论和不同回答瓦解了以全能上帝为中心的、统一的形而上学体系和历史哲学传统,取而代之的是三种新的"神学体系"、形而上学预设或现代性方案。这发展成为三种不同的哲学体系和历史研究传统:其一,英国经验主义传统以培根、牛顿、洛克等为主线,以自然神为形而上学预设,把人类视为探索外部世界的动力因,来自实践和实验的经验知识服务于人类福祉,历史是人类实践的过程,历史规律是归纳感觉经验的结果。其二,笛卡尔以理性神为预设,奠定法国理性主义传统,把人作为绝对的理性主体,理性与感性相对立,成为发现历史

---

① 吉莱斯皮:《现代性的神学起源》,张卜天译,湖南科学技术出版社 2011 年版,第4 页。

的本质性存在与源泉,历史结构、规律、本质先在于人,但人可以直觉并掌控历史。其三,维柯以意志神为预设,自我拯救以历史传统为主体,历史个体作为推动精神进步的动力,经德国的赫尔德转换,奠定了历史主义传统。

一、自然神与经验主义传统

英国的经验主义哲学及其归纳法由培根开创,经洛克发展为普遍的科学原则,由休谟以不可知论、怀疑论和因果论进一步完善和体系化。经验哲学的背后存在一个自然神假设,把上帝视为自然的主宰者,欲在自然万物中证明并找到上帝的终极性存在。培根把自然视为上帝信仰的开端。人通过感官接触外界事物、认识自然并形成经验知识,在此过程中不断接近上帝并接受其普遍启示,因为"世界的全部通行"与"科学的向前进步""被上帝所命定要在同一时期之内碰头的"。[①]由此,培根力图发现自然运动背后隐藏的力量,以实现对自然的控制。然而,支配自然须服从自然,前提是把人降低为自然的仆人与阐释者,在事实或思想中对自然进程进行观察。[②] 观察的起点是基于实验对外界事物的感知,由经验能力上升到理性加工,从特例的多样性中归纳出普遍适用的公理法则,由此认识事物的结构和运行规律。培根强调,实验可以发现事实,收集"自然志"以积累事实,可完善性和进步性是知识的来源。经验主义哲学的目标是功用和进步,以及人类普遍的利益与福祉。

霍布斯以机械论的方式把培根的经验论哲学推向极致,并且进一

---

① 培根:《新工具》,许宝骙译,商务印书馆 1984 年版,第 74 页。
② 培根:《新工具》,许宝骙译,商务印书馆 1984 年版,第 8 页。

步明确自然神假设,但反对启示真理成为经验知识的目的。"大自然,也就是上帝用以创造和治理世界的艺术,也象在许多其他事物上一样,被人的技艺所模仿,从而能够制造出人造的动物。"[1]人类完全根据感性经验形成知识,但经验知识并不是为了认识上帝的启示真理,只是用法律、科学等手段模仿上帝创造自然的方式,如"利维坦"国家就是人类对"上帝之城"的模仿。由此,自然神被移出人类的经验知识领域,真正成为经验主义认识论的形而上学预设。随后的经验主义哲学家们如牛顿与洛克都是自然神假设的重要支持者,使自然神学(形而上学假设)、经验哲学(认识论)与实验科学(方法论)成为英国经验主义传统的"三位一体"。但是,后来休谟发展出一种彻底怀疑论的经验哲学,严重挑战自然神假设的形而上学传统,认为人类的理性是有限的,观念不能超出经验范畴,无法从经验实在的因果类比中得知形而上学的上帝存在。[2] 这构成了"休谟问题"的来源,即人类的感性经验如何上升为超验的普遍知识,进而成为康德提出"科学的形而上学"的起因。

与培根以降的自然神假设、经验哲学及实验科学方法相应的,是形成了一种英国独特的历史研究传统。在培根看来,历史研究的任务是以证据确凿的具体事实本身去追忆并记录过去,如此才能通向未来并窥探人类规律。这看似回到了古希腊的人文主义和实用主义史学传统,但无不受制于自然神论与中世纪末世论的世俗化进步观念。历史不仅有时间上的不可逆转性,而且人的可完善性和知识的自然增长性是历史进步的动因,从而把人、自然、社会、历史置于上帝安排的同一

---

① 霍布斯:《利维坦》,黎思复、黎延弼译,商务印书馆1986年版,第1页。
② 休谟:《自然宗教对话录》,陈修斋、曹棉之译,商务印书馆1962年版,第16页。

时间进程之中。据此，培根把自然与社会的历史糅为一体，作为人类经验与知识的来源，并且作为经验哲学的社会基础，纳入科学研究范畴，用归纳法的提炼逻辑，贯通始终。[①] 培根以自然神假设为指导原则，在自然哲学和具体的社会历史领域，把人、自然、社会与历史视为一个动态进程的整体，深远地影响了后世。比如，苏格兰启蒙思想家如吉本的《罗马帝国衰亡史》，弗格森关于野蛮—半开化—文明社会的论述，亚当·斯密对于财富积累的观念，休谟的《英格兰史》撰写，马尔萨斯的人口增长理论等，无不在不同角度乐观论证了人类进步及其阶段表现。19 世纪，斯宾塞为自然与社会的进步提供了统一法则，即从简单到复杂、一致到分化、流动到稳定，并将社会形态划分为军事社会与工业社会。这成为英国经验主义的历史研究传统。

但真正为经验主义的历史研究传统提供系统化论证的，要始于洛克与休谟。据柯林伍德的概括，洛克的主要贡献有二：其一，否定理性主义的天赋神启观念，主张人类的认知与理解来自自身经由不断实践而提炼的经验。人类知识没有超越性的绝对真理和确定性，只是人类长期实践而提炼出的行之有效的历史经验的结果。其二，否定抽象观念及其与事物之间的沟壑。人类在行动中形成的各种历史知识，比如习俗、道德、语言、法律、政治等，本身并非抽象概括，而是长期实践和积累的具体结果，又是进一步观察和试验新事物的最便捷和最自然途径。[②] 但休谟的《人性论》是在哲学原则上夯实经验主义的历史研究，而六卷本的《英格兰史》则是历史归纳与因果分析方法的具体应用。于他而言，历史是知识的主要来源，但历史事实受到精确的时间和地

---

① 培根：《新工具》，许宝骙译，商务印书馆 1984 年版，第 83 页。

② 柯林伍德：《历史的观念》，何兆武、张文杰、陈新译，北京大学出版社 2010 年版，第 73—76 页。

点限制,其因果关系观念的确立需要历史学家的诸多论证,经过层层推进,以形成完整的经验论证链条。此前的经验或者因果推论都只存在于直接记忆和感知的符号或文字中,而没有先验的真实存在。"一切假设性的论证,或是依据假设而进行的推理,实际上都是这种情形。"①在这个意义上,休谟的历史研究拒绝外在自然神的形而上学预设,而人性假设更多的是论证过程中出于方法权宜的考虑。或许,这就是在 20 世纪柯林伍德之前一直没有一种所谓英国传统的"历史哲学"的原因。

二、理性神与理性主义传统

　　肇始于伏尔泰的法国历史哲学传统源于笛卡尔的理性主义哲学及其理性神预设。笛卡尔借助数学的精确性,建立了一个理性堡垒,怀疑和抵制经验感知,试图给抽象的个体提供确定性和安全感。笛卡尔认为,数学作为必然为真的科学,是机械论自然的核心机制和所有物质运动的源头。数学可以解释一切自然现象,为一切科学提供基础,不依赖于神和感觉经验;相反,神通过数学的确定性而得到保证。因此,只要把所有物质运动和现象普遍化为数学知识并精确掌握,就可以根本改造一切事物。知识的目的是指导我们的心灵,使之对一切事物形成正确的、健全的判断,即"纯净而专注的心灵产生于唯一的光芒——理性的光芒"②。据此,人可以成为万物之主,并真正控制自然。人是一个自治的主体和意志的理性存在,而全能神的塑造使人运用无限的意志,超越并掌控自然。在笛卡尔看来,作为运动身体的人留在

---

①　休谟:《人性论》,关文运译,商务印书馆 1997 年版,第 100 页。
②　笛卡尔:《探求真理的指导原则》,管震湖译,商务印书馆 1991 年版,第 10 页。

自然世界,但观念和精神上升到超自然层面,从而把中世纪的二元论张力转移到个体自身之中。这意味着笛卡尔的理性神是一个自我设定、自我奠基的存在,从历史世界中抽象出来,成为世界的绝对主宰者。

　　笛卡尔对理性神的形而上学预设,不仅决定了其理性主义认识论哲学,而且还决定了他的历史观念。在笛卡尔看来,以往的历史学只满足于猎奇,无益于提供确切可靠的知识与真理,因为他们不了解自己的时代,历史材料的证据不可靠,并过度渲染,无益于当下时代的有效行动。[①] 如果历史学家要满足笛卡尔对可靠知识并有益于当下的双重要求,就必须做到三点:其一是目的论方面,立足于当下问题的理解和解决而探索过去,“以今观古”是出发点,达到“以古观今”的现实主义目的;其二是所有的历史叙述必须有确凿可靠的客观证据,对以往的历史文献进行严格的怀疑、考证和批判;其三是运用主体充分的理性去怀疑权威,或者在不同的权威之间互证,以此恢复长期被遮蔽的永恒真理。这三点原则得到了后来历史研究的发展。其中,系统的怀疑主义方法和彻底承认批判的原则,成为19世纪德国兰克史学派的方法论来源,柯林伍德称之为“笛卡尔派历史编纂学”[②],而“以今观古”和“以古观今”的史学立场明显影响到后来以年鉴学派为典型的法国史学传统。[③]

　　不仅如此,理性神的预设还是18世纪法国启蒙哲学家在历史领

---

　　①　笛卡尔:《谈谈方法》,王太庆译,商务印书馆2000年版,第6—7页。

　　②　柯林伍德:《历史的观念》,何兆武、张文杰、陈新译,北京大学出版社2010年版,第60—64页。

　　③　年鉴学派代表人物布洛赫把“以今观古”的问题意识来源和“以古观今”的研究目的结合起来,发展为“由已知推到未知”的“倒溯历史”研究方法。参见布洛赫:《为历史学辩护》,张和声、程郁译,中国人民大学出版社2006年版,第39—40页。

域的总原则，成就了伏尔泰开创的理性主义历史哲学传统，使之构架出一种理性化、世俗化的普遍世界历史观念。伏尔泰《风俗论》首次提出"历史哲学"，以理性精神为核心，将世界史、文化史、文明史、精神史、社会史等皆囊括其中，无非是要在过去的事件中抽离出对当下和未来有用的真理，为历史研究注入理性法则的指针。因此，伏尔泰是"世俗化基督教历史景观的思想动力"，把基督教二元论观念的天国 vs 尘世替换为理性 vs 非理性，用理性化的标准对人类整体的精神、文化、历史进行普遍化，在"理性之光"照耀下的"十字军运动"中开启对非理性的一场新"圣战"。① 同样的，孟德斯鸠在变化的社会与自然中寻找决定社会普遍关联机制的永恒法则，即"法的精神"；孔多塞预言普遍历史的整体方向和目标，把人类文明划分为十个时期，社会科学与自然科学在历史的变迁中实现统一。在人类历史迷雾中寻找理性之光和永恒真理，在多样、变动与偶然的历史现象背后寻找不变法则和本质规律，成为后来历史研究与社会科学得以结合的历史哲学依据。

三、意志神与历史主义传统

笛卡尔对理性神的预设，张扬普遍的理性与真理，贬低历史、文学和传统的独特价值，摧毁作为其源头的人文精神和个体自主意识。维柯对此发出挑战，他以"新科学"的名义开创了一种人文主义传统，明确意志神的形而上学预设与逻辑论证严密的阐释方法论，强调人类获取确定性知识的唯一来源是历史而不是数学。历史主义作为一种救赎历史与世界的历史哲学，抗衡以笛卡尔为代表的理性主义哲学体系。

---

① 梅尼克:《历史主义的兴起》，陆月宏译，译林出版社 2010 年版，第 70 页。

历史主义传统的前身是基督教人文主义[1]，认为人是有意志的个体存在，人与神共在而难以分离，人内化了神的形象和地位，高于其他自然的存在物。这种意志神的预设要求转向人文学领域的语文修辞，强调隐喻的艺术、浪漫的诗歌可以激发人的无限想象力与创造力，是最能够重新领悟和虔诚诠释神所启示的东西，由此理解人、自然、历史、世界之间的独特关系与意义。

维柯的《新科学》区分上帝创造的"真的"和人类创造的"确定的"，寻找普遍数学与普遍历史之间的界限：前者是共同的、抽象的、"物的科学"，而确定的东西则是特殊的、个体的、具体的"人的科学"。在维柯看来，"社会世界"之不同于"自然世界"，在于人类创造的社会是自身心灵及其活动实践的具体结果。在理解习俗、制度、法律等人类心灵活动领域的过程中，唯有历史研究才能审视人造世界的确定性，发现由神意确立的"各民族的共同性"或各民族"理想的永恒历史"，并运

---

① 人文主义肇始于 15 世纪的文艺复兴时期，但发展出了基督教的与反基督教的两种类型，这在学术界尚有争议。倾向于政治思想的历史学家，诸如波考克、斯金纳、汉斯·巴隆持世俗化立场，认为人文主义就是公民共和主义，本质上是反宗教的、世俗化的，继承罗马的公共美德传统，注重行动生活。最典型的参见波考克：《马基雅维里时刻：佛罗伦萨政治思想和大西洋共和主义传统》，冯克利译，译林出版社 2013 年版。然而，许多研究文艺复兴的人文学家，如杰罗尔德·西格尔、查尔斯·特林考斯、克里斯特勒等，支持德国哲学家恩斯特·卡西勒的观点，认为公民人文主义的立场过于强调世俗化和反宗教性，其目的是为后来洛克式的权利概念以及莫尔式的共和主义传统找到正当性基础。他们虽然没有犯"时代错置"的错误，但存在过度解读的嫌疑，实际上，在 15—16 世纪，这一传统远没有基督教人文主义那么重要。基督教人文主义反对经院哲学，但得益于唯名论，主张个体主义，反对三段论逻辑，认为人不是理性动物，而是有神性意志的个体存在，这成为维柯《新科学》认识论的形而上学前提。据此，本书所指的人文主义是基督教意义上的，意大利的维柯是这种人文主义传统的集大成者，也是近代反笛卡尔主义和机械论的认识论开创者。关于基督教的人文主义，具体可参见克利斯特勒：《意大利文艺复兴时期八个哲学家》，姚鹏、陶建平译，上海译文出版社 1987 年版，尤其附录"文艺复兴人文主义的中世纪前提"；克利斯特勒：《文艺复兴时期的思想与艺术》，邵宏译，东方出版社 2008 年版。

用作为"新工具"的阐释方法,在民族历史中找到"神的""英雄的""人的"三阶段的历史循环法则。[1] 因此,历史研究是一切人文社会科学的知识基础,社会科学作为诠释历史的工具,旨在理解"人类观念的历史",并寻找支配人类世界的历史规律,其区别于支配自然世界的数理法则。显然,在自然科学和机械论试图主宰人类一切认知的18世纪,维柯却把人类永恒的普遍规则还给人类自身,把使命交给历史学家。维柯似乎继承了古希腊历史学传统的人文特征,但在哲学层面更突出人之本质存在的个体性、历史性与独特性。

西方思想文化史往往把赫尔德的成就定位为对维柯历史哲学的发展,因此将二者放在一起来讨论。作为同一理路与逻辑的历史主义脉络,二者都试图对人类世界有更清晰的理解,共同作为法国启蒙运动的抵制者[2];相应的,对于赫尔德与维柯之间的观念差异却鲜有提及。不过,赫尔德的历史哲学思想是否源于维柯?以赛亚·伯林认为,在赫尔德形成其历史理论之前,没有确凿证据表明他读过维柯的《新科学》并且直接受其影响,更多的是间接影响的结果。[3] 其实,维柯主张通过历史来考察人性的普遍发展,赫尔德则选择更进一步地审视因语言差异而形成的不同民族及其所确定的人类群体范畴。历史主义概念的确是随着维柯《新科学》(1725年)与赫尔德《另一种历史哲学》(1774年)的出版而创造出来的。维柯强调人与物的根本区别,并表明社会研究与自然研究所采用的根本就是不同的方法,是方法的不同导致对人与自然的理解的不同。其中,人类的认识是不完美与有限的,只能

---

① 维柯:《新科学》,朱光潜译,商务印书馆1989年版,第48页。
② 比如以赛亚·伯林:《启蒙的三个批评者》,马寅卯、郑想译,译林出版社2014年版。
③ 以赛亚·伯林:《启蒙的三个批评者》,马寅卯、郑想译,译林出版社2014年版,第182页。

通过历史阐释的方式来理解人及其所形成的社会，如果以认识自然的方式来认识人类社会，就是站在"另一个星球的人"①。

赫尔德的历史哲学比维柯更进一步，更强调个体在整体中呈现无限的意义与价值，并且唯有在整体历史的形成过程中才能理解个体的不可或缺性，强调民族历史的多样性、相对性与不可替代性。② 也就是在这个意义上，赫尔德为民族主义与浪漫主义奠定了伦理基础，成为文化多元主义和文化相对主义的源头。③

但无论如何，赫尔德毕竟发展了维柯的历史个体观念，尤其是充分阐释了多样异质但有机统一的个体特征。个体意志在生命和心灵中体现出了多样的异质性。作为个体活动的结果，局部世界延伸与扩展的集体及其组织呈现多样性，其所形成的集体文化具有个体的独特性。不同于动植物以及其他无生命组成的自然世界，人类世界也是一个独特的个体。人类个体是一个有精神的生命体，不同于机器零部件或自然存在物，其感性与理性不可分割，不可化约，不可还原，而是统一在同一个心灵之中。正因为所有个体都有尊严、神性和独特意义，因此历史变迁无非是个体生命历程的独特而自然的展开，是民族或时代向另一个民族或时代的精神过渡，是生命体连续和无限发展并逐渐融入普遍历史的过程。这种发展观念就像植物生长过程的自然积淀，不断注入新的精神和观念，使历史焕发生机与活力。

这意味着，赫尔德对生命个体与历史观念的解释在哲学层面带来了深远影响，即确保单个实体（个体、群体、人类）的具体性和完整性，

---

① 利昂·庞帕编译：《维柯著作选》，陆晓禾译，商务印书馆1997年版，第64页。

② 梅尼克：《历史主义的兴起》，陆月宏译，译林出版社2010年版，第364—389页。

③ Richard White, "Herder: On the Ethics of Nationalism", *Humanitas*, Vol. 17, No. 1-2 (2005), pp. 166-181.

不可分割地构成了历史结构的特殊性，并且朝向某个目的的意图和运动。这一观念为后来德国的唯心主义历史哲学所发展，如洪堡、兰克和黑格尔等。而把历史理解为所有部分逐渐整合并理想化为一个精神整体的过程，且分析历史领域的个体存在及其神秘精神的本质，则为费希特、谢林等人的历史哲学所继承。[①]

显然，在意志神的预设中，历史主义的历史哲学传统强调有生命和尊严的历史个体，赋之以完整独立的独特形式、价值意义和存在方式。由此呈现的历史存在丰富多样，以至于无法区分原因与结果、现象与本质，从而难以运用因果分析、归纳概括思维以及任何普遍规范的规律和法则来把握人类世界。因此，"人的科学"与"物的科学"之间存在巨大的鸿沟，经验主义与理性主义运用的自然科学方法论只能退回其自然物质的世界。正如卡西勒（卡西尔）所言，赫尔德"坚决打破了分析性思维和同一性原理的硬壳"，而历史学家的首要任务则是让标准符合研究主题，而不是让主题符合统一的既定模式。[②]

然而，历史主义与理性主义两种历史哲学传统只不过是中世纪神学这个硬币的两面，二者普遍的形而上学假设都是"广义上的柏拉图主义者"[③]，均赞同自然与人、人与神的二分法；分歧在于二者特殊的形而上学预设：人与自然遵循同一法则，还是各有法则？人的理性有能力掌控神的启示和宇宙的规律，还是遵从神意？维柯的意志神预设把自然世界悬置给上帝，专门讨论人所构成和归属的社会世界及其历史发展，笛卡尔的理性神预设则把人的理性置于神之上，强调人控制自

---

① 怀特：《元史学：19 世纪欧洲的历史想象》，陈新译，译林出版社 2013 年版，第 91—93 页。

② 卡西勒：《启蒙哲学》，顾伟铭、杨光仲、郑楚宣译，山东人民出版社 1988 年版，第 224 页。

③ 梅尼克：《历史主义的兴起》，陆月宏译，译林出版社 2010 年版，第 44 页。

然与社会律令的绝对性与可能性。相比较而言,培根以降的自然神预设及其奠定的经验主义传统更多的是把自然、理性与意志融入以经验实践为中心的社会世界,使人与神之间的关系得以调和。因此,在神学的普遍形而上学预设基础上,特殊的形而上学预设产生了不同的认识论原则,把历史知识的确定性问题拉向不同的方向。

但无论如何,近代三种历史观念和历史哲学传统都能找到中世纪基督教神学预设的影子,都试图在上帝的视角或者与上帝相比较中来寻找对世俗历史的科学解释,并且都是从过去的人类开端指向人类的无限未来。正如卡尔·洛维特所言:现代的历史哲学"发源自《圣经》中对某种践履的信仰,终结于末世论典范的世俗化"[①]。

表 1-2　近代三种形而上学预设的对照

类型	经验主义传统	理性主义传统	历史主义传统
神的预设	机械论;自然神	唯灵论;理性神	辩证论;意志神
自然的预设	普遍物质的机械运动,人发现并服从于自然规律	自然世界有规律,但可转化为精确数学,为人所掌控和支配	自然区别于人,各有规律
人的预设	自然的个体,独立于自然	自主、理性的个体,与自然相对立	有尊严、有历史的个体,优先于自然的存在
历史进步论	人类经验的实践结果	文明战胜野蛮的过程,理性可以洞察规律	人与神共在的有机发展

① 卡尔·洛维特:《世界历史与救赎历史:历史哲学的神学前提》,李秋零、田薇译,生活·读书·新知三联书店 2002 年版,第 5 页。

类型	经验主义传统	理性主义传统	历史主义传统
知识的来源与目的	感觉、实践与经验；服务于人类的福祉	抽象思维和逻辑推理；客观存在，控制神与自然	领悟，精神接近永恒；理解神的启示与意志
方法论	物理实验、机械论、因果论—归纳法	数学推导、目的论、本质规律论—演绎法	有机体论、意义理解—阐释
代表人物	培根、霍布斯、洛克	笛卡尔、伏尔泰	维柯、赫尔德

第二章 历史社会研究的认识论分途

16世纪末17世纪初,在中世纪基督教神学体系衰落之后,近代欧洲相继出现了经验主义、理性主义与历史主义三大认识论传统,各自在基督教神学体系中传承并发展出不同的形而上学预设,对自然、社会、人与历史等方面形成了不同的认知结构与知识传统。在此过程中,培根、笛卡尔、维柯这三大思想家扮演着极其重要的角色,并且分别体现在《新工具》《谈谈方法》与《新科学》三部经典著作中。他们属于启蒙运动前期的代表人物,其思想各有千秋,又针锋相对,彼此有或隐匿或明显的对话与争论,其间的认识论分歧及形而上学预设的差异对后来的社会历史研究传统产生了重要影响:后来者在思维方式与认知结构上的分化,都可以追溯到他们三者之间在世界观、认识论哲学以及历史社会观念等问题上的争论。因此,本章专门介绍三位奠基性的思想家,重点比较三部著作之间的分歧。

第一节 培根的"新工具"

弗朗西斯·培根(1561—1626年)有几部重要的哲学著作,其中,《培根论说文集》(1597年)关于政治伦理道德,《学术的进展》(1605

年)全面改革知识计划,《论古人的智慧》(1609 年)是通过古希腊神话阐释政治、科学与哲学问题,而《新工具》则针对亚里士多德的《工具论》,详细阐释经验科学的认识论基础与方法论原则。这些著作反映出培根的雄心壮志,即对一切知识进行重新研究、分类与科学化,旨在重新调整人与自然的关系即物质世界、人与人的关系即生活世界,以及人与上帝的关系即内心世界。培根的哲学以经验观察为基础,按照循序渐进的阶梯方式,采用"真正的归纳法"①,并在经验范畴内进行推论,以找到在自然与社会现象背后起决定作用的普遍规律和因果关系。

　　这源于他对中世纪神学体系的不满,对当时剑桥大学以"亚里士多德学派"为分科体系的反叛。② 卢梭称培根为"最伟大的哲学家"③,黑格尔视之为经验方法的鼻祖以及近代哲学的开端④,马克思与恩格斯则认为"英国唯物主义和整个现代实验科学的真正始祖是培根"⑤。他的经验哲学思想对后世的自然、社会与历史观念影响极大,不仅表现为后来英国牛顿、洛克与休谟的经验主义传统,还融入法国的实证主义传统,成就了后来的社会进化论、功利主义、实用主义哲学传统与经验史观。

---

① 培根:《新工具》,许宝骙译,商务印书馆 2017 年版,第 11 页。
② 正如麦考莱在《论培根》中说道:培根"是带着这么一种心理走的。对剑桥的学科深为轻蔑;对英国的学校教育制度坚决地认为根本有害;对亚里士多德派的学者虚耗精力于其上的'学问'有一种应有的藐视;对亚里士多德本人亦没有多大的尊崇"。转引自 Oliphant Sweaton:《培根论说文集〈绪论〉》,载培根:《培根论说文集》,水天同译,商务印书馆 2017 年版,第 2 页。
③ 卢梭:《论科学与艺术的复兴是否有助于使风俗日趋纯朴》,李平沤译,商务印书馆 2016 年版,第 40 页。
④ 黑格尔:《哲学史讲演录》第 4 卷,贺麟等译,上海人民出版社 2013 年版,第 18 页。
⑤ 马克思、恩格斯:《神圣家族,或对批判的批判所做的批判》,载《马克思恩格斯文集》第 1 卷,人民出版社 2009 年版,第 331 页。

培根在《学术的进展》一书中提出了一整套关于知识及探索学问的学说。在大篇幅批判已有几种对学术与求知的错误态度与作用之后，培根指出学问是后天获得的知识，区别于上帝赋予的本原知识，探索知识的正确价值不仅在于给国家和个人带来福祉，而且能满足人类对不朽与永恒的渴望。从此，人类不再仅仅停留在祈祷上帝带来灵魂的不朽上，而是把人类知识的来源转到人类自身的理解能力上，可以在学问指导下获得精神的不朽。[①] 他把人类知识与三种理解能力相对应，即历史的记忆、诗歌的想象与哲学的理智，而哲学的理智包括来自上帝的启示即神学、局限于自然的自然科学和局限于人类自身的人文科学，分别发挥着上帝、自然与人类自身的作用。在这里，知识门类把历史与哲学二分，但又在经验观察的指导下使二者结合在一起。

培根坚信，科学可以征服欲望、政治与世界。在他看来，科学不仅征服了宗教，而且使科学替代宗教成为一种新的信仰，所以他用基督教的语言，以古人的神话隐喻把科学革命视为一场"圣战"。[②] 同样的，科学成为一种征服世界和期待未来的新欲望，通过对未来的探索来揭示完美的人类欲望和不断进步的潜在力量。培根对人类探索科学知识充满无限的信心和希望，而这种信心与希望成为现代世界的基本特征。他认为迄今为止的人类历史是通过科学知识取得的，在未来也可以用同样的方法取得同等成就，使人类得以一直支配自然和人类自身。这种科学知识和进步统一指导自然、社会、政治，成为人类通向幸福生活和增进人类福祉的根本方法。

因此，培根发起了"科学革命"，预见人类进入科学主导世界的科学

---

① 培根：《学术的进展》，刘运同译，上海人民出版社 2015 年版，第 64 页。
② 培根：《论古人的智慧》，李春长译，华夏出版社 2017 年版，第 83 页。

主义时代,此后所有的知识都只能以科学的名义表达,人类欲望也在科学知识的指导下得以满足。迄今为止,对科学的信仰、迷信、期待与信心依旧,在这个意义上,我们依然生活在"培根时代"。[1]

然而,对科学事业和知识创造的信心与希望并不是来自科学知识与成就本身,也不是来自经验观察的发现,而是来自基督教传统的移情,反映了一种基督教自然神设定的人性论与上帝观。[2] 给人以希望,并达到至善尽美,是基督教的核心主题和美德。因为,启示是上帝提供的确定性,而信仰上帝意味着对上帝的承诺充满希望。培根以"新大西岛"的隐喻来表达"五重希望",即生活便利、人道、宗教和谐、国家太平、实现个人抱负。[3] 显然,培根把科学视为一种世俗化的上帝,把希望与科学事业联系起来,提倡新科学,信仰技术进步,它可以征服自然、改造世界和增进福祉,满足人们的肉体欲望与精神渴望,替代上帝完成对人类的拯救,最终推进人类文明进程。

如果说《学术的进展》是培根构建知识大厦的基础,那么《新工具》就是他具体推进大厦构建的方法:在批评已有实验家与教条者的两种做法之后,培根提出经验哲学的科学方法。他把以往的学问分为虚饰的、争辩的、幻想的,由此形成了四种知识的假象,即族性的、洞穴的、剧场的、市场的,这些都脱离了生活世界的经验实践,也不能运用于实践生活;相反,必须有一种新的学问工具与方法,发展出经验科学。培根用"蜜蜂"比喻采用这种科学方法的学问:

---

[1]   Gernot Böhme, "Am Ende des Baconschen Zeitalters", *Chemie in Unserer Zeit*, Vol. 26, No. 3 (1993),转引自培根:《论古人的智慧》,李春长译,华夏出版社 2017 年版,"附录"第 148 页。

[2]   培根:《论古人的智慧》,李春长译,华夏出版社 2017 年版,"附录"第 227 页。

[3]   培根:《论古人的智慧》,李春长译,华夏出版社 2017 年版,"附录"第 236 页。

　　历来处理科学的人，不是实验家，就是教条者。实验家像蚂蚁，只会采集和使用；推论家像蜘蛛，只凭自己的材料来织成丝网。而蜜蜂却是采取中道的，它在庭园里和田野里从花朵中采集材料，而用自己的能力加以变化和消化。哲学的真正任务就是这样，它既非完全或主要依靠心的能力，也非只把从自然历史和机械实验收来的材料原封不动、囫囵吞枣地累置在记忆当中，而是把它们变化过和消化过而放置在理解力之中。这样看来，要把这两种机能，即实验的和理性的这两种机能，更紧密地和更精纯地结合起来（这是迄今还未做到的），我们就可以有很多的希望。①

　　因此，培根把人类知识视为一座"金字塔"，外在事物的现象与内心世界的感知是所有人类知识的真正来源与基础，顶端则是自然神设定的普遍法则②，人类通过经验领域的归纳与演绎方法，形成了"一列通到准确性的循序升进的阶梯"③，从特定时空中的殊相与具体经验逐渐过渡到共相与抽象普遍的规范哲学。换言之，从个别的感知和感觉出发，逐渐酝酿、转换与抽象升级，总结出具有语境限制的命题和定理，然后再进一步上升到超语境限制的普遍公理（如图 2-1 所示）。这个认知与研究过程并不完全受制于外部客观的自然物理条件即"实验"，也不完全取决于人的主观意志即"理性"，而是二者的结合。这是培根对近代经验主义认识论与方法论的开创性贡献，从而超越了亚里士多德主义传统的"逻辑"崇拜。

---

① 培根：《新工具》，许宝骙译，商务印书馆 2017 年版，第 82—83 页。
② 培根：《学术的进展》，刘运同译，上海人民出版社 2015 年版，第 86 页。
③ 培根：《新工具》，许宝骙译，商务印书馆 1984 年版，第 2 页。兰克也支持培根的经验主义史观，只是反对他注重在史料和事实中发现"原因"和"原因之原因"、忽视历史现象的整体性和丰富性。

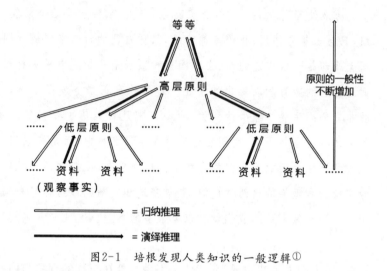

图2-1　培根发现人类知识的一般逻辑①

第二节　笛卡尔的"新方法"

笛卡尔(1596—1650年)比培根晚出生35年,但同属于启蒙运动第一代哲学家,他开创了理性主义哲学传统,而且许多观点是针对培根的经验哲学而来的。对于他的生平,这里需要交代以下几个方面:

第一,笛卡尔与所有其他著名的思想家一样,命运坎坷,终身未娶,生性孤僻,擅于沉思,讷于言谈,饱读经典;但笛卡尔与其他启蒙哲人不同的是,他越读圣贤书越是对所有的知识表示怀疑和失望,因此投身于他认为唯一确定的物理与数学知识。

---

① 转引自奥尔德罗伊德:《知识的拱门:科学哲学和科学方法论历史导论》,顾犇等译,商务印书馆2008年版,第103页。

第二，笛卡尔是法国著名哲学家、物理学家、数学家、神学家。虽然中世纪后期神学体系衰败了，但并不等于从此没有了神学和上帝，只是对上帝有了不同的理解而已，而笛卡尔有他自己的理解。

第三，笛卡尔创造了平面直角坐标系，运用公式来表达几何坐标，是"解析几何之父"，并且认为，人的认识也应该像解析几何一样直观明了，全部可以从简单推演到复杂。

笛卡尔《谈谈方法》这本书最重要的地方在于他告诉了我们什么是理性、理性从何而来，这开创了一套完整的理性主义哲学体系，开启了欧陆理性主义哲学传统，黑格尔由此把他称为"近代哲学真正的创始人"[1]。此外，笛卡尔在这本书中首次提出"我思故我在"的哲学名言以及运用理性的几种方法，通过这本书，我们可以了解到这句名言的来历及其在笛卡尔哲学体系中的位置，由此也可以知道笛卡尔在西方哲学史上的地位。《谈谈方法》大致写于1619—1628年，出版于1637年，是笛卡尔的第一部著作，阐释了他在形而上学、认识论与方法论三个层面的研究路数。他此后出版的更为系统的两部哲学著作《第一哲学沉思录》和《哲学原理》，都是以《谈谈方法》为基础的。《谈谈方法》被认为是近代理性主义哲学的宣言书。

《谈谈方法》的全称是《谈谈正确运用自己的理性在各门学问里寻找真理的方法》，对这个标题需要交代几点：

第一，笛卡尔用"谈谈"（discourse）这个轻松通俗的词作为书名的一部分，说明这不是一部正式和严肃的哲学著作，不是写给王公贵族们看的，而是跟大众读者交流自己做学问的一些感受和方法。因此，

---

① 黑格尔：《哲学史讲演录》第4卷，贺麟等译，上海人民出版社2013年版，第66页。

他用的是通俗易懂的自传方式，用社会大众性的法语，而不是当时贵族惯用的拉丁文，换言之是写给新兴资产阶级和市民阶层看的。

第二，这里的理性不是我们常说的 rationality，而是 reason，意思是人类运用逻辑推理并谨慎思考的理智能力和心智，相对于意识层次上人类感性、感觉、感受形成的经验。这意味着知识来自人的理智思考，而不是来自感性经验。

第三，这种理性是一种探寻真理的方法和手段（method），本身并不是目的，而是一种怀疑一切并抛弃一切既定假设的手段。

第四，笛卡尔希望这种作为方法的理性普遍适用于所有学问和科学，包括天文学、物理学、数学、哲学等一切知识。

第五，科学在笛卡尔这里已经是复数形式，这意味着科学体系存在着差别，而他要在诸多科学门类中寻找到一种通用的方法，从而找到连贯一致的真理与知识。

那么，笛卡尔为什么要把理性作为发现真理的普遍方法并通行于所有科学呢？这种方法的依据从何而来呢？这种方法表现为什么？如何操作？这几个问题构成了《谈谈方法》的核心内容。但在此之前，我得回答一个问题：笛卡尔为什么不喜欢人类从感性、感觉经验而得来的知识，而英国的培根也是一位启蒙哲人，他恰恰强调人类的经验知识？这里涉及近代科学革命带来的认识论转向背景，而认识论的一个任务就是讨论人类知识从何而来。

笛卡尔与培根都认为要获得普遍统一的人类知识与真理，强调科学知识与真理来自人类自身的发现和探索，而不是听令并诉求于外在的统一的上帝。基督教统一的神学体系在近代早期瓦解之后，由上帝神启的真理已不再是全能的、超自然的，理性从神学中解放出来，并与近代科学结合在一起，真理重新需要人类自身的探索与发现，这就是近代世界的"科学革命"。如此,启蒙运动的哲学家便面临一个紧迫的问题:如何为人类重新找到真理的来源,或者说,不能完全依赖上帝之后,人类如何才能找到真理? 构成为"真理",必须有两个方面的结合:一是在人们的信仰和信念层次上要明确"何为真";二是在论证方法上要证明为"真"背后的"理据"何在。只有明确了"真"的标准并且找到了证明为"真"的统一方法,真理才成为可能。

其实,还有一种科学史的理解,认为近代西方的文艺复兴和启蒙运动不是把科学与神学对立起来,而是近代科学革命时期,人们对上帝的理解发生了变化。不是中世纪统一的、单一的全能上帝消退了,而是神学体系在中世纪后期发生了变化,近代的人们理解上帝的方式不同于中世纪了,这主要表现在三方面:其一,认为上帝与世界万物融合在一起,理解了自然万物的秩序和变化规律就理解了上帝;其二,认为上帝在人类的内心,内心会指导人类的行动,遵循内心的理智就服从了上帝;其三,人认为外部自然世界与内在心理世界是一致的,只要寻找到内在的一致性就找到了上帝。因此,在对"真"的标准及证明为真的"理"两方面,近代哲人产生了很大分歧。

对于这个问题,英国的培根与法国的笛卡尔虽然是同时代人,但却从物理和数学两个不同的路径来理解宇宙、大千世界和人类内心世界,因此在对世界的认识以及探索真理上出现了两个不同的道路和传统。

培根把物理的做实验视为近代科学革命的核心,因为实验让自然世界的事实以经验的方式成为系统客观的科学知识。一切科学都从特殊的感觉和观察出发,建立从特殊到普遍的抽象等级次序,逐渐抛弃幻觉与想象,小心翼翼,不断完善,最后才过渡到一般的理论,形成一条从感官知觉到理智思考判断的归纳之路——就像后来牛顿从树上掉下苹果这个偶然事件出发,最终发现了万有引力定律一样——所以,真理和科学知识就像一个金字塔的知识体系,但首先是来自人类的感觉,通过反复实验观察与归纳、不断抽象化的总结而得来的。

笛卡尔则是以系统而彻底的方式完成了自然世界的数学化。笛卡尔不认可培根的实验观察和经验归纳方法,认为特殊无法达到普遍,特殊加上特殊,还是特殊,不能成为普遍,必须用一种本身就是普遍的东西,贯穿诸多特殊事物,才能去伪存真,把特殊的统一为普遍的。他举一个例子来说明这一点。同样是建造房屋,有的是七手八脚利用原来的旧墙、砖头和木料,修修补补;还有的是推倒旧房屋,由一位建筑师一手建成。哪一种更漂亮和合理?那些经过现代工匠的修缮和装饰的古村落和古城堡,不管如何修补都与外部环境不协调,有瑕疵,远不如一个工程师按照自己完美无瑕的设想,在旷野上建起来整齐气派的现代化城镇。①

笛卡尔还指出,人类应该使用数学的推导方法来取代物理的实验方法,运用理性来进行哲学思考。首要的原因就在于,理性是不同于感性、感觉和感受等经验的一种方法,他相信,理性比感官的感受更可靠。他举出了一个例子:在我们做梦时,我们以为自己身在一个真实的世界中,然而这其实只是一种幻觉而已。

显然,为了找到统一普遍的"一",即科学真理和客观知识,培根是从"多"到"一"地发现逻辑,而笛卡尔则是从"零"到"一"。那么,笛卡尔是如何做到的呢?工程师的完美设想从何而来呢?《谈谈方法》这本书对此做了完整的回答和论证。笛卡尔认为,这是来自上帝的诚实与完美,保障了人类具有直观、顿悟的天赋观念,由此来保障真理的确凿

①　笛卡尔:《谈谈方法》,王太庆译,商务印书馆 2017 年版,第 12 页。

无疑。

我们不要一开始就在笛卡尔和培根之间做出选择,判断对错,而是要先理解和比较他们;更不要觉得笛卡尔把上帝带了回来,因有玄虚的神秘主义色彩而不可靠。其实,上帝只是他搬出来的一个工具,只要读者接受了这个形而上学前提,或者忽视这个前提,就必然认为这整个哲学体系是有道理的。因此,我们接下来先看看他是如何把上帝搬出来的。

笛卡尔认为,真理产生的条件有二:其一是内在的观念与外在的事实相一致;其二是这种观念必须是简单明了、清楚明白、毫无矛盾、确凿无疑的直观现实,就像几何学公理一样,只要掌握了简单明了的公理,就可以进一步演绎、推导出并理解更为复杂的观念和知识。那么,这种观念从何而来?笛卡尔认为这是全知全能、全善全美、完满无缺的上帝给予人的一种天生禀赋。既然上帝创造了一切,同时包括内心世界和外在世界,把世界运转和秩序的原理和规律都印在人类的内心,心与物是同源同构的,那么人类得来的理性知识就是上帝天意的反映,也是自然规律的反映。这种天赋的理性观念是绝对真理,可以甄别错误和虚假的认识及感觉,就像试金石和探测器一样;也可以把一般的认识转换成科学真理,有点石成金的效果。[①]

在笛卡尔看来,"我"必定是一个独立于肉体的、可以思维的存在物,而完满单纯的理性思维则是上帝给予我们的。由于我们不可能从不完美的实体中得到完美的观念,因此必定有一个完美实体即上帝的存在来让我们得到这个理性观念。只有存在完美的上帝,我们才能知道确定真理的理性标准,运用这个理性标准才能去怀疑一切假恶丑的

---

① 笛卡尔:《谈谈方法》,王太庆译,商务印书馆 2017 年版,第 11—12 页。

东西,借助普遍的怀疑,我们可以确信"这个世界真的存在",而且经由推导和演绎证明过后,数学逻辑才得以可能。

很多人(尤其是我们东方文化传统中的中国人)认为这个形而上学的前提是匪夷所思的。但是,如果不知道笛卡尔对完满上帝的假设,就很难理解他对人类理性观念的来源的交代,也无法理解笛卡尔那句名言"我思故我在"的深刻意涵。没有强大的上帝赋予的理性观念,人类就不可能有敢于"怀疑一切"的勇气,也没有怀疑的可能。后来康德"运用自己的理智"的启蒙运动宣言也是坚持笛卡尔这一点。这也是笛卡尔理性主义哲学与培根经验主义哲学在来源上的最大不同之处。

显然,只是在人类理性的来源上,笛卡尔才需要"上帝"作为形而上学预设;而一旦找到并明确理性的最高地位之后,上帝就消失了、被抛弃了。因此,帕斯卡尔才说:"我不能原谅笛卡尔。他在其全部的哲学之中都想能撇开上帝,然而他又不能不要上帝来轻轻碰一下,以便使世界运动起来。除此之外,他就再也用不着上帝了。"[1]也有人比喻说,笛卡尔之所以要在出发点上借助于上帝,请上帝出场,就像为了从孩子手中夺走感性这种危险的武器,才必须先给孩子这种形而上学的玩具,等孩子长大懂得道理之后,自然就不需要了。[2]

理性作为一种天赋观念,就像法官办理一桩案子,必须对案情进行周密调查、研究推理并做出正确的判断,但是全过程都要依据法律进行,普遍、必然的法律是法官、律师等人唯一可以依靠的东西。这意味着,理性是人类发现真理唯一可以信赖的天赋观念。所以,就有了恩

① 帕斯卡尔:《思想录:论宗教和其他主题的思想》,何兆武译,商务印书馆2017年版,第43页。

② 转引自李猛:《经验之路:培根与笛卡尔论现代科学的方法与哲学基础》,《云南大学学报(社会科学版)》2016年第5期,第9—23页。

格斯概括的一句启蒙运动宣言:"宗教、自然观、社会、国家制度,一切都受到了最无情的批判;一切都必须在理性的法庭面前为自己的存在作辩护或者放弃存在的权利。"①高扬理性,并运用理性来怀疑其他一切的感性观念和经验知识。在确立了人类理性观念来自完满的上帝的给予,明确了形而上学来源以及理性的重要性之后,笛卡尔才开始为在所有学问中运用理性提出四条通用的普遍方法。只有按顺序经过理性的四个普遍方法,才能找到绝对真理和科学知识,以充分的理据来确认为真。

接下来逐条解释这四条普遍方法,因为这是《谈谈方法》的精华所在:

第一条也是最重要的是怀疑主义方法,是"我思故我在"的核心:"绝不承认任何事物为真,对于我完全不怀疑的事物才视为真理。"②

这条规则把怀疑作为出发点,感官知觉的知识是可以被怀疑的,我们并不能信任我们的感官。笛卡尔强调科学的目的在于造福人类,使人成为自然界的主人和统治者。他反对经院哲学和神学,提出怀疑一切的"系统怀疑的方法",所以他不会说"我看故我在""我听故我在"。从这里他悟出一个道理,即我们所不能怀疑的是"我们的怀疑";意指我们无法去怀疑的,是我们正在"怀疑"这件事时的"怀疑本身",只有这样才能肯定我们的"怀疑"是有真实性的、并非虚假的产物。人们觉得理所当然或习以为常的事物,笛卡尔却感到疑惑,由此他推出了著名的哲学命题——"我思故我在",强调不能怀疑以思维为其属性的独立的精神实体的存在,并论证以广延为其属性的独立物质实体的存在。

---

① 恩格斯:《反杜林论》,载《马克思恩格斯文集》第9卷,人民出版社2009年版,第19—20页。

② 笛卡尔:《谈谈方法》,王太庆译,商务印书馆2017年版,第15页。

第二条是化繁为简的分析方法："必须将每个问题分成若干个简单的部分，按照可能和必要的程度，一一妥当处理。"[1]

分析方法的作用是发现简单明了的、天赋的真理、公理、定义、命题，帮助人们探索和认识普遍真理的过程，通过廓清成见，帮助人们甄选那些确定无疑的观念。分析方法的起点是具体的特定问题，终点是关于具体问题的具体解决，即关于个别命题的知识。分析方法有四个特点：不以任何特定的被接受为真的前提作为出发点；要求读者摒弃成见；通过廓清成见的方式来使真观念显现为真观念；发现真理的过程是从个别命题的认识进入普遍命题的认识的过程。

第三条是从简单到复杂的综合方法："按次序进行我的思考，从最简单、最容易认识的对象开始，一点一点逐步上升，直到认识最复杂的对象，就连那些本来没有先后关系的东西，也给它们设定一个次序。"[2]

综合方法是运用分析方法之后得出的研究方法，并演绎到更为复杂的命题，所以，分析方法是综合方法的前提，综合方法是分析方法的后续，揭示更多蕴含在简单命题中的各种知识。综合方法的起点是已经接受的定义和公理系统，这些公理和原理都是抽象的普遍命题；而综合方法从这些抽象的普遍定义、公理、假设出发，经过一系列论证步骤而必然地得出结论。数学几何题目就是这样，只要人们接受了它的一系列定义、公理和命题，经过恰当的步骤，就必然地接受它的结论。

第四条是检验原则："我们应该时常进行彻底的检查，确保没有遗漏任何东西。"[3]这是对怀疑、分析、综合的真理探索过程进行重新检验，确保过程的严谨性，以及真理、知识和结论的确凿无疑。

---

① 笛卡尔：《谈谈方法》，王太庆译，商务印书馆 2017 年版，第 16 页。
② 笛卡尔：《谈谈方法》，王太庆译，商务印书馆 2017 年版，第 16 页。
③ 笛卡尔：《谈谈方法》，王太庆译，商务印书馆 2017 年版，第 16 页。

如果说笛卡尔是近代哲学之父，那么"我思故我在"就是笛卡尔的第一哲学，是现代最确定的知识和真理。其字面意思是："当我怀疑一切事物的存在时，我却不用怀疑我本身的思想，因为此时我唯一可以确定的事就是我自己思想的存在。"笛卡尔认为当"我"在怀疑一切时，却不能怀疑那个正在怀疑着的"我"的存在，因为这个"怀疑"本身就是一种思想活动，而这个正在思想着、怀疑着的"我"的本质也是一种思想活动。需要注意的是，这里的"我"并非指身心结合的"我"，而是指独立存在的"心灵"。这说明笛卡尔把"我"分为心灵和思维的"我"和肉体与心灵结合的整体"我"，这其实已经假设了心灵与物质二分的二元论。

其深层意思则是，笛卡尔的哲学命题，采用所谓"怀疑的方法"，是在求证"知识"的来源是否可靠。我们可以怀疑身边的一切，但只有一件事是我们无法怀疑的，那就是怀疑那个正在怀疑着的"我"的存在。换句话说，我们不能怀疑"我们的怀疑"，因为只有这样才能肯定我们的"怀疑"。笛卡尔也就是从他的"我思故我在"来证明"上帝的存在"的，因为"我"这个思想的主体不能被"怀疑"，那么就有一个使"我"存在的更高"存在体"。换句话说，因为我存在，所以必须有一个使我存在的"存在者"，而那个使我存在的"存在者"，也必定是使万物存在的"存在者"。能够使万物存在的"存在者"，就必然只有上帝了。

笛卡尔把"我"固定为一个思维能动者的实体，唯有思维才能确认作为主体的"我"；而由思维活动的"我"来决定"我"的存在，一旦存在就是超时间和空间的永恒，不依赖于外界事物和关系。因此，纯粹的理性思维是所有认识的起点和阿基米德支点，支撑起启蒙运动、现代性、现代化等一系列现代命题和观念，成为一切哲学的基础以及现代世界的精神内核。这个命题恰恰是在落实怀疑原则之后无法再怀疑的结果，作为一个清晰明了的命题，它成为贯彻分析方法的终点，以及运用综合方法的起点。

笛卡尔的唯理认识论对后世产生了巨大影响，主要表现在以下四点。

第一，明确回答了上帝是否存在以及如何存在的问题。笛卡尔哲学的真正意义在于追问知识确定性的来源，而他的第一命题就是他找到了上帝作为第一个确定的东西。

第二，通过"我思故我在"的名言，寻找人的一种内在的本质存在，引发了近代哲学唯理论的新探索。笛卡尔的哲学奠定了现代世界关于真理与知识的同一性关系，以及外部世界与内在心理世界的同一性关系。意大利的维柯率先抵制笛卡尔的这种一致性，认为知识是由内而外来决定的，而判断为真才能成为真理，并且进一步批判客观真理与客观知识的可能性。英国经验主义哲学传统的洛克也抵制笛卡尔的唯理论，认为完全可以通过经验的内省来获得真理，而无须诉诸纯粹的理性。但霍布斯的《利维坦》却深受笛卡尔的分析—综合方法的影响，他不仅通过分析找到了对死亡的恐惧是最大的公理，而且通过综合方法找到了绝对权力的利维坦君主，以此克服对死亡的恐惧。

第三，确立了思维与存在的二元论认识论，开创了唯理论传统。身体的存在并不能用对事物的思考去证明，仅仅怀疑事物并不能证明"我"的存在，因为即使"我"的肉体没有了，"我"的思想仍可以去思考。笛卡尔这种把思维和肉体分为探索身与心的思想，最终确立了他的二元论体系，明确了思维和存在的划分。他的数学研究方法，怀疑与存真的关系，分析与叙事方法的分离，分析与综合、演绎的关系等都是其中的具体方法。

第四，高扬理性精神。理性是获得和检验真理的唯一标准，是真正至高无上的,是人类真正摆脱神学束缚的工具。理性精神成就了后来法国乃至欧陆的理性主义哲学传统。

第三节　维柯的"新科学"

维柯是18世纪前期的哲学家,他把基督教传统中的人文主义精神发展成为历史主义的认识论传统,开创了一种历史思维的研究方法,并提出人类只能认识自己所创造之物的思想。正如霍布斯的《利维坦》扉页插图充分反映该书的核心思想一样,维柯的《新科学》(1725年)扉页插图也充分展示了他对人、神、自然之物及人造物之间关系的关键认识。维柯把历史发展的次序理解为从受想象力、迷信和习俗支配的社会过渡到受理性理解力支配的社会,认为人对事物本质的洞察力是在历史发展进程中逐渐深入的,并且承认、接受了历史发展的后果,从而区分出诗性(习俗法)、英雄(章程法)与人性(自然法)三个历史阶段和法则。因此,想象力在历史上和本体论上先于理性,非理性是理性的基础。人之所以能够认识人类历史,是因为人创造了自己的历史;同理,上帝之所以能认识自然,是因为上帝创造了万物。

维柯区分了殊相的意识与共相的或者殊相之原因的科学,认为人类只能创造和完全把握殊相的真实以及由此形成的知识。这些知识不是外在的、普遍的、明确的、静态的、结构化的真理,不是柏拉图或笛卡尔的理念论传统认为的那样可以把握的;相反,是一个不断进化和更替的社会过程。这些知识就像参与舞台戏剧的演员必须知道的,是按照曲目的内在要求而设定的知识,需要直接习得的训练和充分的想象力,不同于观众作为局外人的欣赏和评价眼光。在这个意义上,理解和阐释人类民族的习性、法则和政体变化，只能根据语言、社会关系、社会意识、艺术等人文领域在历史过程中的现象变化。[①]

因此，维柯的成就是提出一种不同于自然科学的人类自我知识，即人类作为认知主体，创造有目的、动机和连续性的活动，并且只能按照参与活动的动态过程来理解其原因和结果，从而将人类自主创造的世界区别于上帝创造的自然世界。这种自我知识既不是归纳的和演绎的，也不是理性的真理和系统的认知，这进而颠覆了已被同时代人接受的三种知识分类方式：一是基督教神学传统的形而上学知识，即一切基于理性的直觉、信仰与启示；二是笛卡尔传统的演绎知识，即一切基于逻辑和数学的理智；三是培根传统的经验知识，即一切基于经验的观察，通过假设、实验、归纳和抽象而被认知。相应的，维柯对培根的经验论与笛卡尔的唯理论两个传统都持批判态度。

维柯对笛卡尔与培根的批判最初体现在《论我们时代的研究方法》（1709 年）一文中。其中，维柯对培根的评价是："指明我们应该如何开拓新艺术和新科学，增进我们已有的艺术和科学；我们应该如何耕耘我们现在已有的学科，使人类的智慧能够臻于完善。"[②]但维柯反对培根站在上帝的视角，嘲讽他是另一个星球的人，把知识脱离其具体的历史文化情境和人类理解的限度。维柯把培根视为学术领域的帝国君主，获得最高权力之后，就有全能的欲望违背自然；但人类的认识是有限的，并不能超越前人的认知和成就。如果笛卡尔与培根是站在现代来贬低古代的话，那么维柯就是从科学工具的优劣来评估并维持古今的连续性转换，并且区分新的艺术科学（"事实性知识"）与新的认识工

---

① 维柯：《新科学》，朱光潜译，商务印书馆 1989 年版，第 489—558 页。
② 利昂·庞帕编译：《维柯著作选》，陆晓禾译，商务印书馆 1997 年版，第 64 页。

具("方法论知识")。其中,研究方法包括工具(怀疑、批判与分析)、辅助物(文字、大学、艺术)和目标(真理)三部分。

同样的,维柯在《论我们时代的研究方法》一文中大篇幅讨论了笛卡尔方法论的弊端[①]:第一,批判与分析的方法以牺牲其基础性的想象力为前提;第二,几何学方法的问题是人类创造了定律,但物理世界的真实是全能上帝创造的,只有上帝才能认识,无法用人造的几何学方法来认识神造物;第三,自然科学忽视了伦理学、艺术、人类心灵与激情的本性以及修辞学,放弃了一门高贵学科的政治学;第四,笛卡尔追求的绝对真理和普遍知识是用一个原因来解释诸多自然结果,而培根的经验实践则是用诸多原因来说明一个结果,即通过归纳来达到真理,二者追求的真理层次不同,前者是理智的最高真理,是永恒不变的,后者是感知的最低真理,因时间流逝而变成谬误。

维柯认为,其实,在日常生活中,常人并不受理智引导,也不追求真理,而是受欲望支配,服从于肉体的本性。因此,智者"应当依靠肉体的意象把灵魂引导到爱;因为一旦灵魂产生爱,它也就容易学会信;一旦它产生信和爱,它就会激动,结果它会靠正常的放纵而产生意志"。那么,怎么才能把欲望和邪恶转到正道上?维柯认为,只有运用哲学和雄辩术:"哲学控制骚动"可以产生美德,而雄辩术激发热情,使之"履行美德的职责"。[②]

培根认为人在经验实践中不断丰富与完善自己,而笛卡尔认为人充分利用理性并不断怀疑和批判,就可以达到神的全能水平。但维柯反对培根与笛卡尔,认为人与神相比是有缺陷的,人非常自负,总以为

---

① 利昂·庞帕编译:《维柯著作选》,陆晓禾译,商务印书馆1997年版,第69—77页。

② 利昂·庞帕编译:《维柯著作选》,陆晓禾译,商务印书馆1997年版,第78页。

自己可以像全能的上帝一样,完全把握了事物的本质规律。实际上,人的思想认知与经验视野总是有限的,往往只能理解事物的表面,并且是从最表面的现象来理解事物。人极力分析事物,就像解剖麻雀一样,把整体的事物拆解成简单要素或组成部分,试图认识事物的本性和构成方式,通过语词符号来表达对事物的认识,并进行科学的命名和定义。但是,他永远只能认识到相对而具体的事实、局部而片面的定理、受时空条件限制的概念和命题,永远只能用有限的语词来表达无限、多样的现象。因此,人类的知识只能对整体的自然事物进行分解,按照主题、问题或方法划分学科门类的知识范畴,但这些知识是死的、静止的、有限的、流逝的,以至于人类不可能再永恒、整体、全面、运动、变化地理解事物本身。

在这个意义上,人类创造语言,通过名词、术语、概念,按照学科门类,把对外界事物的理解与认识重新进行次序编排,就像挖一口"井",以专业化的"行话"形成学科知识,一起塑造为特定的文化传统。文明传统越漫长,"井"越深,身处其中的人就越自负,不断把观念中的事物再现在语言中。从此,文化中的人不用以事物的质料为基础,而是用"井"的语言与形式逻辑,创造点、线、面、体,形成一个独立于物质世界的观念世界,也就是"井"。在维柯看来,"点"是没有关联的零散碎片;"线"是点的投射,即没有宽度和厚度的长度;"面"是两条不同的线在同一个点上的合并,是没有厚度的长宽结合;"体"又是不同的面交织在一条线上,形成文明的立体结构。①

从此,人不是需要认识构成事物存在的要素和本质,而是需要为自己创造一个个对应文化世界和语言世界的知识世界,从稳定的观念世

---

① 利昂·庞帕编译:《维柯著作选》,陆晓禾译,商务印书馆1997年版,第88页。

界来理解和解释变化的物质世界。一口"井"就是一个世界！维柯在康德之前指出了功利主义的缺陷，比卢梭与黑格尔更早批判社会原子论，他区分确定性与真理、判断与论证、发现历史与创造历史、认知与意志的范畴之间的分界线。因此，维柯的哲学思想是后世许多批判理性哲学和经验哲学领域的哲学家都无法绕过的，也是理性哲学与经验哲学传统自我捍卫时不可忽视的"劲敌"。

维柯与启蒙运动的主流背道而驰，但与培根和笛卡尔并驾齐驱。他敌视笛卡尔、斯宾诺莎、培根、洛克等启蒙思想家，抵制把自然科学的思维、概念与方法应用到人类历史与社会生活中，主张人类科学高于自然科学。后来很多学说与理论都得益于维柯的思想，其思想也得到了进一步的丰富、应用与发展，比如伯克的保守主义、赫尔德的民族主义与共同体思想、黑格尔主义的精神现象学、马克思主义的人学、孔德的实证主义、弗洛伊德的精神分析和社会心理学；维柯的思想还是人类学、批判理论、人道主义、人文主义、反实证主义的重要资源。在这个意义上，维柯就像从中世纪神学时代接入现代科学时代的一座思想之桥，无论是哪一个哲学流派的水都从其下滚滚流过，其思想确实可以被赶超与发展，但的确无法绕过。

维柯是第一位领悟到科学分析与历史分析、人类科学与自然科学之间应该根本区分的现代思想家，并且可以真正抵制培根与笛卡尔主导的"科学革命"，是启蒙运动的"反叛者"。当然，尽管维柯在形式上反笛卡尔，对培根也颇有微词，但我们必须把维柯、笛卡尔、培根放在后基督教神学时代的同一个历史时期来比较与考察。正如培根的经验论激发起笛卡尔的唯理论，并成为后者的批评对象一样，后起的维柯对培根的经验论与笛卡尔的唯理论都有选择性和倾向性地批评，也有不同程度的肯定与吸收。比如《新科学》把笛卡尔推崇的几何学方法运用到精神科学领域,更充分肯定了培根主张的人类经验进化过程。

在西方思想史与哲学史中,维柯是强调时间观念的重要性高于空间观念——至少是二者并行不悖——的思想家,从而把历史研究视为所有人文科学的母体、基础和源泉。这一点得到了后来德国思想家们的呼应与发扬。不过,直到两个世纪之后的克罗齐才使维柯真正获得了伟大思想家的形象,而柯林伍德在克罗齐影响下,发展了维柯的历史观念,被伯林称为"维柯最具有天赋的英国追随者"[1]。

第四节　史观比较

培根认为,历史不是哲学追求的理智知识,也不同于追求语言艺术和想象的诗歌,而是记忆,"对应于我们头脑中的一种单元、居所或处所"[2]。培根将历史分为自然史、社会史、宗教史,以对应于人与世界、人与人、人与上帝之间关系的变迁;还专门增加了学术史,其目的是更明智地运用与管理学术事业,探索知识的进步;对其不同的研究方式有进一步的详细界定。[3] 培根还根据他对历史的要求,完成了史学著作《亨利七世在位时期的英国史》,这是经验主义哲学的具体化实践,

---

① 以赛亚·伯林:《启蒙的三个批评者》,马寅卯、郑想译,译林出版社 2014 年版,第 126 页。

② 培根:《学术的进展》,刘运同译,上海人民出版社 2015 年版,第 75 页。

③ 培根:《学术的进展》,刘运同译,上海人民出版社 2015 年版,第 64—75 页。培根可能是西方知识史上第一位明确强调学科史与学术史重要性的学者,这一观念至今依然是从事学术史研究的基本原则:"一部完整的学术史应当包括学术的起源,学术的派别,学术的创新,学术的传统,多样的管理和实施方式,繁荣的盛况,反对者的意见,衰落、缓慢、湮灭、变迁的缘由和情形,还有所有其他跟学术有关的事件,都要分门别类,按照年代顺序记载清楚。"

后来被洛克视为有哲学意味的史学著作之典范。

　　培根追求所谓"公正而完备的"历史，并将之分为记录时间的编年史、记录人物的传记和记录事件的纪事；他推崇编年史的社会政治史编纂方法，认为其任务是"记录重大事件、公正人物的行为举止"①，以展示宏大的历史进程。他发展的历史编纂方法成为后来英国历史学的书写传统以及19世纪德国兰克政治史学传统的前奏，具体包括一手史料的来源，如未公开的手稿、官方档案文献、公开出版的汇编、演讲稿等，还有严格的文献考据、叙事、文学体的书写、心理动机分析、政治史、英雄史等等。这在后来休谟与麦考莱两部鸿篇巨制的《英国史》中都得到了热烈回响。②

　　与培根非常重视整理历史材料和编纂历史完全不同的是，笛卡尔非常蔑视历史研究。③笛卡尔也把学问区分为诗歌、历史学、哲学与神学，但他只把其研究方法用于以数学、物理学与形而上学为主体的哲学，因为这才能获得所谓的可靠知识。笛卡尔花很多时间"诵读古书，读历史"，但其目的只是了解"殊方异俗"而不至于遭人嘲笑而已。但笛卡尔侧重于展示古代与现代之间的冲突，认为对古代了解越多，对现在就越无知，越容易受"细枝末节的""动听的"历史事实影响。④

　　显然，在笛卡尔看来，历史与现实互相对立，关注历史在本质上是对现实的逃避，而历史著作也不可能完全真实地描述过去，不能成为可靠知识的来源，也无助于现实的有效行动。总体而言，笛卡尔对历史研究的价值深表怀疑。虽然笛卡尔与培根对历史的重视程度不同，

---

　　① 培根：《学术的进展》，刘运同译，上海人民出版社2015年版，第68页。

　　② 休谟：《英国史》，刘仲敬译，吉林出版集团有限责任公司2012年版；麦考莱：《麦考莱英国史》，刘仲敬译，吉林出版集团有限责任公司2014年版。

　　③ 笛卡尔：《谈谈方法》，王太庆译，商务印书馆2017年版，第9页。

　　④ 笛卡尔：《谈谈方法》，王太庆译，商务印书馆2017年版，第10页。

但二人都把历史学与哲学视为平行发展的两种学问，而且，哲学的地位更优越于历史学。当然，这其实是启蒙运动前期思想家对待历史与哲学的共同态度，以集体抵制文艺复兴时期流行的实用主义历史观念，即试图通过复活古希腊罗马时期的历史研究，抵制中世纪宗教的神学史观，并且把政治史中的人性、制度与理念实用性地运用到新兴的城市共和国研究中。

　　然而，在随后的维柯看来，历史研究不是对辉煌过去的吟诵，不是发现机械性反复出现的因果，不是记录特定时刻发生了什么大事件，不是为死去的人寻求正义，也不是为了同时代人的消遣娱乐和怀旧，而是记录与解释社会组织与社会意识在时间光谱上的前后相继性与关联性，如实理解特殊事物的构成要素、构造形式以及变化过程，让同时代人不仅知道何为真实并且知道为何为真实。

　　因此，历史是集体组织与社会意识的人类自身经验在时间维度上的扩展。这意味着，人类作为有灵的高级动物，并不是被动接受上帝安排的自然之物，也不愿意降格到物化的世界，而是有自我目的地行动，并不断探索、质问、塑造和寻找未来。这种不断进取的人类意志和有目的的行动不仅推动了集体组织和意识的历史变迁，并且创造出永恒向前发展且能被人类自身理解的历史过程。在这个过程中，人类不仅是独立的个体，也是社会中的人，与他人合作互动，形成集体意识、社会制度以及自我理解的社会知识。

　　在此基础上，维柯提出"理想的永恒历史"，即主宰了"兴起、发展、成熟、衰退和毁灭的历史"①的法则。"复归"或"复调"的历史就像一个乐队，每一组乐器（每个民族、语言和文化）都可以演奏出自己

---

　　① 维柯：《新科学》，朱光潜译，商务印书馆 2017 年版，第 132 页。

独特的曲调,但其结构与其他组的乐器在其他音调和节拍(其他民族、语言、文化、地方与时代)上演奏的一样,曲调和乐章相一致。历史都遵循生长原则,按照这种原则展示自然的本性,就是一个发展脉络的诞生与成长过程。人从野蛮开端,不断上升到文明的自我意识,其间存在三个阶段:首先是感觉统治的神圣时代,诗意语言和象征文字是自然象征,都是沉默的符号;然后是英雄时代,由寡头所统治,语言是丰富的明喻与隐喻;最后是人的时代,理性精神和逻辑的语义占统治地位。[①]

在维柯看来,人类社会是阶段性发展的,不是偶然的,也没有必然的因果关系顺序,而是自身不断探寻清晰目标并理解外部世界的过程。因此,有作为的历史学家"不提供关于事物的不精确说明和一般原因,而是探究基本事实情况,揭示具体原因"[②]。其目的是寻找 Certum,即确实无疑的特殊事物,而与特殊事物相对立的普遍或一般事物则是不可信的。这不同于培根对归纳和经验的推崇,更是与鄙视历史的笛卡尔完全相反。因此,对于维柯来说,知识就是如实理解特殊事物的构成要素、构造形式以及变化过程,不仅知道何为真实并且知道为何为真实。

同时,维柯认识到各种不同的元素如何组合成社会存在,从而理解历史上各种无意义的因素和有意识的行动相互作用,最终产生了不可预料的后果,历史就是在接受这种社会存在与意外后果的基础上得到延续和发展的。在区分、整合与关联历史的方面,历史学的理解与阐释明显强于自然科学的抽象、概括、论证、演绎,这恰恰是人文与自然

[①]　维柯:《新科学》,朱光潜译,商务印书馆 2017 年版,第 571 页。

[②]　利昂·庞帕编译:《维柯著作选》,陆晓禾译,商务印书馆 1997 年版,第 97—98 页。

的根本分界线，乃至是自然科学那种寻找普遍原理、无时间性、重复性、共相和一致性规律的客观知识，无法用于人文与历史领域探讨多样性、差异性、变化性、动机和个性的根本原因。

第三章　历史认识论的分与统及再争论

在上一章关于三大哲学认识论的分化的论述中,我们看到了历史研究在知识生产中的作用:在 17 世纪的英国培根思想中,历史研究与哲学相分离,并且没有进入理智的知识范畴;法国的笛卡尔更激进地排斥历史,不认为这是发现客观知识的来源;而在 18 世纪前期,意大利的维柯则在人文科学与自然科学之间划分出了严格界限,历史研究成为所有人文知识的母体,并且与笛卡尔分庭抗礼。

进入 18 世纪之后,欧洲知识界出现了三大变化:一是反思笛卡尔的理性主义哲学,并且吸收英国经验主义哲学,在历史中寻找理性真理,这充分体现在伏尔泰开创的历史哲学中,形成了理性主义史观;二是人类从野蛮到文明的进化论成为历史哲学的基调,这意味着中世纪上帝神学意义上的人类进化论在思维认知上已经完成了向近代世俗化的过渡,并且成为此后至今的历史进步论思维结构;三是经验主义与理性主义的互补性结合,把史学与哲学紧密结合在一起,哲学原则应用于历史知识,历史著作充分反映哲学命题,这是英国经验主义史学的最大特点。此外,维柯的历史进步论思想在西欧迅速传播,三阶段论的人类社会发展模式成为近代英法史学理论的基本思维结构;德国从赫尔德开始则发展出民族主义与浪漫主义的历史哲学,为 19 世纪德国兴起的独特的史学与社会科学传统及其结合奠定了思想基础。

可以说,在整个 18 世纪,主要通过以休谟、伏尔泰、赫尔德为代表的后期启蒙思想家的努力,欧洲知识界发展出一股新的主流,即哲学成为历史研究的简写形式,历史学是对哲学命题的详细论证与阐释,彼此在认识论上完全一致,并在方法论层面相互渗透与吸收。

第一节　休谟经验史观的奠定

培根开创了英国经验主义的认识论与方法论传统;牛顿的《自然哲学的数学原理》重视观察与经验,发展出了"实验科学";而洛克的《人类理解论》进一步发展了外部世界的"外部经验"与心灵自我反思的"内部经验"及其关联。到 18 世纪上半叶,经验主义哲学在英国已经成为知识界的主流。

但是,把这种经验主义哲学落实到历史研究中,使哲学与历史学结合起来,并且在人类文明进程与知识增长之间形成逻辑上与事实上的一致关联,则得益于休谟在《人性论》《人类理解研究》等著作中的经验哲学及其在《英国史》中的具体运用。受此影响,亚当·斯密的财富发展史、罗伯逊的苏格兰史与欧洲史、弗格森的市民社会史等史学思想都在这个经验史观的传统中得到理解。

休谟秉承培根、牛顿、洛克的经验哲学传统,把感觉、感知、经历、经验视为知识来源的前提与基础,认为"思想中的一切材料都是由外部的或内部的感觉来的。人心和意志所能为力的,只是把它们加以混合和配列罢了"[1]。但与此前洛克提出"物质实体"与"精神实体"二分不

---

[1]　休谟:《人类理解研究》,关文运译,商务印书馆 2011 年版,第 23 页。

同的是,休谟认为,人类的观念不能超出经验范畴和实践原则,并没有仅仅来自感觉而没有经验实践的反思,真正的知识也只能以唯物主义经验为基础,并适用于特定的社会历史情境。休谟也不赞同培根把历史与哲学分离,而是认为"历史不仅是知识的宝贵组成部分,而且是通向其他很多学问的大门,还能为大多数科学提供材料"[1]。因此,休谟否定了 17 世纪盛行的天赋与神授观念,把全部人类知识视为源于真实的历史,并且"当观念是对象的恰当的表象的时候,这些观念之间的关系、矛盾和一致,都可以应用于它们的对象之上"[2]。在这个意义上,正如柯林伍德所言:"休谟是以哲学的态度在思索历史",并且"把哲学原则应用于历史知识"。[3] 换言之,哲学与历史的辩证统一关系,可以让历史的真实叙事印证其哲学命题,并且在历史过程中提炼并总结出因果关系和基本规律,形成经验哲学,用哲学的逻辑思维来检验历史的直接感知。

　　哲学与历史的紧密结合充分体现在休谟对历史事实的因果推论中。古希腊史学家只能记录和分析同时代人所能记忆和口述的历史,超出史学家所在时代的人物、事件与时间就难以确保真实,并且诉诸神话传说。怎么确保超出自身时代的历史是真实可靠的? 休谟提出一个当时充满争议的问题:"我们为什么断言,那样特定的原因必然有那样特定的结果,我们为什么形成由这一个推到那一个的推断呢?"[4]在休谟看来,在根据历史事件的原因或结果进行推理时,虽然历史对象在所见所闻之外,但我们并不是完全看不到对象,也不能完全在观念

　　① 休谟:《论学习历史》,载《休谟散文集》,肖聿译,中国社会科学出版社 2006 年版,236 页。

　　② 休谟:《人性论》,关文运译,商务印书馆 2017 年版,第 38 页。

　　③ 柯林伍德:《历史的观念》,何兆武、张文杰译,商务印书馆 1997 年版,第 121 页。

　　④ 休谟:《人性论》,关文运译,商务印书馆 2017 年版。着重号为原文所加。

领域进行推理,而是要把观念与对象结合起来,并且通过两个方法来确定原因的存在:其一,感官与记忆的直接感知,包括培根提到的各种一手档案史料,在其中找到事实的关联性;其二,同样立足于史料,以同样的方式寻找事实发生的原因以及原因的原因,一直推论到所见所闻所记忆所能确定的真实对象为止。

哲学推论之所以可以与历史知识结合起来,是因为休谟提出一个有关时间与空间观念的形而上学假设即"公理":"凡心灵能够清楚地想象的任何东西,都包含有可能存在的观念,换句话说,凡我们所想象到的东西都不是绝对不可能的。"[①]这意味着观念与事物对象之间的对称关系。其中,想象中的观念可被分解为无限小的组成部分的观念元素,并且对应到无限延伸的时间观念与空间观念。视觉与触觉产生空间观念,而对运动与变化之物的知觉则产生时间观念,据于时空一致而形成的历史观念得以成为永恒与无限。由于"时空观念都是由不可分的部分组成"[②],普遍适用的哲学知识与时空有限的历史知识,通过原因与结果之间关系的推理,可以展示在具体时间与特定空间的历史场景中;反之亦然,从分析具体历史事件的发生、变化与结果中可归纳并推导出普遍的哲学命题。也就是在这个意义上,恩格斯后来总结道:"历史从哪里开始,思想进程也应当从哪里开始,而思想进程的进一步发展不过是历史过程在抽象的、理论上前后一贯的形式上的反映;这种反映是经过修正的,然而是按照现实的历史过程本身的规律修正的,这时,每一个要素可以在它完全成熟而具有典范性的发展点

---

① 休谟:《人性论》,关文运译,商务印书馆 2017 年版,第 41 页。
② 休谟:《人性论》,关文运译,商务印书馆 2017 年版,第 47 页。

上加以考察。"①这为后来马克思主义者提炼为"逻辑与历史相统一"的哲学命题。

休谟的经验哲学与经验史观紧密结合，以至于"所有观念都超不出我们的经验"②，无法从经验中推导出上帝神学和形而上学假设。那么，为何可以依靠经验推理来突破同时代人的记忆范畴呢？休谟举了一个具体事例，说明恺撒在特定时间被元老院刺死这个历史事件的真实可靠性。他说："这是因为这个事实是根据历史家们的一致的证据所确立的，而这些历史家都一致给那个事件指定这个确切的时间和地点"，而历史学家们的证据来自更早的记录与观念。"那个证据又从另一个证据得来，这样清楚可见地层层推进，直至最后我们达到那些目击此事发生的人们为止。"休谟再一次强调，这些证据链条或因果联系都建立在最初的所见所闻的文字或符号中，如果没有这些确凿的文字与符号记录，一切推理都没有基础，每一个推论的环节都依赖另一个环节。就像侦探破案一样，必须找到真实的证据作为推论的基础，或者假定前一个环节为真。因此，休谟指出："一切假设性的论证或是依据假设而进行的推理，实际上都是这种情形。"③

休谟的《英国史》充分体现了哲学与历史的紧密结合。《英国史》叙述了从恺撒入侵至 1688 年光荣革命之间的历史，注重政治、战争、科学、文化与习惯法传统几个维度的变化，但更为突出法治与自由两个政治元素。④ 因此《大宪章》的创制、争论与修订过程成为《英国史》的

---

　①　恩格斯：《卡尔·马克思〈政治经济学批判。第一分册〉》，载《马克思恩格斯文集》第 2 卷，人民出版社 2009 年版，第 603 页。

　②　休谟：《自然宗教对话录》，陈修斋、曹棉之译，商务印书馆 1962 年版，第 16 页。

　③　休谟：《人性论》，关文运译，商务印书馆 2017 年版，第 96 页。

　④　休谟：《英国史》，刘仲敬译，吉林出版集团有限责任公司 2012 年版。

重要线索,以至于后来哈耶克称休谟为"杰出的自由主义政治和法律哲学家"①。休谟非常注重历史细节的生动叙述,字里行间都体现出他对人性的思考,重视历史事件起因与后果之间的关联性并以经验哲学的因果关联思维来叙述、评价事件与人物,且将之落实到全部历史的发生与发展过程中。当然,《英国史》充分体现了始于18世纪的进化史观,从野蛮到文明,从专制到民主,从神圣到世俗,历史成为法治与自由不断展现与进步的合目的性过程。

第二节　伏尔泰理性史观的确立

历史是人类活动实践留下来的点滴痕迹。当然,任何历史都由三重世界构成:永远消逝的真实世界,散落各地的、断裂的、不完整的碎片世界,而我们所看到的历史却是由历史学家撰写的第三重世界。历史学家按照某种历史观念的原则,收集各种支离破碎、只言片语的档案史料,尽可能地还原但却永远不可能复原的历史现场,因此必须对部分缺失的历史事实进行丰富的艺术想象,由此重新编织与描述出一个完整的历史故事。那么,历史学家如何编写历史呢? 这基本上存在三种观点。

其一,历史是生活史。历史是人们实践生活留下的所有痕迹,因此历史学家收集到各种奇闻轶事、奇风异俗、风土人情等鸡零狗碎、杂乱无章的史料,只要是过去人们在政治、经济、宗教、文化、地理等所有领

---

① 哈耶克:《经济、科学与政治:哈耶克思想精粹》,冯克利译,江苏人民出版社2000年版,第556页。

域留下的痕迹,都应该是历史学家考察的内容,因此,历史是独特性与多样性的统一。其开创者是古希腊希罗多德的《历史》,该观点为后来的文化史、社会史等领域的专家们所推崇。

其二,历史是政治史。人类世俗的历史尽管错综复杂,但最终由政治权力决定,因此,历史主要包括朝野世代相传的神话传说,或是由朝代更替、帝王战争、将相厮杀和宫廷阴谋构成的政治事件编年史。其开创者是古希腊修昔底德的《伯罗奔尼撒战争史》,主要是解释重大政治事件的发生与发展过程,分析其中的因果关系。这为后来的政治史家所继承,如波利比乌斯、马基雅维利、孟德斯鸠。

其三,历史是发现与展示人类普遍规律的过程。前两种史观都不需要历史哲学这种普遍性的学说与假设,但这种历史书写方式认为,人类历史上发生的各种事件都并非偶然的,其背后存在一种普遍性力量支配,所有事件都是某种普遍性力量在历史长河的不同时空中的具体表现。比如中世纪的基督教史学认为,人类所有历史活动都按照上帝神的意志展开,比如遭到上帝惩罚而形成的人类灾难事件。

对于第三种说法又存在三种历史哲学层面的争议:

第一,这种普遍的主宰力量体现为超人类的神的意志,还是人类自身智慧的结果?

第二,历史中的普遍力量是永恒不变的,还是动态变化的?

第三,普遍理论如果是变化的,又是按照什么方式体现的? 是否朝某一特定方向发展?

这些问题在西方史学史上一直充满争议,而伏尔泰的《风俗论》则对这些问题提供了一种创造性和奠基性的回答,开创并奠定了近代西方理性主义的历史哲学传统,或者为历史研究提供了一种理性主义的标准。

如果我们把法国启蒙运动划分为 17 世纪前期与 18 世纪后期两个历史阶段，那么伏尔泰(1694—1778 年)就是启蒙运动后期最具代表性的思想家，他不仅继续宣扬启蒙运动，也对启蒙运动内在的争论有所反思与调和，对后世影响巨大。伏尔泰可谓"百科全书式"的启蒙思想家：其学术贡献不仅体现在哲学著作上，比如《哲学通信》《哲学辞典》；还有文学创作，比如《老实人》《天真汉》等，曾写过 50 多部戏剧作品；他还是一位历史学家，其历史名著有姊妹篇《路易十四时代》和《风俗论》。

伏尔泰一方面接受法国笛卡尔以来的理性主义哲学传统，是"法兰西思想之王"，但另一方面也接受了英国的唯物经验论传统，从而把英法两种哲学传统结合起来。伏尔泰一生追求科学、理性与真理，始终反对上帝、宗教神学与教会组织，因此总是遭到教会的压迫。伏尔泰后来在德国获得一个宫廷的职位，并游历欧洲各国，通过书信与到非洲、南亚、东亚等世界各地传播基督教的大量传教士保持联系，后者把世界各地的风土人情与艺术以及对各种文明的见闻介绍给伏尔泰，使伏尔泰拓宽胸怀并拥有世界眼光，这也是伏尔泰对世界其他文明古国充满憧憬与羡慕之意的缘由。他还把丰富多样的人类历史统一到理性精神上来，或者用理性精神来统领人类历史的多样性与丰富性。

鉴于伏尔泰在《风俗论》中提出了"历史哲学"的表述，由此体现其理性主义的历史思想，因此接下来的内容主要围绕《风俗论》展开。《风俗论》撰写于 18 世纪中期，是伏尔泰在他情人夏特莱夫人家避难 15 年的过程中写成的。伏尔泰写作《风俗论》的初衷只是为了满足夏特莱夫人个人学习历史的热情，而非供世人传阅，因此他开宗明义就表明其写作目的：不是为了公众，不是为了发表，"我研究历史，是为了自己"①。

_____

① 伏尔泰：《风俗论》，梁守锵译，商务印书馆 2003 年版，第 1 页。

当然,除了现实动因之外,他的写作动机还有对已有的历史书写不满,因为他觉得古希腊、古罗马人写的历史有趣,而他那个时代的人书写的历史则是没完没了的仇杀与战争,无法让人从历史中学到东西。伏尔泰试图在历史中寻找一些对当代人"有用的真理",因此他着意展示世界各地的风土人情,并在法律、科学与艺术中探索人类共同享有的理性精神。伏尔泰认为,近代欧洲的科学与艺术成就很多要得益于非基督教文明的传入。

《风俗论》与所有其他经典名著一样,之所以成为传世的经典,在于伏尔泰意外发现了一把开启新世界的钥匙,后来者以此看到了世界原本存在但被长期遮蔽的独特面向。这个意外成就了伏尔泰的伟大,也成就了一种历史观念,从此,后来者在丰富多彩的历史世界里看到了人类科学与艺术共同创造的理性精神。

伏尔泰这本书的布局有点不同寻常。《风俗论》于1756年完成并初版,1765年他发表了篇幅长达200多页的导论《历史哲学》,后来将这两部分合起来出版,成就了完整的《风俗论》。① 对于伏尔泰来说,这个导论可能是他写完《风俗论》之后的感悟和提炼,因此将之命名为《历史哲学》。但从一部完整的历史著作角度来说,我们可以将《历史哲学》视为有关《风俗论》的一种历史观念或者历史书写的指导原则。《风俗论》的副标题是"论各民族的精神与风俗以及自查理曼至路易十三的历史",我们可以根据副标题将《风俗论》的内容分为三部分:除了前面作为导论的《历史哲学》外,还有一部分叙述中国、印度与阿拉伯三大世界文明发源地的风俗,重点在于阐释不同文明中的艺术与科

---

① 梁守锵:《〈风俗论〉译者前言》,载伏尔泰:《风俗论》,梁守锵译,商务印书馆2003年版。

学,展示其共同的理性精神,这部分只有 7 章。

最后一部分的篇幅最大,有 40 多章,专门叙述法国的历史,但从查理曼大帝之前的罗马帝国和基督教起笔,以此来比较欧洲其他国家的文明。伏尔泰用 10 章篇幅讲述了查理曼时代的政治、宗教、习俗、科学等领域,然后再娓娓道来,一直讲到 17 世纪的路易十三时代;这就接上了他之前写的《路易十四时代》。显然,伏尔泰在写完《路易十四时代》之后觉得有必要整理此前的法国史,并且在一种比较意义上来关注欧洲的宗教与文明。

我们从《风俗论》篇章结构的编排上还可以看出,伏尔泰非常推崇查理曼大帝与路易十四这两个开明君主统治的专制时代。在这个意义上,伏尔泰的两本历史著作是姊妹篇。当然,伏尔泰在法国史写作部分依然重视王朝更替,但他认为这只是叙述线索,不是目的——目的是让读者了解王朝更替的背后人类统一的理性精神是如何获得成功的:起初是宗教无孔不入地渗透到世俗生活的所有领域,这也是历史事件爆发的重要原因;但到近代之后,人类逐渐摆脱宗教的控制,从愚昧走向文明,迈向科学与理性主导的启蒙时代。显然,伏尔泰之所以阐释中国、印度与阿拉伯三种传统文明中的艺术与科学,是为了比较和反衬欧洲基督教与封建专制的黑暗,指明走向现代文明的必要性和方向。

在导论部分,伏尔泰开篇便讲地球物质世界的气候与地理差异,这些不受宗教和意识形态制约,然后讲人种的差异,再讲述世界各地的宗教、科学、艺术、法律等领域的文明差异。他的叙事逻辑是物质世界—人种—民族—灵魂—守护神—宗教仪式,从物质到精神,再回到信仰的物质化形式,在其中展示理性智慧的缓慢演化过程。伏尔泰始终坚信理性精神,认为即使在宗教狂热时期也有理性精神的存在。同时,只有理性精神的存在,宗教才有善恶的共同来源,才有接受善恶标准训导的群居生活,也才有城市集体的文明与离群索居未开化的野蛮之分。伏尔泰的第二种历史叙事逻辑是:先空间后时间,先世界(东方)文明进程,再西方文明,最后回到法国文明,旨在在世界文明视野中比较各国文明史,最终回归到自身文明。他以如此叙事方式对《风俗论》中的每一个民族展开文明史叙事。伏尔泰第一次打破了古希腊修昔底德的政治史与中世纪基督教史学两种主导的叙事风格,回归人类生活丰富多样的实践历史,回到了历史作为人类中心的实践轨迹。

伏尔泰的《风俗论》把启蒙时代的理性史观发展成为一种历史哲学形态,对此后的历史研究产生了深远影响,也为社会科学与历史研究相结合找到了共同基础。具体来说有以下几点:

其一,伏尔泰非常欣赏古希腊历史学家希罗多德《历史》的历史书写方式,突破了修昔底德-马基雅维利-孟德斯鸠传统的政治史与因果—循环史观,转向以艺术与科学为代表的文明史和发展进步史观——虽然这本书主要书写法国史。当然,伏尔泰更进一步的是,在希罗多德的文化史与民族史传统中注入了统一的理性精神,从而把看似毫无关联的历史记忆与支离破碎的史料内在关联起来,发展出结构史学与民族史学,成就法国结构史学、年鉴学派和世界文化史的理性史观基础。

其二,伏尔泰把笛卡尔的理性精神引入历史领域,突破了笛卡尔反对历史研究的限制,也突破了笛卡尔理性与培根感性之对立,将感性的历史与理性的精神统一起来,第一次在历史研究中落实普遍的理性精神,发展出理性主义的历史哲学。

其三,这种历史哲学颠覆了基督教的上帝史学。伏尔泰明确说道:"上帝已经做了他应做之事,不该由我们来对他进行评判。我从来只注意普通的历史事实。"①伏尔泰从普遍生活的历史事实中发现人的理性精神，从而把理性上升到上帝位置，但却继承了基督教历史哲学的进步观念。伏尔泰的历史哲学与维柯在新科学意义上的历史哲学并驾齐驱，作为两种普遍的进步史观，影响后世。

其四，之所以孔德的实证主义社会科学把历史研究作为一种方法，也是得益于伏尔泰的历史哲学，即把历史视为发现理性规律与因果关系的材料来源，从而把社会科学与历史研究关联起来。

从《风俗论》出发，思考以下几个问题，对于当今的社会科学与历史研究仍有重要意义。第一，这个问题也是当代西方史学界仍在争论的问题：历史研究是否需要形而上学假设？第二，世界各文明的比较是否有统一的进步标准？伏尔泰提供了理性精神的标准，但是否存在理性霸权或文化霸权问题？我们读这本书不是为了坚信这一种理性主义、科学主义的进步史观，而是可以从此史观出发，比较其他史观在诸多历史研究中的实践与应用。第三，世界各文明之间必然存在冲突，还是有可能融合为单一的人类文明进程？第四，进步（基督教传统）与倒退（卢梭式传统）、理性（法国史观）与意志（德国历史主义史观）、线性发展与往复循环等几种史观之间的对立与较量从未停息，但这本书的史观给我们提供了另一种解释。这也给我们提出了一个永恒的问题：如何看待历史？比如同样对待作为东方传统文明的中国，孟德斯鸠与伏尔泰同为法国启蒙运动时期的主将，都没有来过中国，却对中国制度与文化产生了完全不同的兴趣，并对中国做出了截然不同的判断：这一方面是由于他们的信息来自不同群体对中国不同的见闻，但另一方面更多的是他们的历史观念不同——一个是基于古罗马共和政

---

① 伏尔泰：《风俗论》，梁守锵译，商务印书馆2003年版，第154页。

体的政治制度和循环史观,一个是关注理性精神在世界各民族艺术与科学中的文明展现。

在这个意义上,比较不同的历史观念,可以重新审视其他诸多历史作品,尤其是历史学家持何种历史观念,并以此选择何种历史材料书写出不同立场的历史作品。

第三节 赫尔德民族史观的开创

如果说意大利的维柯是启蒙运动前期反笛卡尔主义的旗手,那么德国的赫尔德(1744—1803 年)就是启蒙运动后期反伏尔泰的大家。正如伏尔泰秉承笛卡尔的理性主义传统,追求普遍、永恒、客观和不变的规律,但又吸收英国经验主义传统,把理性精神深入到历史领域,开创历史哲学传统,赫尔德也同样吸收了维柯的思想。赫尔德主张,每一个事件、活动、人物都有其时空条件的历史限制,都带有文明的个性特征,如果只是在多样文化中抽象和归纳出共同的因素和特征,或者旨在发现自然法那种普遍法则和规律,那么必然牺牲事物的一些独特个性与风格,因为无论是自然的还是人文的事物,都有着与众不同的个体生命特征。但是,赫尔德比维柯更为激进,他不是在自然与人文之间划清界限,以防止自然思维对人文精神的侵入,而是反对理性主义的同类归纳和异类排斥以及任何形式的抽象与普遍化,从而成为民族主义、历史主义与文化保守主义这些相互关联的观念流派的滥觞。

在时空距离上来说,伯林指出:"没有确凿的证据表明赫尔德读过维柯的《新科学》,直到他自己的历史理论形成至少二十年之后他才读了这本书。"①这只能说明赫尔德与维柯在先后抵制英法启蒙运动的立场上是思想的偶遇，并非有意的传承。赫尔德与维柯之间的差异，主要表现在三个方面：第一，维柯通过普遍的历史看到人性从野蛮到文明的发展过程，而赫尔德则选择考察不同的民族与人类群体，虽然他们都致力于更好地理解我们所栖居的世界；第二，维柯试图在自然科学与人文科学之间划清界限，自然的归上帝，社会的归人，但赫尔德似乎走得更远，反对在人与物之间做出根本区分，因为人们"从社会自我意识一开始就认识到确凿无疑的人类经验和活动"②，因此对自然的认识也因人的自我意识变化而变化；第三，赫尔德认为，每个时代都通过当时的价值规范和导向来认识世界，历史并不存在维柯所说的进步或者落后，只存在语言、民族、文化与价值的多样性，甚至自然科学都没有独立性和普遍性，而是要在社会科学和人文科学中才能得到解释③。

　　赫尔德的历史认识论主要体现在《另一种历史哲学》（1774 年）与《人类历史哲学的理念》（1784 年）中，其基本思想体现为两个观念，对于我们理解德国的历史主义认识论有重要意义。第一个观念是历史个体观念，这与自然法传统的理解完全不同。赫尔德认为，具体实在的历史个体是独特的、不可化约的，生活在一定的民族与文化中，是某种特定传统价值与集体认知的承载者，不可归纳、推论与演绎。因此，历史个体并不完全是理性的，而是有着情感和意志的非理性特征，其价值偏好与生俱来，不可选择，也不可悬置，其本身就是存在，并不是达

---

　　① 以赛亚·伯林：《启蒙的三个批评者》，马寅卯、郑想译，译林出版社 2014 年版，第 181—182 页。

　　② 以赛亚·伯林：《启蒙的三个批评者》，马寅卯、郑想译，译林出版社 2014 年版，第 181 页。

　　③ 伊格尔斯：《德国的历史观：从赫尔德到当代历史思想的民族传统》，彭刚、顾杭译，译林出版社 2014 年版，第 36 页。

成其他事物存在之目的的手段。同时，历史个体充满活力，有生老病死，一直在不断发展与变化。因此，对于赫尔德来说，历史个体的伦理道德基础并不能立足于人性假设，而是来自文化共同体的民族精神，民族精神则由具体的历史个体传承，并充分反映在其具体的观念与行为中。民族精神是由历史个体不断繁衍、生长与变化而凝聚的有机体，历史学家理解民族精神在具体历史个体中的传承并阐释其在特定历史情境中的行动表现。在这个意义上，赫尔德的历史认识论明显抵制启蒙运动的理性主义、自然法和社会契约论传统。①

第二个观念是积极乐观的复调历史进程。赫尔德的历史观与英国的经验史观和法国的理性史观一样，都是延续基督教传统的进步史观，但近代英国与法国的历史观都遵循基督教史观的线性进化论和进步论，认为人类必然沿着自然法的逻辑前进，朝着同一个方向和单一轨道螺旋上升，理性最终战胜非理性，并统一支配人类完美无缺的制度结构与生活形态。伏尔泰、康德、黑格尔、孔德、马克思都是如此。但赫尔德与维柯一样，认为上帝支配着自然，人类历史映射着上帝的意志，并且是在历史缓慢发展中逐渐展现出来并形成了整个世界的历史进程。不过，赫尔德在确立世俗世界与神圣上帝之间的有机统一体，并视之为"一"之后，更强调"多"：一方面，人为普遍的理性和人性所限，表现为"一"这个上帝意志的哲学普遍性与本质；另一方面，这个"一"是潜在的，是在"多"的不同民族中逐渐展现的。赫尔德在《人类历史哲学的理念》中描述了天、地、自然、人在世界各民族及其历史中

---

① 伊格尔斯：《德国的历史观：从赫尔德到当代历史思想的民族传统》，彭刚、顾杭译，译林出版社 2014 年版，第 42 页。

的位置,指出:"人类在地球上有且仅有一个种属。"①任何人只有在民族文化中才得以表达,民族精神只能通过民族神话、诗歌、真理和语言等形式来表现。因此,人类普遍的历史进程是各民族历史复调发展的结果和逐渐呈现。

正如卡西勒所言,在"科学时代"的18世纪,历史研究是"致力于对历史获得清楚明白的观念,确认一般和特殊、观念和物质、法律和实施之间的关系,精确地划清它们之间的界限,力图由此把握历史的意义"②,从而,理性主义史观完全取代了基督教神学史观。当然,启蒙运动的理性史观也遭到柯林伍德的批判,他认为那个时期的史学家并没有按照历史真实发生的方式叙事,而是以政论家和论战者的眼光在观察历史,因此,他们的作品并不是真正历史的,在动机上是论战性的和反历史的。③ 同时,启蒙史观又延续了神学史观的进步论,从上帝视角转入世俗视角,突出历史阶段发展性与可预见性的特征。正如克罗齐所言,在18世纪,进步观念"逐渐变得更加惹人注意和更为人们所熟知了,最后就替事实判断、替人生行动、替历史编写提供了一个标准,它成了专门研究的主题,成了一种新型历史的主题,即人类精神进步史的主题"④。

18世纪启蒙思想家奠定的理性历史观以及哲学与历史的结合机制,成为19世纪社会科学兴起的重要历史遗产,而人类进步论则成为西方社会科学传统的基本假设。启蒙运动通过社会政治史、自然史、

---

① 转引自博拉赫尔:《赫尔德与中国——历史哲学的开端:个体性·移情·历史意识》,《南国学术》2015年第2期。
② 卡西勒:《启蒙哲学》,顾伟铭、杨光仲、郑楚宣译,山东人民出版社1988年版,第192页。
③ 柯林伍德:《历史的观念》,何兆武、张文杰译,商务印书馆1997年版,第126页。
④ 克罗齐:《历史学的理论和实际》,傅任敢译,商务印书馆2005年版,第195页。

宗教史等方式,世俗化了神学史观,根据人类生活世界的需要来理解世俗的历史,寻找理性征服非理性的历史过程,并抽象出一般规律与因果法则,服务于当下世界与未来期待。维柯与赫尔德恰恰是从人类精神的内在世界出发来理解历史的,在民族化的历史过程中去探寻人类精神的需求与依托。

第四节 康德的统合与 19 世纪再出发[①]

康德的批判哲学对近代三种"特殊的""传统的形而上学"进行统一反思,试图完全清除上帝神学在形而上学体系中的神秘位置,并用"纯粹理性"取而代之。一般认为,《纯粹理性批判》(1781 年)的出版是康德开始创建"批判哲学"体系的标志,而《未来形而上学导论》(1783年)、《道德形而上学基础》(1783 年)和《自然科学的形而上学基础》(1786 年)则是对《纯粹理性批判》的补充和简述。在上述著作出版的那几年,康德集中讨论"形而上学"问题,完成了从"传统"转向"科学"的"哥白尼式的革命",使之成为不同于一般经验知识的一门科学,并且为康德哲学奠定了形而上学的基础。[②] 康德哲学中的"批判"旨在批判"理性"的功能、限制与意义,目的是使"理性"能有勇气进行自我批判。这种批判带有历史与理论的双重属性:一是反思性地审视理性在古希腊、中世纪和近代曾发挥过的有限作用;二是批判性地把理性从

---

① 本节内容曾以《西方历史哲学的形而上学问题及其转换——兼论柯林伍德、沃尔什的一致与分歧》为题,发表于《南国学术》2020 年第 4 期。

② 海德格尔:《康德与形而上学疑难》,王庆节译,上海译文出版社 2011 年版,第1 页。

感性、感觉等经验中解放出来。

在康德看来，"上帝""自然神"都是不可能先验存在的，唯有"纯粹理性"的思维与知识才是客观存在的先验真理，才构成为"批判哲学"的内容。[①] 同时，通过感官获得的经验知识是具体的、情境性的，而理性是经过思考并运用抽象的概念，所获得的理论知识具有超时空的普遍性，因此，理性并非与感性对立，而是对感性有双重意义，即先验上的综合规范与经验上的分析指导。

康德认为，首先是休谟从"因果联结概念"出发，打破近代"理性专断"的局面，认为理性没有能力在经验之外实现知识的可能，从而逼出了理性思维的形而上学"本性"。为了化解这个"休谟问题"，康德在《纯粹理性批判》中做了两方面的工作。其一，运用演绎的方法，从感性出发，并通过知性概念的转化，可以达到普遍和绝对的、"超时空的"、"先验综合判断的"理性。这个"纯粹理性"并不是感性经验知识的直接结果，而是按照普遍原则从经验中得来的，但在经验之外。这既"解决了休谟的问题"，又可以按照"可靠方案"建立起科学的"形而上学体系"。[②]

其二，在有情境条件限制的感性经验知识与超时空的纯粹理性知识之间进行切割，纯粹理性是先验的、"超时空性"的"分析判断"。这意味着，构成纯粹理性的要素和条件并不是由经验概括、总结或推演而产生的，因此不受经验的限制，也不源于经验；相反，对于后天的经验而言，理性与经验之间存在绝对严格的界限。"理性的自然禀赋"作

---

① 康德：《纯粹理性批判》，韦卓民译，华中师范大学出版社 2000 年版，第 530—556 页。

② 康德：《未来形而上学导论》，载《康德全集》第 4 卷，李秋零主编，中国人民大学出版社 2005 年版，第 257、262 页。

为"科学的形而上学"①,有着逻辑的"先天性",思维方式与运行规则自成一体。因此,独立于经验之外的纯粹理性不仅构成了传统的"形式逻辑",而且以分析性的思维不断干预"感性世界",成为后天经验的规范与指导原则。结果是,"理性"成为审判世间万物的唯一"法则"。

显然,康德的"科学的形而上学"把"纯粹理性"提升到了原来中世纪神学的"上帝"位置,分割了感性经验与纯粹理性,但在二者之间建立起了双向通道,消解近代以来感性与理性之间的二元论。由此,"纯粹理性"重新整合了自然神、理性神与意志神的分化,自然、理念与上帝重新统一归结到"物自体"中。康德的"科学的形而上学"看似终结了近代启蒙哲学在三种特殊的形而上学预设之间的长期争论,对后世影响巨大。黑格尔高度肯定了康德的"纯粹理性"对历史哲学的贡献,并认为"理性"从此"统治了世界,也同样统治了世界历史"②。但黑格尔把康德的"理性"批评为"主观理念",以区别于他自己用以把握全体精神的"绝对理念论"和"绝对客观性",并且在以"理性"替代"上帝"之后,继续发展维柯、赫尔德、费希特的"思辨的历史哲学"传统。

这意味着,实际上康德的"科学的形而上学"并没有化解近代自然神、理性神与意志神三种形而上学预设的分化问题,而是重返感性与理性的对立及争论问题上来。不仅如此,进入19世纪之后,历史研究领域进一步分化为历史方法、历史认知与历史假设三个层面,德国史学界以兰克与黑格尔为代表,开始出现"史料派"与"史观派"之间的历史认识论争论。史料派的正统历史学家往往不关注历史哲学的问题,但史观派认为价值规范问题时刻左右着历史学家对史料的判断,因此

---

① 康德:《未来形而上学导论》,载《康德全集》第4卷,李秋零主编,中国人民大学出版社2005年版,第370页。

② 黑格尔:《历史哲学》,王造时译,上海书店出版社2001年版,第26页。

需要深入讨论前提假设问题。由此，近代关于形而上学问题的讨论重新回到历史研究领域。

实际上，历史学作为专门研究过去的学科，在逻辑上必须思考三个层次的问题：什么是历史，即关注历史事实与知识在前提假设上何以可能；历史是什么，即在认识论上关注历史事实的客观性与历史解释的可能性；如何书写历史，即在方法论上——包括收集史料并理解历史的技术手段——发现历史事实的可行性。这三个层次的问题紧密关联，三位一体，不可分开，只是前两个问题在学术分工上属于历史哲学范畴。其中，历史学的认识论是给同时代人提供合理的历史思维、确定的历史解释、历史真理以及实用的历史知识及其来源，包括事实、真相、真理和规律及其联系等。① 然而，一方面，历史知识的可靠性有赖于严格的历史学方法还原历史事件与过程的真相，确立事实及其之间的关系机制；另一方面，历史认识论层面的争议更多地源于不同的前提假设。

源于前提假设的历史认识论层面的分歧，部分由历史学家个人主观选择的价值偏好所致，部分导源于历史学家所处时空情境的形而上学预设。历史学家在局部的历史事实基础上，运用历史思维、历史想象和历史推理，通过整理和理解具体的材料，形成客观的历史知识或者普遍的历史过程，其背后隐藏着一个普遍的前提假设。是否承认这种假设以及如何假设，不仅决定了确定历史问题和主题范围的角度、收集与解读史

---

① 认识论与知识论都是 epistemology 的译词，意为探讨知识的来源、目的与问题，真理问题是其共同的核心关注。但哲学界往往对二者做出区分，认为知识论是把握客观对象（比如进程或变迁）的认知范畴，认识论则是对知识和观念的能动反思范畴。但以柯林伍德为代表的历史哲学家反对认识论与知识论的割裂，认为思考历史对象的同时也在"思考着它自身对那个对象的思想"，二者同时存在，不可分割。参见柯林伍德：《历史的观念》，何兆武、张文杰、陈新译，北京大学出版社 2010 年版，第 3 页。因此，这里不做区分，统一用"认识论"的表述。

料的立场,还影响到了历史认识的主体与客体关系、历史知识的性质与目的、历史真理与规律的标准以及普遍历史的进程阶段与未来方向等,意味着历史学认识论的分歧,注定了历史哲学本质上的争议性。

　　然而,在19世纪中后期兴起的实证史学的"方法论派"或者"史料派史学",其唯一任务是确认历史事实,客观考辨一手史料,整理与编纂历史资料,抵制任何价值规范的预设。实证史学派只接受兰克史学派对史料考证的要求,而抛弃其普遍历史的认识论追求,更是反对历史研究背后思辨抽象的形而上学传统。虽然实证史学派的研究方法被柯林伍德批评为"剪刀加糨糊",但进入20世纪之后,在分析哲学基础上发展出分析的历史哲学,为实证史学的"方法论派"找到认识论基础,进一步批评历史研究的前提假设。在波普尔、亨普尔和德雷等人看来,历史学可以像自然科学、社会科学一样发现人类的发展规律、历史解释的普遍规律和"覆盖律",历史知识的形成及性质与自然科学知识别无二致,完全可以按照经验实证的原则发展出历史哲学。历史学家无须任何前提预设,当下时代的普遍问题与科学知识成为组织、阐释和判断过去历史观念的标准,历史的独特性和个体性也受制于史学家当下时代关注的问题和需求。① 因此,对于历史哲学是否存在或需

---

　　① 波普尔:《历史主义的贫困》,何林等译,社会科学文献出版社1987年版;Carl Hempel, "The Function of General Laws in History", *The Journal of Philosophy*, Vol. 39, No. 2 (Jan., 1942), pp. 35-48;更充分的讨论参见 Carl Hempel, *Aspects of Scientific Explanation and Other Essays in the Philosophy of Science*, New York: Free Press, 1965, 尤其该书第 7 章 "Genetic Explanation and Covering Laws", pp. 447-453; Carl Hempel, "Explanation in Science and History", in Robert Colodny (ed.), *Frontiers of Science and Philosophy*, Pittsburgh: University of Pittsburgh Press, 1962, pp. 1-33; William Dray, "Explanatory Narrative in History", *Philosophical Quarterly*, Vol. 4, No. 14 (Jan., 1954), pp. 16-17; Jack Pitt, "Generalizations in Historical Explanation", *The Journal of Philosophy*, Vol. 56, No. 13 (Jun., 1959), pp. 578-586; William Dray, *Laws and Explanation in History*, London: Oxford University Press, 1957。

要前提假设的问题,出现了"自律论"与"同化论"、"观念论"与"实证论"之分。[①] 前者认为历史学家应自觉遵循前提假设及其洞察普遍历史的主观能力,并且强调人文主义与自然主义之间的根本差异;后者则抛弃历史知识的前提假设,视之为自然科学或社会科学普遍知识的一部分。

当然,在这种二分法之外还有一个调和派,布莱德雷是其首创者。他把德国的康德哲学以及费希特、谢林、黑格尔观念论传统引入英国,发起一场观念论的英国哲学运动,以此抵制洛克、休谟、密尔的经验论与功利论哲学传统。在此学术运动中,布莱德雷提出:"批判的历史学必定有一种前提假设,这种假设必定是法则的一致性。"[②]一方面,布莱德雷反对实证史学派过度信任史料的非人性的客观态度,认为这忽视了历史学家在解读史料与书写历史时的想象与推论;另一方面,历史学可以像自然科学一样,把"前提假设"置于研究具体和特殊的对象之前,其"批判的历史学"的目的是揭示隐藏在历史事实背后的判断与预设。这种预设不是德国历史主义传统那种宿命的、抽象的、神秘的形而上学预设,也不同于胡适在科学方法层面的"大胆假设"之"假设"[③],而是历史学家根据自身的认知与经验,"批判性地"反思、判断、认识过去的材料,由此构造出因果关系的历史知识。

---

① R. Atkinson, *Knowledge and Explanation in History: An Introduction to the Philosophy of History*, Ithaca: Cornell University Press, 1978, p. 23.

② F. Bradley, *The Presuppositions of Critical History*, Canada: J. M. Dent & Sons, 1968, p. 99.

③ 胡适在 20 世纪 20 年代提出"大胆的假设,小心的求证",参见胡适:《胡适全集》第 8 卷,章清整理,安徽教育出版社 2003 年版,第 84 页。这里的"假设"(hypothesis)与"求证"(verification)相对应,都属于方法论层面,强调科学研究过程中采用"人为约定",是为了理论选择的便利。这来源于著名的"彭加勒约定理论",参见彭加勒:《科学与假设》,叶蕴理译,商务印书馆 1989 年版,第 1 页。

因此,布莱德雷把德国抽象的形而上学观念转换为英国经验实在的前提假设,由此超越观念论与实证论、真理与主体之间的传统分割。布莱德雷强调人之历史的实在经验,重视人性在认知与理解过程中的中心地位,首次界定历史过程与历史知识的属性,并探讨历史知识的客观性问题。

第五节　补记:20世纪的延续

柯林伍德与沃尔什是20世纪西方历史哲学领域不可绕过的重要人物,但后来人却鲜有关注二者之间的一致与分歧及其根源问题。他们都直面历史认识论背后的形而上学问题,使之转化为历史研究的前提假设,并都试图在康德的"科学形而上学"中找到终极性的哲学依据,而没有处理康德之前的"传统形而上学"遗产。柯林伍德把历史哲学的普遍预设理解为客观的民族文化传统,民族意义上的共同文化、历史、宗教等成为历史学家群体共同的形而上学假设,这恰恰是黑格尔"绝对精神"经过英国经验实在论转换之后的表现。沃尔什却把形而上学预设视为历史学家价值选择的个人偏好,认为,形而上学预设具有主观经验选择与客观先验的二重性特征。这符合康德的"纯粹理性"与"科学的形而上学"要求,但明显简化的是,把客观的先验性直接对接到休谟传统的人性假设,而主观的选择性则被视为历史学家自由选择价值学说的能动性。

柯林伍德与沃尔什都高度评价布莱德雷在历史学前提假设方面的开创性贡献,并延续其调和色彩的批判史学传统,尝试在英国经验哲学脉络中发展出历史哲学。在柯林伍德看来,布莱德雷是"科学历史学"的"领导者",用批判哲学的实在论为历史学的认识论确立一种逻辑学基础,建立一种经验实在的形而上学。因此,布莱德雷在原则上完成了历史知识理论中的"哥白尼革命"。① 但布莱德雷的经验实在论留下了一个"两难推论",并且钻进第一个的"牛角尖"中:"前提假设"是历史学家主观的生命体验和自我意识,可以被人享受,但不能与人共享,而在历史学家主观意识之外的客观现实,可为人熟知并共享。② 这样,柯林伍德尝试把历史学的前提假设引向客观世界,并从亚里士多德的逻辑学出发,把"形而上学"视为作为任何命题的"普遍预设"(absolute presuppositions)。这种"实在论"的"普遍预设"本身不是命题,而是命题的前提,不可实证,也无须实证,却是可以简单"感知"和"直觉"的。③

对于柯林伍德来说,形而上学作为"一门历史的科学",是对所有历史科学的预设,而相同文化、宗教、教育、社会习俗和政治制度的"集群"共享一个形而上学预设。因此,柯林伍德改造了形而上学的逻辑前提,并且在康德哲学中找到"先验分析论"依据,进而把"上帝存在"视为科学与文明的绝对预设,抵制怀疑主义和非理性主义对形而上学的批判,认为反形而上学的实证主义史学和逻辑实证主义哲学也存在绝对预设。④ 与柯林伍德一样,沃尔什也认可布莱德雷对历史学的前提假设,赞同"所能相信的过去"必须类似于"自己经验中的所知",反

---

① 柯林伍德:《历史的观念》,何兆武、张文杰、陈新译,北京大学出版社 2010 年版,第 133、139、237、140 页。
② 柯林伍德:《历史的观念》,何兆武、张文杰、陈新译,北京大学出版社 2010 年版,第 140 页。
③ 柯林伍德:《形而上学论》,宫睿译,北京大学出版社 2007 年版,第 26 页。
④ 柯林伍德:《形而上学论》,宫睿译,北京大学出版社 2007 年版,第 7、14、18、24 章。

对无任何预设的实证史学。① 他也肯定形而上学在历史哲学中的绝对
预设地位,认为有必要为历史事实与知识提供一套统一的、整体的、确
认为真的标准与范畴。

然而,沃尔什试图超越布莱德雷,认为"经验"不仅是物理性的,也
是人性的,"经验"不都是给定的,还包括先验的成分。② 在他看来,柯
林伍德过于受德国狄尔泰"精神科学"的唯心主义影响,把形而上学视
为历史学家的文化社会背景,只考虑外部性因素,过于简单、宿命论地
决定历史知识的客观性和历史行动的情境性;相反,沃尔什尝试在科
学哲学脉络中发展出"分析或批判的历史哲学",强调反思历史知识的
性质和思维过程,与此相对的是"思辨或实质的历史哲学",主张在形
而上学的抽象体系指导下探索人类历史的整体过程与普遍规律。③ 换
言之,沃尔什并不否认历史哲学的形而上学前提,而是反对以往的历
史哲学完全受制于外部结构化的、统一的道德与形而上学假设。他主
张为历史事实及其解释的客观性提供一种内部的、可供选择的人性假
设,强调历史哲学的主要任务是探讨历史知识内在的前提预设和性质
范畴。他把这种人性假设追溯到休谟的经验论脉络,把克罗齐和柯林
伍德划为德国的唯心主义传统而不予讨论。

比较起来,沃尔什与柯林伍德都从布莱德雷的"前提假设"(presup-
position)出发,把"前提假设"转换到更为普遍的"形而上学"(metaphys-
ics)传统,置之于古希腊到现代的哲学史脉络之中,并且以康德的批判

---

① 沃尔什:《历史哲学导论》,何兆武、张文杰译,北京大学出版社 2001 年版,第
103 页。

② 沃尔什:《历史哲学导论》,何兆武、张文杰译,北京大学出版社 2001 年版,第
103 页。

③ 沃尔什:《历史哲学导论》,何兆武、张文杰译,北京大学出版社 2001 年版,第 2、
3 页。

哲学为终点，从中找到历史哲学的哲学依据。不同的是，柯林伍德的
《形而上学论》(1940年)仅从亚里士多德出发，把"形而上学"转换为
"普遍预设"，中世纪的"上帝存在"和康德的形而上学成为其最重要的
两个例证。20多年之后，沃尔什发表的《形而上学》(1963年)则是从
柏拉图出发，更为详细地讨论亚里士多德、笛卡尔、休谟、康德、黑格尔
等人的形而上学思想，认为形而上学并不是对经验的全盘解释或包罗
万象的唯一体系，而是断裂的、相互竞争的，也是可选择的，每个思想
家对形而上学都有不同的理解。[①] 每个历史学家都可以自主判断并自
由选择自己偏爱的哲学观、先验的道德与形而上学前提、人性假设，
"这对他们解释历史的方式有着决定性的影响"[②]。由此，沃尔什把布
莱德雷的"前提假设"(presupposition)置换成"前提条件"(precondi-
tion)，把"形而上学"视为一套历史学家自由选择的、关于人性假设的
先验或经验设定。历史知识之所以不同于自然科学知识，是因为历史
学家基于人性假设，来寻找一个主导性的普遍概念来理解、概括与综
合各种不连贯的历史现象。历史知识的客观性、历史事实的可靠性完
全取决于历史学家主观上共同的前提假设，这是他提出"视角主义"
(perspectivism)理论的缘由。

　　同时，虽然柯林伍德与沃尔什都在康德哲学中寻找形而上学的理
解，但柯林伍德是从"先验分析"中找到形而上学客观性的论证终点，

---

　　① W. Walsh, *Metaphysics*, London: Hutchinson & Co., 1963. 沃尔什在《康德的
形而上学批判》一书中，主要据于康德的《纯粹理性批判》来讨论形而上学问题，进一步主
张以理性为基础，利用分析与综合经验现象的能力，提炼出客观的真理与知识，用经验的
实在论取代先验的观念论，使批判哲学成为可能。参见 W. Walsh, *Kant's Criticism of
Metaphysics*, Edinburgh: Edinburgh University Press, 1975。

　　② W. Walsh, *An Introduction to Philosophy of History*, New York: Harper &
Row, 1968, p.107.

而沃尔什却把"批判哲学"视为论证历史学家主观选择形而上学偏好的逻辑起点。两位经验论传统的历史哲学家都没有整体上理解康德在"纯粹理性"意义上提出的"科学形而上学",没有重视康德之前作为历史哲学形而上学前提的神学传统及其转换。由此面临几个问题:其一,英国经验论传统的柯林伍德与沃尔什重视历史哲学的前提假设问题,但只是调和派,与逻辑实证主义和分析历史哲学新传统真正抗衡的力量还是德国历史主义旧传统。所有争论似乎都绕不过中世纪的神学传统,而柯林伍德与沃尔什在这方面似乎无法继续发挥调和的作用。正如美国历史学家贝克尔指出的,18世纪哲学家表面上是在批判中世纪神学,但实际上是用理性取代上帝的位置,创造新的"天城"[①],而康德批判哲学意义上的"新的形而上学"恰恰是对17—18世纪"传统的形而上学"的扬弃。德国历史学家卡尔·洛维特直言,"一切历史哲学毫无例外地依赖于神学"[②],这直截了当地反驳了分析哲学及其历史哲学的去形而上学趋势。更多的科学史家们明确强调,近代哲学的分化是中世纪神学传统内在张力的表现,是人、神、自然之优先性重新安排的结果。[③]

其二,康德以"纯粹理性"置换"上帝",是重新整合中世纪神学在近

---

① 卡尔·贝克尔:《18世纪哲学家的天城》,何兆武译,北京大学出版社2013年版,第25页。

② 卡尔·洛维特:《世界历史与救赎历史:历史哲学的神学前提》,李秋零、田薇译,生活·读书·新知三联书店2002年版,第4页。

③ 吉莱斯皮:《现代性的神学起源》,张卜天译,湖南科学技术出版社2011年版。这方面的中文版著作还可以参见彼得·哈里森:《科学与宗教的领地》,张卜天译,商务印书馆2016年版;埃德温·阿瑟·伯特:《近代物理科学的形而上学基础》,张卜天译,湖南科学技术出版社2012年版;格兰特:《近代科学在中世纪的基础》,张卜天译,湖南科学技术出版社2010年版;等等。这与库恩的"范式革命"不同,后者不认为近代科学与中世纪存在范式转换,而是有着必然联系,从历史哲学来看更是如此。

代形而上学的分化。一旦抽离了中世纪神学作为历史哲学普遍预设的"底板",西方历史哲学的学术史脉络就模糊不清;只有重新阐释中世纪神学如何影响近代历史研究的形而上学传统,才能凸显康德"科学的形而上学"对历史哲学及其相关争论的关键意义。

其三,柯林伍德只能看到历史学家所处的民族文化传统,看不到西方历史哲学传统背后基督教神学那种超民族的、普遍的、同质性的形而上学预设。沃尔什对历史哲学的统一开端问题似乎束手无策,只能为了"实用的目的"而选择一种最没有争议的方式,认为是在赫尔德的《哲学的人类历史观念》(1784 年)与黑格尔的《历史哲学讲演录》(1837年)之间,而无视奥古斯丁、维柯、伏尔泰等人在历史哲学史上更早但有差异的开创性贡献。[1]

由此,我们大致可以勾勒出西方历史哲学史的谱系脉络。奥古斯丁的《上帝之城》与《论三位一体》奠定了中世纪神学体系,也由此开创出西方统一完整的历史哲学传统。随着普遍统一的、上帝神学的形而上学预设在近代"三家分晋",形成自然神、理性神、意志神三种特殊的形而上学预设,相应出现了经验主义、理性主义与历史主义三种哲学与历史研究传统。意大利的维柯与法国的伏尔泰分别在不同的特殊形而上学预设中开创了近代两条不同的历史哲学路径,但经验主义历史研究一直未能发展出其独特的历史哲学。直到 20 世纪,柯林伍德与沃尔什尝试在布莱德雷的基础上,把"批判历史学"与经验实在论在哲学上结合起来,借用康德的"批判哲学"发展出"批判的历史哲学"。在西方历史哲学史上,康德的批判哲学对于形而上学问题有着巨大的转折

---

① 　沃尔什:《历史哲学导论》,何兆武、张文杰译,北京大学出版社 2001 年版,第3 页。

性意义。康德构建了以"纯粹理性"为基础的"新的形而上学",统合近代三种特殊的"传统的形而上学",试图重新回到以"纯粹理性"为中心的统一的形而上学预设。

然而,19世纪之后的西方历史哲学并没有因康德提出的"科学的形而上学"而走向统一,而是继续围绕"前提假设"或"形而上学"问题,展开支持、反对与调和的立场之争。在实证史学与浪漫主义史学大行其道之后,20世纪的历史主义传统逐渐衰弱,逻辑实证主义的分析历史哲学兴起,历史哲学的形而上学问题越来越受到批判,柯林伍德和沃尔什则相继提出并坚持历史哲学以经验实在论为基础的形而上学预设。然而,在这个调和脉络与分析历史哲学的反对脉络之间,我们可以发现,历史哲学的形而上学问题出现从先验到经验、客观到主观的变化,正好反映了20世纪上半叶逐渐抛弃"思辨的、实质的历史哲学"与不断追捧"分析的、批判的历史哲学"的同步及其更替过程。[①]

在此过程中,虽然柯林伍德和沃尔什仍坚守历史哲学的形而上学预设,但20世纪前期的柯林伍德主张其客观性导向,更倾向德国的历史主义与唯心主义传统,而中期的沃尔什却倾向于主观性,受分析哲学的影响更大,距离反形而上学的逻辑实证主义历史哲学也只剩一步

---

① 分析哲学作为一种在英美学界盛行的哲学流派,兴起于20世纪初并且在30年代进入"分析的时代",主要是批判黑格尔的"绝对精神"及其形而上学传统,参见 M. 怀特编著:《分析的时代:二十世纪的哲学家》,杜任之主译,商务印书馆1981年版。受此影响,"1938年是当代西方历史哲学的一个转折点"(何兆武:《沃尔什与历史哲学》,载沃尔什:《历史哲学导论》,何兆武、张文杰译,北京大学出版社2001年版,第219页),如雷蒙·阿隆的《历史哲学绪论》(1938年)、曼德尔鲍姆的《历史知识问题》(1938年),标志着思辨的、实质的、传统的欧陆历史哲学式微,而分析的、批判的、现代的英美历史哲学兴起。随后,波普尔、亨普尔等人要求完全抛弃历史哲学的形而上学预设,把分析的历史哲学纳入逻辑实证主义范畴。再经怀特、丹图、德雷、盖利等人的努力,分析历史哲学在60年代进入全盛时期。

之遥。沃尔什的《历史哲学导论》出版于 1951 年,只是抓住了形而上学观念传统的"尾巴",仅为历史学家保留自主选择形而上学学说的权利,而这成为他反对逻辑实证主义史学主流的"微弱声音",也是他依然属于调和派一脉的理由。但是,他的"视角主义"理论带来了视角之间的"不可通约性"和相对主义问题,不仅使之重新陷入 20 世纪上半叶关于"历史客观性问题"的争论,也是最被后人诟病的焦点。①

　　当然,自 20 世纪七八十年代,以海登·怀特的《元史学》为标志,西方历史哲学转向语言学并复兴叙事史学,开始在方法论层面回归分析历史学派所批判的历史主义传统。安克斯密特进一步反思"分析的历史哲学"传统的形而上学困境,拉奇曼和韦斯特等人则从科学哲学内部批判分析历史哲学,并走向"后分析哲学"。② 在这个过程中,沃尔什受到的批判似乎比分析历史哲学少得多,但明显比柯林伍德又多一些。

---

　　① 比如 F. Ankersmit, "The Dilemma of Contemporary Anglo-Saxon Philosophy of History", *History and Theory*, Vol. 25, No. 4 (Dec., 1986), pp. 1-27; Peter Novick, *That Noble Dream: The "Question of Objectivity" and The American Historical Profession*, Cambridge: Cambridge University Press, 1993, p. 2。前者指出,沃尔什的"综合性概念"(coligatory concept)"没有破坏狭隘的实在论与实证主义",反而接近"伪实证主义"(quasi-positivist)的理想;后者认为,"历史的真相只有一个,并非因视角(perspective)的不同而不同"。

　　② Aviezer Tucker, *Our Knowledge of the Past: A Philosophy of Historiography*, Cambridge: Cambridge University Press, 2004, pp. 14-17. 关于后分析历史哲学的兴起及其对分析历史哲学的批判,可参见顾晓伟:《后分析历史哲学与历史知识客观性的重建——当代西方史学理论的一个新趋势》,《中国社会科学评价》2017 年第 4 期。

第四章　社会科学与历史学的方法论分岔

17—18 世纪确立认识论分途及其传统之后,西方思想界在 19 世纪前期的核心关注从认识论转向了方法论。方法论成为可以独立考察的议题,并且集中体现在三位代表性的思想家的理论中。其中,英国的密尔(穆勒)延续从培根到休谟的方法论讨论,在逻辑体系意义上总结归纳法的科学原则;法国的孔德综合了经验主义认识论的归纳法与理性主义认识论的分析法,开创了实证主义的方法论体系。这两种方法论传统为西方社会科学奠定了基础,并且把历史研究视为社会科学的重要组成部分。德国的历史学家兰克承接从维柯到赫尔德的历史主义认识论,但反对 18 世纪历史与哲学混为一体的传统,主张在方法论层面切割历史研究与哲学,奠定了历史研究的科学化、操作化和职业化,从而也拉开了历史学与哲学的方法论距离。

从此,犹如"潘多拉盒子"一旦打开后果就不可预料一样,历史学与社会科学在观念层面从此分道扬镳。社会科学研究形成了以归纳与分析为主导的研究方法,而历史学则确立了以叙事和考证为研究特征的学科属性,以至于主流的历史学与社会科学之间难以融合。19 世纪初的方法论奠定与分野构成了本章关注的全部内容。

第一节　密尔的归纳与演绎法理论化

约翰·斯图亚特·密尔（1806—1873 年）是维多利亚女王时代的伟大思想家和政治家，也是杰出的哲学家与经济学家。密尔在思想上接受边沁的功利主义，并且出版了《功利主义》《论自由》《密尔自传》等重要著作；受其父亲影响，继续发展和完善了《政治经济学原理》。密尔对经验主义方法论的贡献集中体现在《逻辑体系》一书，并将之具体运用在政治经济学的学科领域。

进入 19 世纪之后，印刷术和通信技术更为发达，密尔不仅立足于培根以降的经验主义传统，而且更为包容启蒙运动前期培根、笛卡尔与维柯之间的思想对立，并均有所吸收，而对休谟的怀疑主义与伏尔泰的理性精神有所批判。密尔与同时代欧洲思想界的诸多学者有诸多书信往来，从而有开阔的学术视野和对话空间，为哲学与社会科学各学科确立了经验主义认识论基础的方法论关联。正如一位密尔研究专家指出的："密尔是西方思想史上最后一位伟大的文艺复兴思想家，非凡地把所有知识作为他的研究领域。他也是现代世界第一位伟大的跨学科研究的智者，在他做出如此出色贡献的各种学科之间建立了联系。对充斥着知识的多样性和狭窄的专业性的当代世界来说，密尔保持了综合智力的有益典范。"[1]

---

[1]　Eugene August, *John Stuart Mill: A Mind at Large*, New York: Charles Scribner's Sons, 1976, p. 5.

一、《逻辑体系》的方法论贡献

密尔在经验主义哲学传统中发展出更为哲学化和普遍化的方法论导向,并充分地体现在《逻辑体系》中,这在某种程度上稀释和分解了孔德的实证主义方法论,弱化了其在英语世界的影响。相比较而言,孔德的实证主义方法论对19世纪欧洲大陆的思想界构成了巨大冲击。密尔与孔德有密切的私人友谊,在英语学术界不断传播孔德的实证主义方法论,也不断与之比较,并进一步把英国经验主义传统的归纳与演绎方法理论化。其中,孔德的实证哲学对密尔影响最大的是关于人类历史发展进程的理论,前者认为人类知识和人类社会经历神学、形而上学和实证三个历史阶段,法国大革命之后的世界开始进入实证或者真正科学的社会发展阶段。密尔与孔德在实证和科学的方法论层面有深入的交流,并最终在《逻辑体系》一书中奠定其方法论地位。《逻辑体系》对英美社会科学的方法论具有奠基性的地位,把经验研究领域的归纳与演绎上升到理论层次,试图在方法论层次化解17—18世纪启蒙思想家的认识论争论。

密尔勤于写作,但直到1843年才出版第一部著作,即六卷本的《逻辑体系》。该书甫一出版就反响巨大,成为诸多大学的教科书。《逻辑体系》首次全面阐释了经验主义认识论与功利主义主张,并批判笛卡尔理性主义传统中的"直觉""顿悟"以及几何学方法,避免休谟的怀疑主义,完全从经验主义的立场来建构人类知识大厦,由此引导积极的心理活动、社会计划和政治行动。

《逻辑体系》前两卷提出了纯经验领域的演绎推理,提出解决"休谟问题"的归纳方法,并通过三段论式的推理来发现新的真理,把经验论证的前提蕴含在推理的结论中。比如"人终有一死",而"我是人",所以得出"我会死"。"人终有一死"是一个已经得到验证的正确命题，或者是推论的假设，而"我是人"也是经验层面的现象并被包含在假设中，因此"我会死"这个结论也被包含在前提中，从而是正确的。在密尔看来，演绎是归纳的一种方式和重要组成部分，因此，一切演绎科学的方法都基于假设，结论可以是对虚拟的和真实的事实进行归纳，而科学的进步在于不断验证假设的和观察的事实。[①]

在《逻辑体系》第 3 卷中，密尔讨论了归纳法的依据和操作方式。基本的归纳法有五种：一致法、差异法、一致与差异的联合法、余留法、共变法。这五种方法是从休谟的八种归纳法中改进和发展出来的。第 4 卷为"归纳法的辅助操作"，包括观察、描述、抽象、命名和分类等内容。第 5 卷讨论错误的推论方式。第 6 卷是把这些经验主义的归纳与推论方法扩展到哲学、伦理学和社会科学领域，从而把行为科学与心理科学视为这些经验学科领域的基础。密尔的自由主义与功利主义思想从来都有不少人传阅与讨论，但他作为逻辑体系的哲学家身份以及经验论传统的社会科学方法论奠基者身份似乎在 19 世纪就被冷落，在中国亦是如此。这主要是因为经验主义哲学在 19 世纪的后半期为欧洲大陆的唯心主义哲学传统所排斥，新黑格尔主义一度支配了英国思想界。直到 20 世纪 30 年代之后，实用主义哲学和逻辑实证主义哲学重新主导英美思想界，密尔的《逻辑体系》才再次受到重视，其奠定的归纳法与推论法传统也在五六十年代之后成为西方社会科学的方法论基础。

显然，密尔所采信的"逻辑学"并不是古希腊传统原初含义上的逻辑学，而是指经验推理的整体过程，即在经验领域中如何从一个事实

---

① 约翰·穆勒：《逻辑体系》第 1 卷，郭武军、杨航译，上海交通大学出版社 2014 年版，第 259 页。

的陈述有效推理到另一个事实的陈述。在这个意义上,密尔不仅反对传统三段论的推理方式,而且抵制形而上学的认识论预设和几何学方法,要求把一切知识都建立在经验主义的认识论基础上。密尔把归纳法进行逻辑的哲学化处理,并且把演绎法视为归纳法的一种表现形式。这为19世纪的自然科学与精神科学(包括后来的人文科学与社会科学)确立了统一的科学标准。尽管"密尔五法"后来遭到很多批评,认为因果关系链条依赖于更低级的经验归纳,无法论证其正确性,而统一规律性和普适性的真理也无法确保"黑天鹅"的颠覆,但密尔的归纳法则依然成为科学研究的方法论规则和实用标准。

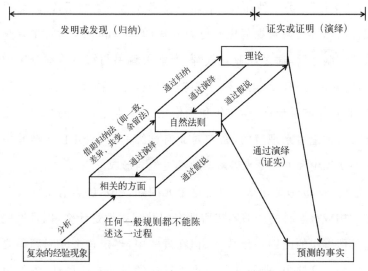

图4-1　密尔经验方法论传统的一般过程①

　①　转引自奥尔德罗伊德:《知识的拱门:科学哲学和科学方法论历史导论》,顾犇等译,商务印书馆2008年版,第249页。虽然作者以此来概括赫歇耳对科学方法过程的描述,但该图示也准确地勾勒了从培根到密尔之方法论传统的一般规则。不仅如此,经验主义传统唯有发展到密尔的《逻辑体系》,才如此丰满地展示了经验科学的研究结构和检验标准。

二、对学科与社会科学的定位

人类知识范畴对"学科"有两种理解方式。一种是作为一门对象特定和属性清晰的系统知识，即 science，其可以表达观念层次，又可以表达行动层次。在这个理解中，"学科"即为"科学"，并区别于"技术"。科学探索事实，是事实和命题的集合，旨在认识现象，把握现象存在的根本属性、因果关系以及变化的一般规律，这也是任何学科的共同特征。比较起来，技术是讨论行动规则、设定行动策略与目标，以利用科学发现的规律和特性，提供预测和控制自然世界的能力。

对"学科"的另一种理解是作为认知和思考事物的系统训练，以形成惯性的思维结构和规范化的行为方式，即 discipline。后者主要是进入教育体制之后，通过职业化教师、专业教科书与智力劳动分工的学生，进行建制化和组织化的智力训练。显然，后一种理解从属于 science 范畴，是科学的系统化、具体化和操作化。19 世纪前期的"学科"主要是从第一种范畴来理解的，密尔对此有详细的阐释，并且从经验主义传统的认识论和方法论来理解学科的定位与形成。

学科（science）是什么？对于这个元问题，密尔认为需要回答两个问题："构成该学科的全部事实所拥有的共同属性是什么，以及这些事实与其他事实的区别是什么。"[①]但在现实中，界定这个元问题需要深入分析和高度抽象，即便如此也难以通达学科的本质属性，人们更多的只能抓住学科的一些偶然现象，或者与其他学科相区分的一部分独特事实，使之成为独特的研究对象。在这个意义上，学科形成存在本

① 约翰·穆勒：《论政治经济学的若干未定问题》，张涵译，商务印书馆 2017 年版，第 90 页。

质论与经验论两种理解。

从本质论来说,密尔认为,一方面,定义一个学科或一门科学很重要,并且诉诸简单明了的公式来表达其独特之处。这意味着,观念层次的学科定义在事实和逻辑上都比组织与制度层次更早确立,需要表达并限定该学科的根本属性或者基本命题。但是,另一方面,在经验论上,对一个学科的定义又往往迟于学科建制,因为定义必须对学科研究缓慢形成的议题、问题与方法都进行最大范围的经验限定,为已有相似的知识范畴和现象进行最大公约数的限定,才能得到该学科领域的同行认可。因此,密尔更赞同经验论的学科定义,认为学科的定义不是一个"容器",刻意划分或限定了内容与范围,而是类似于"围墙",尽可能地容纳已有的建筑物。在这个意义上,学科的定义是经验的、不稳定的、动态发展的,按照普遍和明显的相似性原则,"真相一个接一个放到一起,就成为相互具有逻辑关系的一个整体",而"任何一组需要有共同名称的真相,就被称为是一门学科"。[①] 唯有知识发展到更高阶段,才能按照学科归为一组的事实来确定其一般属性。这意味着,虽然作为学科本质的根本属性构成学科定义的第一原则,但从经验论来说,这恰恰是从感性和感知层次归纳到理性和理智层次的最后阶段,也是分析中最难理解并实现的最后环节。

正因为如此,任何学科都存在原理性和方法论的差异,最明显地体现在先验法(priori)与后验法(posteriori)之间的争执上。后验法以归纳法为主,作为结论的基础,不仅立足于经验,而且需要特定的经验,要在事后证实假设。先验法基于假设和推理,不一定完全基于经验,但

---

① 约翰·穆勒:《论政治经济学的若干未定问题》,张涵译,商务印书馆 2017 年版,第 90 页。

结合了归纳法和推理法。密尔认为，先验法是社会科学获得真相的唯一方法，后验法或者具体的经验法不是发现事实的手段，而是为了证明事实，可以最大限度地降低不确定性，而且只有在先验法的基础上才能有效。这是因为，道德科学与自然科学的最大区别在于无法实验，不可反复，不可组合，"很难获得培根所说的古怪但并非不适用的关键性实验"[①]。既然如此，只能依靠先验法，立足于假设，通过观察具体现象，经过正确的推导，对比细节，发现抽象真理，探索普遍规律。

密尔对孔德的实证主义哲学体系有所保留和怀疑。下一节我们将看到，孔德认为社会科学与自然科学一样，目的是发现客观事实，确立因果规律，预测与控制未来。密尔不仅不赞同孔德把精神科学纳入自然科学的方法论范围，而且认为预测未来具有很大风险。在他看来，以孔德为代表的哲学家所采用的方法坚持笛卡尔的分析法与综合法；把复杂的社会状态分解为各种要素，进一步把握每一个要素的性质与规律及其与其他要素结合所产生的结果；在此基础上再按照其本性进行结合和综合。密尔认为，正确执行所有这些操作过程，结果可能预知，但也只能近似真理，而依然没有信心确保没有偏见，也不能确保没有观察到的就不存在，也就不可能预知所有结果和未来。因此，一个理论运用到其他事实时，必须谨慎地意识到不可预见因素、例外状态和新的实验结果。

当然，密尔与孔德之间就社会科学还有一个很重要的差异。孔德身处后革命时代的法国社会，实证哲学体系的指向是恢复法国的社会团结和秩序，而密尔处于英国维多利亚女王时代的社会繁荣与上升

[①] 约翰·穆勒：《论政治经济学的若干未定问题》，张涵译，商务印书馆2017年版，第109页。

期。密尔继承并坚持捍卫苏格兰启蒙运动的古典自由主义传统,依然采用 17—18 世纪培根、洛克、休谟等启蒙哲学家所奠定的人性论认识和假设,主张边沁开创的功利主义理论。对密尔而言:首先,人是具有道德或精神属性的生物;其次,人是个体性的存在;再次,个体与其他个体相互联系,形成社会,并为了共同目标进行系统合作;最后,政府与国家作为"守夜人",服从权威成为个体活动的一部分,但并不是必要的。这是密尔对人的经验主义和古典自由主义的理解。"人只是个体,不必预先假设其他个体是其存在的必要条件",这样的"人"表现出来的人性规律和属性是纯粹精神哲学的主题,所以密尔反对唯心主义的哲学。但人生活在与他人互动合作的关系状态中,人性是在社会规律与社会状态中体现的,而研究社会规律和普遍事实成为一门科学的主题——"社会经济学",或者不太恰当的"政治科学"——但都是"以关于个体思维的本质的整个学科为前提",并且所有人性的规律都在社会状态中发挥作用,社会科学的事实只是人性的简单规律在复杂环境下的描述。[1] 在这里,密尔对社会科学的理解是坚持个体主义和人性论的假设,并且落实把复杂状态视为简单相加的功利主义理念。

密尔的"社会科学"表述也很新颖。1829 年 10 月 8 日在给《威斯敏斯特评论》的主编迪希塔尔写信时,密尔第一次使用了"社会科学"术语。原文是:

> 所有好的法国学者都把政治学视为与数学一样,可以从一组公理和定义中推导出来,他们忘记了,在数学中不存在偏见的危

---

[1] 约翰·穆勒:《论政治经济学的若干未定问题》,张涵译,商务印书馆 2017 年版,第 101 页。

险,命题要不是对的就是错的,如果是对的,我们可以安全运用到命题所包括的任何情况。但是,在政治学和社会科学中远不是如此,错误很少从我们认为不正确的假设产生,却是在我们所忽视的其他真理中普遍出现,这些真理会限制和修改错误的效果。[1]

当然,密尔在公开出版物中使用"社会科学"术语是在 1836 年,但他早已熟练使用这个表述。1829 年他第一次用这个表述时,是在讨论法国圣西门学派的观点。在圣西门学派的所有作品中,密尔最认可孔德的早期作品《实证政治体系》,而那时候的孔德一直在作品的封面上自称为圣西门的学生。这部作品在 1822 年出版后很受欢迎,并在两年后再版。其中,孔德提到的一个核心议题是需要把政治学提升为"政治科学",这个概念对密尔的作品无疑产生了非常深刻的影响。孔德通常的表述是"实证政治学"或者"科学政治学"。但在与密尔讨论结束时,孔德使用了"社会科学"。或许就是在孔德这部作品之后,密尔开始采用"社会科学"的术语。在这个意义上,孔德与密尔都是在 19 世纪 20 年代早期开始使用"社会科学"的表述。[2]

三、社会科学的目标与方法

在密尔看来,17—18 世纪的科学革命取得了巨大成就,但"没有有意识地遵守科学方法"[3]。唯有科学方法与程序才能确立真理和知识

---

[1]　Francis Mineka, *The Earlier Letters of John Stuart Mill, 1812-1848*, Vol. VII, Toronto: University of Toronto Press, 1963, p. 36.

[2]　J. Burns, "J. S. Mill and the Term 'Social Science'", *Journal of the History of Ideas*, Vol. 20, No. 3 (Jun.-Sep., 1959), pp. 431-432.

[3]　约翰·密尔:《精神科学的逻辑》,李涤非译,浙江大学出版社 2009 年版,第 1 页。

的世俗来源,而证据原则和方法理论都不是先验建构的,需要在经验中去发现和落实。同时,任何事物都应成为科学考察的范围,外界自然的物体是精确科学考察的科学范畴,而人类精神、道德、思想、感受、心灵和社会行为等现象都有其确定的属性,并且是在特定环境作用下有规律地出现,因此可以预测。但这些人类自身的规律不同于自然现象的规律,属于非精确科学的科学范畴,因此,在人类知识的经验领域需要一门不同于自然科学的人性科学、精神科学或社会科学来对应。这也是此前启蒙哲学家未能专门关注的内容。

这门科学之所以是"非精确性的",在于"数据不可能给全,不同的情况下也不可能完全相似,因此我们不可能做出精确的预测,也不可能提出普遍的命题"①。但是,如果能近似地知道大部分人,或某些国家或阶级"如何思考、感受和行动",就相当于知道了社会科学的普遍命题。因此,人性科学和社会科学具有真正科学的特征,其中一个必要条件是:本身只对最低级的经验规律进行近似概括,并结合所产生的自然规律以及导致现象产生的原因和属性。在这个意义上,自然科学的普遍规律与真理是社会科学近似真理的基础,为预测具体经验并在新社会环境中推导新的近似真理设置了界限。②

密尔的社会科学以人性科学为基础,而后者又诉诸心理学和性格学。通过其"密尔五法"的归纳与推导,得出的心灵规律及其因果律构成关于人类自身的科学真理和实践知识。心灵规律构成性格,但密尔

---

① 约翰·密尔:《精神科学的逻辑》,李涤非译,浙江大学出版社 2009 年版,第 19 页。

② 约翰·密尔:《精神科学的逻辑》,李涤非译,浙江大学出版社 2009 年版,第 20 页。

意识到，"人类没有一种普遍的性格，但存在性格形成的普遍规律"①，人类行为与感受则是这些普遍规律在具体条件下发挥作用的表现。但性格的形成规律并不是靠观察和实验的归纳法则得来的，而是靠演绎法则，即先假定某种物理与精神的环境，然后考虑那些环境根据心灵的规律会对性格的形成产生什么影响，从而形成民族性格和个体性格形成的性格学，或"人性的精确科学"②。密尔意义上的社会科学恰恰是建立在他确立的心理学—性格学—人性科学逻辑链条基础上的，研究社会中的人，研究人类的集体行为以及由此形成的社会现象，而"社会"则是特定的民族和国家范畴，因此社会科学与政治科学具有相同含义。

因此，密尔认为，形成系统知识的社会科学研究不能只是满足日常实践的效用的需要。政治学之所以遭到培根责备，就在于其只关注法令或政体的利弊，而没有对形成其的社会条件和成因进行整体研究。所有社会现象都是"规律交汇"③，是思想、感受和行动的人性规律与外部环境相互作用形成的，以至于社会的普遍规律是"原因的合成"。所以，社会科学恰恰是研究其一般规律及其合成的原因。其目标是，在任何既定社会事件发生的条件下，"是什么原因造成它现在的那个样子，它是否容易发生变化以及发生哪些变化；它将来每次出现可能产生什么样的结果，那些结果以什么样的方式可以被组织、修改或者促

---

① 约翰·密尔：《精神科学的逻辑》，李涤非译，浙江大学出版社 2009 年版，第39 页。

② 约翰·密尔：《精神科学的逻辑》，李涤非译，浙江大学出版社 2009 年版，第45 页。

③ 约翰·密尔：《精神科学的逻辑》，李涤非译，浙江大学出版社 2009 年版，第45 页。

进,或是造成不同类型结果的并发"①。

要实现这个社会科学目标,不可能采用物理学和化学的实验法以及几何学的抽象分析法与综合法,也难以直接运用差异法,但在其研究过程而非最终结论中可采用间接差异法、契合法、共变法和剩余法。在密尔看来,孔德的社会学方法立足于整体,把社会学研究的目标视为建构秩序,得益于源于历史并得以验证的命题。密尔的不同之处在于,社会科学是先验演绎的体系,命题从人性规律中通过逆向演绎而来,因此,社会科学作为一门科学,不可能做出肯定的预测,只能是从解释现在和过去出发,推导社会现象的大致倾向和发展趋势。②

密尔区分了具体的社会学与整体的社会科学:具体的社会学研究提出的问题往往是,在既定的社会环境和条件下,既定的某种原因或者后来所说的自变量会导致什么结果,比如革命与反叛等意外事件造成系列后果,制度改革带来社会结构性的系列反应;但整体的社会科学是把问题前置,即什么机制或原因决定了特定社会环境的历史形成和变迁。这意味着具体的社会学研究是把特定的社会环境作为限制性和支配性的控制变量,而整体的社会科学是对作为控制变量本身的"社会状态"进行更本源性的考察。密尔指出,"所谓社会状态,是指所有比较重要的社会事实或现象的同时存在状态"③,比如文明程度、道德文化、知识与理智水平、工业化水平、财富积累和分配情况、社会信任、政策法律等,构成了人类生活在一个特定社会空间的结构性形态。

---

① 约翰·密尔:《精神科学的逻辑》,李涤非译,浙江大学出版社 2009 年版,第80 页。

② 约翰·密尔:《精神科学的逻辑》,李涤非译,浙江大学出版社 2009 年版,第79 页。

③ 约翰·密尔:《精神科学的逻辑》,李涤非译,浙江大学出版社 2009 年版,第97 页。

这些因素或现象看似独立运行，并且各有不同的形成原因和机制，但是，如果把整个社会结构视为一个主题来考察，彼此就成为生物学整体的部分表现，有着同时性的、相依共存性的有机联系。

四、社会科学与历史研究的关系

密尔明确指出，社会科学的根本任务是"发现支配社会状态之间前后相继的规律"[①]。这意味着，社会科学不仅要处理社会状态的共生性和共时性问题，还需要进一步探讨社会状态变化的历时性和序列规律问题，从而把历史研究纳入社会科学的重要组成部分。

密尔认为，人类所处的自然与社会环境会形成社会群体的特定性格，这种结果成为后代人精神心理结构的原因。在这里，显然，密尔受意大利维柯的《新科学》影响，并认为维柯是"最早认为历史事件的序列受固定规律支配，并力图……对历史进行分析性考察"[②]的人。密尔接受维柯历史哲学有关人类进步论的历史主义主张，认为社会整体朝向更幸福的状态发展，从而继承了启蒙思想家的历史认识论及形而上学预设。正如他自己所言，人类的进步性是科学的准则问题，19世纪前期的贡献在于社会科学方法方面，用物理学和生物学取代化学和几何学方法，用先验演绎和历史证据来分析人类社会的历史发展规律。在这方面，密尔又赞同孔德对人类历史发展的三阶段论，认为他是按照人性规律来概括人类历史阶段的。当然，孔德对人类历史发展阶段的划分也受到了维柯历史主义思想的影响。

---

① 约翰·密尔：《精神科学的逻辑》，李涤非译，浙江大学出版社2009年版，第98页。

② 约翰·密尔：《精神科学的逻辑》，李涤非译，浙江大学出版社2009年版，第98—99页。

　　显然，在对待人类社会发展的历时性的序列变化方面，密尔与孔德之间并无明显的差异。密尔赞同孔德"社会静力学"和"社会动力学"的划分，大篇幅引用孔德的《实证哲学体系》。① 孔德对过去历史整体的划分，其目的是预测未来；但密尔对此表示怀疑，认为这在价值上"远低于他对过去的评价"②。密尔指出，历史事实的确定不能靠直接观察分析，人类历史发展阶段只能采用逆向演绎法，从假设的变迁规律出发，并由心理学或者性格学的事实与现象不断检验。

　　经验主义的认识论传统决定了密尔的方法论兴趣不是在于预测未来，而是在于发现过去与现在的联系。他把历史证据、历史规律与人性论假设结合起来，提出人类历史是人类内在自发的秩序变迁。但是，密尔不赞同培根对历史研究的定位，认为历史研究不仅仅是记录过去历史的片段变化，而是要考虑社会不同因素之间的有机联系及其进步性与共在性。密尔的期待是，在社会构成的复杂性存在中，确定某种因素为社会变迁的首要动力和核心链条，再附加其他的进步因子，构成一个人类自发秩序形成的完整环节，为假设演绎的人类发展规律寻找经验上的历史证据。在这个意义上，观念决定存在。密尔认为，"物质文明的每一次巨大进步总是以知识上的进步为先导"③，而且是观念的先导性巨变推动社会变迁，因此，多神教、犹太教、天主教、新教、现代欧洲的批判哲学及实证哲学之间出现阶段性的更替，进而成为支配着人类文明进步和理智成长的历史阶梯。

――――――――――

　　①　约翰·密尔：《精神科学的逻辑》，李涤非译，浙江大学出版社 2009 年版，第103—113 页。

　　②　约翰·密尔：《精神科学的逻辑》，李涤非译，浙江大学出版社 2009 年版，第116 页。

　　③　约翰·密尔：《精神科学的逻辑》，李涤非译，浙江大学出版社 2009 年版，第115 页。

密尔进一步认为,历史进步的观念动力应该归结为人类心智的成长,包括信念的本质、自然知识的储备量和智力发展,这是决定历史发展的主导性力量。当时非常流行的观点是"英雄造时势",密尔反驳到,历史不是由特定英雄人物所创造的,更不是由他们的自由意志来决定的,即使"占据重要地位的特殊个人"在有些历史事件的"因果链中"是"必不可少的链环"[1];恰恰相反,是"时势造英雄"。他引用同时代最有名望的历史学家麦考利的观点,认为这只是因为那些伟人比常人站的位置高一点,比大家早一点感受到新历史阶段的到来。即使没有牛顿,也会出现牛顿哲学,因为这个时代的心智和科学进步已经发展到一定的历史阶段。

当然,密尔又认为,历史发展的整体方向是由人类进步的秩序和确定的内在规律决定的,杰出人物的影响在于历史发展的速度,他们制定开明的政府政策和政治改革,使得有些国家的人心智成长更快,文明进程也更高。因此,密尔总结道:

> 尽管事件的进程永远会有可能因偶然因素和个人的禀性而改变,但人类的集体性动力相对于所有次要原因具有持续增长的优势,不断把人类的整体进化引向某种不会偏离一定和预定的轨道多远的东西。[2]

这个总结恰恰是在方法论层面充分肯定并综合了 17—18 世纪由

---

① 约翰·密尔:《精神科学的逻辑》,李涤非译,浙江大学出版社 2009 年版,第127 页。

② 约翰·密尔:《精神科学的逻辑》,李涤非译,浙江大学出版社 2009 年版,第135 页。

维柯、赫尔德和伏尔泰等启蒙哲人的历史哲学贡献，但也没有超出19 世纪同时代欧洲主导性学说的社会进化论和社会动力论的观念范畴。

第二节　孔德的实证主义方法论开创

实证主义是一场哲学和政治思潮的运动，对 19 世纪之后人文社会科学的发展产生巨大影响。实证主义承接启蒙运动的思想成就，兴起于 19 世纪前期，19 世纪后半期在欧美世界广为传播，主导了差不多整个 20 世纪哲学与社会科学的认识论与方法论。20 世纪最后 20 年兴起的所谓"新实证主义"与"后实证主义"，都是在 19 世纪实证主义运动基础上发展起来的。奥古斯特·孔德（1798—1857 年）是实证主义以及社会学的创始人。实际上，孔德相继发展了数学哲学、物理哲学、化学哲学、生物哲学，成为现代意义上的第一位科学哲学家。孔德首次把科学上升为哲学体系，甚至取代了基督教神学在西方思想史上的位置。在此基础上，孔德继续发展了社会哲学即社会学，还有鲜为人知的政治哲学。因此，孔德在科学史、哲学史、社会科学史甚至神学史上都占有很重要的位置。但是，在汉语学术界，孔德的思想并没有得到高度关注与系统研究，他的作品除了大陆商务印书馆的小册子《论实证精神》和台湾商务印书馆的《实证主义概论》以及中国政法大学出版社的《孔德的早期政治著作选》影印本之外，不见有中译本，也没有译介关于孔德思想研究的著作。这与孔德在知识界和人类知识史上的地位极不相称。

一、关于孔德的思想与重要作品

西方学术界过去 50 年对孔德的兴趣似乎减弱，这是因为从 20 世纪七八十年代开始对孔德的实证主义展开了批判，但 100 年前西方学术界对孔德却充满浓厚的兴趣。如果说 19 世纪欧美知识界已经接受了孔德的实证主义哲学，那么，一战前，全世界其他地方都兴起了孔德思想运动。最有名的案例出现在拉丁美洲：巴西的国旗中间的白色丝带上用葡萄牙语写着孔德提倡的"秩序与进步"。孔德的追随者在英国、美国、印度非常活跃，土耳其的现代世俗化特点也可以追溯到孔德思想的影响。但是，进入 20 世纪，俄国革命没有为孔德的实证政治体系留下空间，在科学哲学领域，孔德的实证主义为"新实证主义"所取代。60 年代库恩提出"后实证主义"，主要是批判鲁道夫·卡尔纳普的"新实证主义"，而不是孔德的实证主义传统——因为他们全然忘记了孔德是实证主义的创始人。实证主义，无论是"新"的还是"后"的，都离不开孔德原创性的思想，这也部分解释了孔德研究为何至今依然强劲发展。

然而，孔德在 19 世纪前期开创的实证主义传统与我们现时代所理解的实证主义存在差异。孔德的实证主义不是一种科学哲学，而是政治哲学，或者说是科学哲学与政治哲学高度结合在一起的哲学。甚至他从来没有割裂科学与政治，而是把科学研究视为重建社会秩序的必要途径，因此称之为"实证政体的第一体系"，目标是社会的重组。实证主义是对科学的崇拜，让科学在"实证政体"中发挥核心作用。从 1847 年开始，实证主义开始处于科学研究的中心，"秩序与进步"的宣言发展成"爱作为原则，秩序作为基础，进步是目标"，这无疑是受孔德思想的影响。孔德的思想可以分为两个阶段，第一个阶段是实证主义的构建,第二阶段则是实证主义的完成。如今我们通常所理解的实证主义概念主要是来自对《实证哲学教程》的理解。

弗莱彻所编的《孔德的早期著作》[①]是对孔德思想的最好介绍,亦可视为是理解孔德一生目标追求的起点,从中可以看到圣西门对孔德的影响——孔德早年做过圣西门的秘书(1817—1824年)。在《实证哲学教程》的开篇,孔德提出:"什么是伟大的一生? 成熟年龄时实施年轻时期确立的一种思想。"[②]他年轻时期与圣西门来往密切,但又是托克维尔与基佐那一代人的典型代表,时刻思考的问题是:在帝国崩溃之后如何阻止革命的爆发? 他在1848年提出:"如何重组人类生活,不管是上帝还是国王?"[③]因此,他对传统的政治哲学充满敌意。在他看来,由于主张同情自由和人民主权,革命的信念除了摧毁教皇和君主权威的旧制度之外没啥作用。但是,革命的任务已经完成了,接下来的任务是重建社会秩序,由此我们可以理解年轻的孔德为何转向圣西门。在圣西门那里,孔德继承了三个观点:对照历史上组织良好和秩序崩溃的不同时期;工业社会取代军事社会,贸易和资本将改变所有人的社会关系;科学在现代社会的作用,将替代宗教支配人的观念。

孔德在1825年发表的《对科学和科学家的哲学思考》[④]一文,发展出了实证主义的两个最重要的观点——三阶段法则和科学的分类,同

---

① Ronald Fletcher (ed.), *The Crisis of Industrial Civilization: The Early Essays of Auguste Comte*, London: Heinemann Educational Books Ltd., 1974.

② Auguste Comte, *Cours de philosophie positive*, Vol. 1, Paris: Rouen, 1975. p. 1.

③ Auguste Comte, *Discours sur l'ensemble du positivisme*, Paris: Mathias; reprinted, Paris: Garnier Freres, 1998 (introduction to 1851, published separately); Translated as: Auguste Comte, *General View of Positivism*, London: Trubner, 1865.

④ Auguste Comte, "Considérations philosophiques sur la science et les savants", *Le Producteur*, No. 7, 8, 10; reprinted in 1851 (Vol. 4, Appendix), Vol. 1, p. 127; translated in 1974 and 1998, Vol. 1, p. 100.

时也发展出实证主义信条的概念——信念社会理论的必要性及其与权威逻辑理论的相关性。1826年孔德为社会科学提供了一个更为稳固的基础,形成了"实证政体"的思想,开始构建实证知识体系,讲述实证哲学教程。孔德的《实证哲学教程》不仅让英国哲学家密尔也出席旁听,并且得到了当时历史学家基佐和托克维尔的尊重。但1844年之后,孔德在公众视野中消失。

六卷本《实证哲学教程》(1830—1842年)[①]有两个目标:具体的目标是为社会学确立基础,即"社会物理学";普遍的目标是全部实证知识的合作。这部著作的篇章结构体现了这两个目标:前三卷检视五种基本科学,即数学、几何、物理、化学与生物;后三卷处理社会科学。前一部分是总结理念和方法论,后一部分是要发展一种新的科学。《实证哲学教程》的篇章结构很重视三个阶段的法则。法则属于动力社会学,或者社会进步理论,第5卷和第6卷都以此为导论——而且还是全书的导论。这就是作者视之为法则,并以此来解释何谓实证哲学的原因。法则认为人类历史的发展经过三个阶段:神学的、形而上学的和实证科学的阶段。第一个阶段是神学哲学阶段,是人类心灵的必要起点;第二个阶段是道德哲学的过渡阶段;第三个阶段是科学哲学的终结阶段。历史法则的三个阶段划分在19世纪得到了诸多伟大历史哲学家的阐释和批判,而人性进步的观念则似乎一直通向20世纪。

科学哲学的归类比三阶段法则似乎更经得起时间考验,至今如此,其虽有内部差异,但都归为科学的整体统一。归类使孔德成为"现代

---

① Auguste Comte, *Cours de philosophie positive*, Paris: Rouen, 1830-1842. 英国社会理论家马蒂诺于1853年将之翻译成英语,并简化为三卷本,参见 Auguste Comte, *The Positive Philosophy of Auguste Comte*, Harriet Martineau (trans.), London: J. Chapman, 1853. 但这个英译本被认为误解了孔德的实证主义哲学,而且把社会学从其科学体系中抽离出来。

科学哲学之父"。从柏拉图到康德,反思科学一直是哲学的一个核心,但科学本身内部却因差异而得到发展。孔德在 1818 年提出"科学哲学"概念,避免知识的碎片化,让科学彼此相关,从普遍到特殊,从简单到复杂,从数学到社会学,从普遍性归纳到复杂性增长。同时,科学的归纳法因其历史过程,让我们看到了科学法则的次序——高级的依赖于低级的,不可化约的多样性反对简化论——每一种科学都参与到新科学的演变中来,但并不存在可预测的模式,而是达到一定实证阶段的结果。科学哲学家认识到了孔德在其学科史上的地位,但是《实证哲学教程》和《实证哲学体系》并没有得到科学哲学的研究。孔德的科学哲学以信念(科学)和方法(逻辑)之间的系统差异为基础:方法优越于信念,科学的信念会改变,但科学的价值在于方法的合理。实证方法有不同的形式,因此产生的科学结果有差异,其中,几何学在于观察,物理学在于实验,而生物学在于比较。

社会学拥有双重科学地位,它不仅是一种科学,而且是一种关于社会的科学。但社会学是在所有其他科学之后的科学,是所有知识得到发展并与所有其他知识相协调的科学。建立社会科学是人类历史的一个转折点,意味着客观方法成为实证精神的特点,世界开始从以物为中心转向以人为中心,人通过主观的方法来主动支配和适应世界,所有生物最需要依赖的是人性,科学归类的结果是把人性视为社会学正确的对象,社会学成为发现人类秩序与进步的最后科学——这就是《实证哲学教程》的主要目标,支配人类知识的发展。但是,如果没有掌握牢固的科学体系知识,就不能成为社会学家,而这恰恰是为当今社会学和社会科学所忽视的内容。社会学不仅与哲学相结合,还要与历史紧密联系。孔德提出了一个严肃的问题:科学哲学、科学史学与科学社会学有何关联?在《实证哲学教程》中,历史不是一门学科,而是社会学必备的方法,社会科学要意识到自身历史的存在和进步方向,这是孔德社会学不同于自然哲学和道德哲学的重点。

在完成《实证哲学教程》之后,孔德回到最初的设想,建构"实证政治体系",即着手写作四卷本的《实证政治体系:或论社会学、人性宗教研究》(1851—1854 年)①,《论实证精神》②可被视为其导言,重点强调实证主义的社会目的及在政治和道德领域取代神学的立场。1846 年之后,实证主义因"支配我们的心灵"而转变成为"完整的实证主义",孔德将科学发展成哲学,完整的实证主义意味着把哲学转变成一种人性的宗教。孔德毫不掩饰科学在现代社会的重要性,科学控制了现代人的生活方式、思维结构和心灵。孔德在《实证哲学体系》中把科学分为十种力量、五种功能和三种实践品质,对人类有诸多影响,并分别有详细论述,由此引向"实证政治"。

在孔德看来,实证政治有两个原则:没有政府就没有社会,而社会的正确作用需要一种永恒的而不是临时的精神力量。第一个原则有两个方面:一方面是负面的,表达了孔德对国家概念缺乏兴趣;另一方面是积极的,为了理解为何需要一个政府,我们必须思考社会生活是如何运转的,人类社会的自发秩序最后指向了政府的必要性。人类社会的自发秩序需要政府,这是由劳动分工决定的,因为分工得越来越具体,就越威胁到社会的解体。政府在功能上的作用是维持和恢复秩序,在性质上是提供一种精神力量,维护社会共识与信仰秩序,成为临时性权力的基础。科学不仅是一种信念与行动的根本基础,而且是社

---

① Auguste Comte, *Système de politique positive, ou traité de sociologie instituant la religion de l'Humanité*, Paris: Carilian-Goeury, 1851-1854;英文版参见 Auguste Comte, *The System of Positive Polity, or Treatise on Sociology, Instituting the Religion of Humanity*, London: Longmans, Green and CO., 1875-1877。

② 奥古斯特·孔德:《论实证精神》,黄建华译,商务印书馆 1996 年版。

会秩序的精神基础。因此，实证政治体系以政府与科学为"双核"，获得理论与价值规范的正当性。

然而，孔德的政治哲学后来被视为对集权的支持，并没有得到实证主义者的发展。但在法国后革命时代，孔德的政治哲学主要有两个指向：一是对法国和欧洲的重建充满兴趣；二是意识到，主权国家是一种历史产物，并不是永恒的存在，而临时性权力并不能维持一种永久的稳定。孔德反对殖民主义和帝国主义，提倡一种永恒的精神力量来维持秩序和进步。《实证政治体系》的副标题是"论规范人性宗教的社会学"，孔德于此明确了一种没有上帝也没有超自然的宗教。这招致很多批评。孔德把宗教界定为"与人类生活完全和谐一致的状态"。宗教有两个功能：道德功能是宗教管理每个个体时发挥的功能，政治功能则要求应该把所有个体都联合起来。宗教有信念、信奉（爱）与道德法则（训导）三部分，孔德对三者之间的关联做了大量的论证，确立了一种把科学推到上帝位置的"天主教"，回到了政教合一的体系。

二、密尔与孔德的方法论比较

《实证哲学教程》的第一批读者来自英国，因为英国激进派的改革方案与孔德的实证主义主张是一致的；其中最著名的追随者是英国哲学家密尔，他是孔德的好朋友，两人有大量的书信往来，并且阐释和发展了孔德的实证主义学说①，其四卷本《逻辑体系》与孔德的《实证哲学教程》有诸多交集。《实证哲学教程》第 1 卷给了密尔很深刻的印象，密尔读完之后写信给孔德，还把孔德的实证哲学隆重介绍给英国读者，并出版小册子《孔德与实证主义》。1841—1846 年期间，密尔与孔德彼

---

①　John Mill, *Auguste Comte and Positivism*, [S.l.]: Marc D'Hooghe, 1865.

此通信持续不断,主题都是关于哲学的讨论。[①] 在第一封信中,密尔承认自己是孔德的门徒,认为孔德让他从边沁思想的影响中解放出来。在《实证哲学教程》里,孔德把近代科学转化成哲学,密尔的《逻辑体系》虽然很少参考《教程》,但孔德早期作品对密尔的影响显而易见。因此,密尔给予《实证哲学教程》以高度评价:"如果不能说孔德已经开创了一门学科,但也的确可以说他第一次使这种开创成为可能。他对历史分析的独特贡献和为物理学建构的哲学体系都是伟大的成就,足以使他的名字永留青史。"[②]随后,孔德在《实证政治体系》中把哲学转化成宗教,虽然密尔视实证体系为"最完整的精神体系",但却强烈批判孔德的第二次转化,也反对孔德的科学分类体系排除了心理学,以及孔德的生物科学和对女性的定位。在 1846 年之后,密尔中断了与孔德的联系,而孔德后来的哲学吸收了密尔的批判,彼此达成和解。

孔德的《实证哲学教程》开创了实证主义传统,密尔的《逻辑体系》则开创了逻辑经验主义传统。孔德与密尔一致的是,"知识"意味着科学知识,科学只能解释可以经验的现象,可以通过解释的方法把特殊的科学联合起来。因此,二人在后来的社会科学哲学和方法论讨论中常常被合流,或等而视之,其实二者最初存在诸多差异。密尔把科学时代视为一个已完成的事实,而孔德视之为一个刚刚出现的历史事实,孔德频繁使用历史三阶段论,作为捍卫其实证主义倾向的历史哲学基础。因此,孔德比密尔更具有人类宏观历史发展阶段的综合和比

---

① 参见 O. Haac (ed.), *The Correspondence of John Stuart Mill and Auguste Comte*, London: Transaction Publishers, 1995。

② 弗雷德里克·哈里森在 1895 年为哈里特·马蒂诺翻译和压缩的《奥古斯特·孔德的实证哲学》撰写的导言,引用密尔对孔德的评价作为开篇。参见 Harriet Martineau, *The Positive Philosophy of Auguste Comte*, Kitchener: Batoche Books, 2000, p. 7。

较视野，以及比较强烈的自我反思和理解意识。作为反直觉论者和激进的经验哲学家，密尔对孔德的科学逻辑主要有三方面的批评，即提供的证据没有逻辑，对因果律概念没有提出科学的意义，否定了科学心理学的可能性——因为密尔把哲学视为人作为理智、道德和社会之存在物的科学知识，认为"科学哲学是科学本身而不是其结果，作为真理是一个心灵不断实践的过程"，"哲学是科学的逻辑"，而逻辑是"科学的科学"。①

密尔区分出"好的孔德"（《实证哲学教程》的作者）与"坏的孔德"（《实证政治体系》的作者）。② 密尔在自传中表达了对这"两个孔德"的评价："我最欣赏的地方就是他大方地阐释了现代欧洲国家在历史上从中世纪世俗权力、神权分离，以及神权独特构造中得到的益处。孔德取得相当大的成功，他自己也有时被认为是一个实证主义者"，但是"作为社会学家，毫无疑问，我们无法再并肩前行了。孔德致力于观察这些学说，在他的最后一部著作《实证政治体系》里，他策划了教会权和世俗权专制的最为完美的制度。这种专制制度，估计除了伊格内修斯·罗耀拉之外，再没有第二个人能想得出了"。③

密尔对社会科学的讨论集中在其《逻辑体系》第 6 卷《道德科学的逻辑》中，后来者对密尔经验哲学的研究往往忽视这部分内容，因为该部分常被认为是孔德《实证哲学教程》中讨论社会学方法论的一个翻版。这一点至少是 19 世纪后期涂尔干在《社会学方法的准则》一书导

---

① Robert Scharff, "Philosophy of Science, and Self-Understanding in Comte and Mill", *American Philosophical Quarterly*, Vol. 26, No. 4 (Oct., 1989), pp. 253-268.

② Linda Raeder, "Mill's Religion of Humanity: Consequences and Implications", *Humanitas*, Vol. 14, No. 2 (2001).

③ 约翰·密尔：《约翰·密尔自传：大师是这样培养出来的》，柏洋译，江西教育出版社 2012 年版，第 137—138 页。

言中做出的刻薄判断：密尔"也只是把孔德已经说过的东西用他自己的辩证法筛选了一遍而已，丝毫没有补充真正属于他个人的东西"①。实际上，密尔关于社会科学的哲学或理论是在 1830—1831 年两年间形成的，至少是比孔德真正影响密尔时早十年。密尔给孔德的书信是以一种谦卑和钦佩的态度和学习交流的方式写就的，并表明，如果在他撰写《逻辑体系》之前就看到《实证哲学教程》出版，他就不会写这本书，而是直接翻译孔德的作品。② 这让后来的涂尔干误以为密尔是孔德的忠实门徒。

但是，密尔的经验哲学与孔德的实证哲学之间在认识论及方法论上的分歧非常明显，而且，密尔对孔德方法的批判不亚于对其社会政策和政治哲学的批判。社会科学的兴起吸引密尔关注孔德的早期思想，而孔德不赞同经验方法的历史研究传统，提倡用演绎法把历史研究与社会学统一起来，这与密尔的观点不谋而合。在《自传》中，密尔提到孔德《实证哲学教程》的三阶段法则，认为这似乎对他自己的思想有了一个科学的判断。但密尔认为，孔德对他最重要的影响是分析人类社会过渡时期的特点，这些原创性的观点足以形成实质哲学的基础，而这直接影响到密尔的《时代精神》③一文。

孔德认为，政府的存在是终结社会的力量，而社会发展只有一个法则适用于所有人类历史。秉承古典自由主义和功利主义传统的密尔对此表示强烈反对，认为在把所有社会力量集中于生产的所有组织形式中，国家只是其中得到承认的积极形式，如果圣西门学派看到英国那

---

① 迪尔凯姆：《社会学方法的准则》，狄玉明译，商务印书馆 1995 年版，第 21 页。

② John Mill, "letter of 11 July 1842", in *Collected Works*, xiii, p.530.

③ John Mill, "The Spirit of the Age: On Liberty and The Subjection of Women", Alan Ryan (select and ed.), 1831.

种生产完全独立自主的情况,就不可能认为商品生产是社会进步的主要来源。但是,在与孔德开始通信时,密尔极力化解关于社会科学方法论的争议,缩小与孔德关于社会再生产蓝图的差距,这是二人存在的两个主要分歧。首先,方法论问题是社会科学的基础,孔德赋予颅相学(phrenology)充分的科学地位,并认为社会科学的基础是生理学;但密尔主张社会科学的基础是心理学,不愿意用不可证明的生理学来替代心理学的地位。其次,密尔难以接受孔德否定女性在实证社会中的平等地位。

密尔对孔德的影响很小,孔德的确读过密尔的《逻辑体系》,但似乎没有反映在其后来的著作中,而更多的是把密尔作为门徒来对待。同时,密尔赞同社会静力学,但并不是孔德在一种完成状态下的表达。孔德的社会静力学依赖于充分掌握行为学的知识,并充分研究个体和社会对性格形成的影响,这也是当时形而上学哲学学派的观点,把差异视为内在秉性。密尔代表了19世纪对18世纪哲学的批判,把不同的性格与不同的经验关联起来,因此不赞同孔德的社会静力学蓝图。密尔赞同孔德的社会动力学基础,但认为孔德贬低了个体与社会心理学的可能性,这一点在《孔德与实证主义》一书中反复出现。[①] 因此,当孔德把密尔不接受实证主义归因为英国特性时,密尔认为已经没有必要讨论社会科学的基础是生理学还是心理学了,因为孔德把生理学视为最可靠的科学,而忽视了从心理学来判断问题。

孔德呼吁放弃对原因的探索,而把哲学限制在研究永恒关联中,构成所有可观察的事件的有效法则。孔德认为科学处理可以观察的事

---

① John Mill, *Auguste Comte and Positivism*, [S. l.]: Marc D'Hooghe, 1865, pp. 63-66.

实,而不能简化为简单事实的命题,无论是特殊的还是普遍的都没有真实感,而事实是在理论推导或者问题解决中发现的,是从科学的对象中推导出法则。任何命题必须与经验世界的特性有关联,所有现象都被视为服从于不变的自然法则,这是孔德实证主义的基本原则。但在密尔看来,孔德还是承认原因研究,每一个物理事实都是另一个事实的原因,彼此关联,因果律的法则普遍联系,并且强化了归纳逻辑的结论。

孔德拒绝使用因果律的概念,可能是因为他忽视证据的条件,而专注于普遍适用的研究方法。孔德严格区分适用于有机体和非有机体的方法,从而关注社会作为有机体的科学方法,因此可以用自然科学的统计方法研究社会科学。数据统计是实证社会科学的重要方法,把采用普遍事实作为科学追求;而信息统计要求在社会整体而非个体层面解释,从而把社会环境和条件都剔除在社会事实之外,鲜活的社会个体成为数据。密尔承认数据统计在社会科学中的重要性,但不赞同这些数据以仅关联社会普遍事实而丧失社会个体的解释为代价。所以,孔德与密尔对经验的理解存在差异,后者主张通过结合和归纳的法则,把人类经验汇集起来,并通过演绎的手段再从普遍推断到特殊,而知识与一个决定性的逻辑结构相关联。

密尔赞同孔德的历史分析,但认为孔德不了解英国的社会政治制度,神学思想模式与军事社会体制之间的联系缺乏足够的证据,同时密尔也拒绝孔德对实证社会的纲要,批判他在科学与价值判断之间的混乱,所建立的社会学没有现实基础。因此,密尔没有跟随孔德有机物与无机物的方法区分,也没有接受普遍事实的存在,也认为社会整体的研究比其各部分的研究更重要。密尔对社会和制度的分析依然遵循霍布斯、洛克和边沁的方法论个人主义传统,边沁的理论依然是密尔社会科学方法论的基础①,但密尔吸收了孔德的学说,采用折中原则来缓解个体主义与整体主义之间的张力,从而矫正边沁功利主义学说的缺陷。

第三节　兰克的历史学方法论发端

一、历史学时代的德国历史学派

从前文可以了解到,从古希腊创生历史学开始,历史学就从未脱离过哲学。直到近代启蒙运动中的伏尔泰与休谟,他们都是哲学家,同时也是历史学家。可以说哲学是没有史料来源和论证的历史学,而历史学则是注释详尽的哲学。即使是在19世纪孔德开创实证主义哲学体系后,他也依然高度重视历史哲学,不仅把"社会动力学"(探索社会秩序的历史变迁)和"社会静力学"(探索社会结构运转)并置,而且提出"历史三阶段论"(神学、形而上学与科学)。孔德的历史三阶段论直接受到维柯的历史主义哲学传统的影响,并且还吸收始于18世纪德国赫尔德历史哲学的观念论传统。因此,孔德与黑格尔普遍被视为实证主义与唯心主义这两个完全对立的哲学流派的代表,但在历史哲学的原则与社会理论的实践上却有内在高度一致的关联性。② 他们共同继

---

① David Lewisohn, "Mill and Comte on the Methods of Social Science", *Journal of the History of Ideas*, Vol. 33, No. 2 (Apr., Jun., 1972), pp. 315-324.

② 参见哈耶克:《科学的反革命:理性滥用之研究》,冯克利译,译林出版社2012年版,第227—249页。这方面还可以参见梅尔茨:《十九世纪欧洲思想史》第1卷,周昌忠译,商务印书馆1999年版。实际上,据玛丽·皮克林考察,孔德不仅受同时代的黑格尔影响,而且主要受更早的赫尔德历史哲学传统的影响,参见 Mary Pickering, "New Evidence of the Link Between Comte and German Philosophy", *Journal of the History of Ideas*, Vol. 50, No. 3 (Jul., Sept., 1989), pp. 443-463.

承并发展了欧洲思想传统中关于历史与哲学（社会科学）浑然为一体的精神遗产，从而共同抵制主导英美思想观念的新兴的古典自由主义、个人主义、经验主义传统。

但是，尤其到了 18 世纪后期，启蒙运动带来的世俗化转向非常明显。从形而上学假设（自然神、理性神或意志神）出发，通过哲学的逻辑论证，建构严密的理论大厦，是近代启蒙思想家的一般理路。但以休谟为典型，思想家开始批判形而上学的自然神假设，怀疑前一个世纪的顿悟论与直觉论，把洛克和贝克莱思想涉及的形而上学问题直接归结为人性论假设，然后引入到道德、政治与经济领域的讨论，最后深入到地域化和民族化的英国历史研究。到 18 世纪后期，英国思想界的世俗化开始加速，思想家对政治与历史的直接研究尤其充满浓厚兴趣，且不需要为现实研究确立形而上学或哲学的基础。其出版物在数量上已经不亚于形而上学和神学方面的正统研究，论证性和观点争论性的文献逐渐被历史描述性和现实解释性的文献所取代。正如莱斯利·斯蒂芬在《十八世纪英国思想史》（*History of English Thought in the Eighteenth Century*）中指出的[1]：

> 英国哲学和神学观点的历史是逐步衰退到革命时代的历史……这个世纪的下半期是历史上光辉的一页。随着文明的进步，随着记载得到更好的保存以及社会组织更加稳固这两个因素，人们更喜欢向身边环境外面观望，自然而然地就唤醒了进行历史探究的倾向。用不着可能导致休谟或吉本从抽象研究转向历史探

---

[1] 转引自梅尔茨：《十九世纪欧洲思想史》第 1 卷，周昌忠译，商务印书馆 1999 年版，第 42 页。

究的另外种种哲学考虑,仅仅这个原因就能解释近年来好古癖的增长。

从形而上学和哲学的思辨基础出发研究政治、社会与历史等现实议题,转而直接关注现实问题,并致力于为改造现实提供一套指向未来的政策与制度方案。这个世俗化的巨大转型的确得益于启蒙运动对人之理性精神的张扬,法国大革命则是这场世俗化运动加速发展的催化剂。

在法国大革命之后,随着神权和王权力量的迅速衰退,知识的世俗化转型在欧洲大陆体现得非常明显。尤其是在德国,世俗化运动"发生在更大的规模上,更深入地渗入这个民族的精神生活和工作"[①],以至于在19世纪前期,一方面是对客观历史的研究开始占主流,另一方面其与系统的哲学研究针锋相对。随后的拿破仑战争对欧洲各国构成更大威胁,德国思想界迅速做出最明显的回应,抵制法国理性主义与民主主义浪潮。他们集体从康德、黑格尔的哲学思辨与演绎中转到历史事实的经验归纳上来,从世界主义转变为民族主义,从自由主义转向国家主义,社会与历史从个体理性的乐观构建转向为保守情感的集体凝聚,从最终的结论转向其形成的过程,从人类文明史转向民族政治史,从已发明的法则转向法则的发现过程、无效的预期、累积性的获得过程、对抗性的反应以及有争议的优先性。

德国思想界对法国大革命与拿破仑战争做出的直接反击,体现在德国历史学派之民族主义史学的兴起,既对17—18世纪充满主观主义

---

① 梅尔茨:《十九世纪欧洲思想史》第1卷,周昌忠译,商务印书馆1999年版,第43页。

与浪漫想象的历史研究表示不满,也反对休谟式的史学与哲学相混合,更排斥黑格尔式的历史研究臣服于哲学论证。这样,19 世纪是应用科学成为英法两国主宰社会科学的世纪,而在德国则是"历史学的世纪"[①],为现代德国的迅速崛起奠定了扎实的历史与思想基础。阿克顿指出,历史法学派创始人萨维尼的《现代立法与法学职业》(1814 年)使德国成为一个由从历史来思考的人结合而成的民族,在此后的 40 年里,知识领域的每一个分支,包括司法、语言、地理学、哲学、神学、法学等,都开始在建构德意志民族的进程中产生影响;而政治经济学是德国唯一的经验科学,其被赋予了历史意识,成就了"历史经济学派"。[②] 18 世纪末 19 世纪初德国的赫尔德、歌德、席勒、费希特、谢林、黑格尔等思想家立足于德国而构建抽象理论体系,发展出的历史主义与浪漫主义思潮在 19 世纪依然发挥作用,在科学主义和民族主义浪潮的作用下被吸收和转化。

当然,德国历史学派并非凭空兴起,而是 18 世纪德国哥廷根学派的延续。哥廷根学派的创始人伽特勒(1729—1799 年)把历史研究视为严肃的科学研究,强调甄别史料及其来源的真伪,旨在追求客观事实。[③] 19 世纪兴起的历史学家群体在此基础上把客观事实视为历史研究的要务,以至于"19 世纪是个尊重事实的伟大时代"[④]。然而,在 18 世纪受法国启蒙运动影响的理性化、抽象化与科学化观念已经在德国丧失其强有力地位,而受英格兰启蒙运动影响的实验方法也被不断边缘化,"科学的历史就是科学本身","他们把历史学与民族生命结合在

---

① 古奇:《十九世纪历史学与历史学家》,耿淡如译,商务印书馆 1998 年版。

② Acton Lord, "German Schools of History", *English History Review*, Vol. 1, No. 1 (1886).

③ 张广智:《西方史学史》,复旦大学出版社 2010 年版,第 165 页。

④ 爱德华·卡尔:《历史是什么?》,吴柱存译,商务印书馆 1981 年版,第 3 页。

一起,使之产生一种在法国之外从未有过的影响,他们用历史制造的舆论比法律还更强有力"。[1]

这意味着,19世纪德国新兴的历史学家群体转向民族史学与政治史,但无论是研究古罗马、中世纪与近代欧洲的历史阶段还是军事、法律、制度、经济等特定历史领域,其全部追求都指向现实政治,即民族意识的觉醒与国家权力的集中,要求民族形成与国家构建同步,统一起来以对抗法国。在这个意义上,19世纪后期的法国史学家基扬指出,过去"我们都认为德国历史学家是最公正的。但是,我们错了,他们的学术欺骗了我们"[2]。

二、兰克史学的方法论特点

其中,最具欺骗性的德国历史学家是尼布尔和兰克。尼布尔的《罗马史》(1811—1832年)明确提出历史学方法,第一次用严格的科学方式,在确定史实真伪的基础上,把史料集中起来,按照事件发生的时间次序排列,从大量事实的详细描述中严格推衍出看似客观的结论。[3]这种书写方式在形式上完全客观,着重理解历史并呈现事实,从而取代了此前浪漫主义史学的戏剧化和文学化叙事,也抛弃了伏尔泰那种理性主义的事实论证,但又结合了18世纪后期欧洲流行的人类进化论,详细比较方言与神话、法律与宗教。从此,历史学成为一门现代学科,历史学家也跻身于科学研究的现代职业队伍。

---

① Acton Lord, "German Schools of History", *English History Review*, Vol. 1, No. 1 (1886), p. 32.

② 安托万·基扬:《近代德国及其历史学家》,黄艳红译,北京大学出版社2010年版,第15页。

③ 安托万·基扬:《近代德国及其历史学家》,黄艳红译,北京大学出版社2010年版,第31页。

作为尼布尔的学生,兰克对现实政治的运转似乎没有兴趣,也排斥政治的激进主义与理想主义,抵制法国大革命。他在《自传》中指出,"我的历史观念来自关于各民族之独特性的观念,而不是法国人关于共和国或普遍帝国的理论"[①],而创办《政治-历史杂志》(*Politische-Historische Zeitschrift*,1831—1836 年)则是落实这种历史观念的表现,其宗旨是:"我们必须担当一项只关涉我们自己的任务,一项全然是德意志的任务。我们必须组建一个真正的德意志国家,这个国家要与我们民族的天性一致。"这意味着,民族与国家的双重建构处于同一进程之中,而且还是合二为一的民族国家形态。不仅如此,使德国引以为自豪的一切伟大的发明创造"都是与法国相对立才得以成功",因此是在相对抗中求生存与发展,并形成与法国截然不同的政治、社会与文化观念。[②] 此后,兰克放弃一切理论的抱负,完全转向欧洲各国的政治史研究。兰克之所以成为 19 世纪德国历史学派的代表人物,并成就兰克史学派,不是他更缺乏民族主义热情与现实政治关怀,而是其所从事的历史研究议题和方法更得到职业史学家同行的支持与传播。具体表现在:

其一,兰克与尼布尔一样,高度重视历史学作为方法的中立性,把历史学作为一门纯粹收集并整理史料的学术职业。正如他在第一部著作《拉丁与日耳曼民族史》(1824 年)的序言中提出历史研究的目标是"尽可能地按照几代人出现在世界历史舞台的顺序来联系描述他们的事迹,表明他们如何联合在一起,如何彼此分离。这就是一位历史学

---

① 转引自安托万·基扬:《近代德国及其历史学家》,黄艳红译,北京大学出版社 2010 年版,第 58 页。

② 安托万·基扬:《近代德国及其历史学家》,黄艳红译,北京大学出版社 2010 年版,第 49 页。

家的使命"①。在随后的《摩尔人和西班牙君主国》(1827 年)、《教皇史》(1834—1836 年)、《法国史》(1852—1856 年)、《英国史》(1859—1868 年)的写作过程中,兰克到不同的城市搜寻一手档案资料。兰克的史学方法不在于证据链条的完整与因果的关联性,而在于确保来源的真实性,比如文本作者如要获得并书写史料信息,就只能采信确凿无疑的历史证据。因此,兰克在历史书写形式上追求还原真相,从而完全剥离与事实直接相关的价值关怀。这使得史料与史观相分离,而作为收集与考辨史料之方法的历史学更容易上手,并且与任何民族主义或世界主义的文化价值规范相结合,作为一种治学标准和规范可以从事任何历史议题的研究,从而在欧洲和世界其他国家得到迅速传播与传颂。

其二,兰克以学术为生,其所有的著作并没有涉及德意志或普鲁士,也并不聚焦于古罗马或中世纪、法律或制度,而且在形式上距离德国的政治需求也非常遥远。相反,兰克高度关注近代自 15 世纪末到 17 世纪初的欧洲重要历史时刻,集中关注意大利、西班牙、英国与法国等欧洲国家的政治家与外交家,展示各国独特的辉煌时刻与关键事件,由此编制成恢宏的欧洲政治史。在写作手法上,兰克从各民族的总体进步与文明开始,再转入大篇幅刻画细致具体的政治与外交领域。在这个过程中,兰克既为历史而历史地独特写作,又展示了 18 世纪哲学家那种人类历史的普遍主义思想倾向,看不出其民族主义史学的观照,也没有表露其个人的思想观点与情感倾向,抛开"经世济民"、民族意识与爱国情结的传统历史书写方式。兰克避免了学术与政治之

---

① 兰克:《拉丁与日耳曼民族史(1494—1514)》,付欣、刘佳婷、陈洁译,广西师范大学出版社 2015 年版,第 527 页。

间长期的关系纠葛以及后世人的负面评价,也为历史学家服务并强化时下的政治决断开了先河。

其三,兰克非常理智与客观地考察具体的历史事件,既自上而下地瞭望,也从整体上审视,还深入通信、日志和档案,细致入微地剖析,不受激情和偏见的干扰,完全把个人情感置之度外。兰克不再秉持18世纪历史学家那种确定一个评价标准,然后把个人思想与评价诉诸笔端的态度,而是相反,一并宽容并赞美伟大人物,"我们必须做到完全公正地对待他们每一个人,尽可能地描绘出一系列最有才华的表现形式和人物,因为他们彼此之间都保持着最密切的联系"①。这意味着,兰克坚持实证科学追求客观事实的真理标准,严格区分工具理性与价值理性,确保研究过程的客观性和研究结果的科学性,从而使历史学获得现代科学的美誉。这种科学态度正好顺应欧洲19世纪之后实证主义主导的科学潮流。同时,兰克的历史书写还具有故事的可读性,叙事层次分明,采用同时代大众能理解的通俗表述,确保语言风格的优雅,这也为历史学保留了艺术性的特质和文学想象的空间。在这个意义上,兰克提供了历史学的科学性与艺术性相统一的范例,为后世历史学家所仿效。

其四,与德国历史学派的其他人比较起来,兰克重视评判伟大历史人物及其所能真正代表的民族特征,但却不囿于民族主义史学,而是把不同民族中的伟大历史人物与同时代的世界历史进程关联起来,因此从个人生命史切入,上升到民族史,而世界史才是历史学的终极目标,也是作为一门学科对人类知识的贡献。兰克之所以重视伟大的历

---

① 兰克:《拉丁与日耳曼民族史(1494—1514)》,付欣、刘佳婷、陈洁译,广西师范大学出版社2015年版,第527页。

史人物,端在于他坚信观念的力量,但伟大人物是各民族的产物,更是时代特质和道义世界的人格化表现;只有秉持这种理念,才能真正有意识地通达人类历史的普遍趋势,因此是"英雄造时势",这也是他全面考察每个民族及其历史人物的原因。

三、兰克史学的定位

显然,兰克作为历史学家,其特点并非仅仅把历史学作为一门收集和考辨史料的学科,而是有着明确的哲学和宗教关怀,这在认识论及形而上学预设上属于历史哲学范畴,且不同于17—18世纪的历史哲学那种自我设定理论基础并不断演绎的人类世界普遍历史,而是建立于扎实的历史事实基础上。换言之,兰克的史学包括史料和史观相对独立但又紧密联系的两部分:相对独立是指兰克史学将史料考据的历史研究与抽象思辨的哲学在方法论层面进行严格区分,在历史研究的过程中从不探讨哲学问题;紧密联系是指其对局部细节和客观史料的描述、记录与整理是为了展示并通向整体的、宏观的、普遍的人类历史进程。在兰克看来,深刻的宗教与哲学关注是他认真对待具体历史研究的真正动力:"正是哲学、宗教这些事物,并且只是这些事物引导我走向历史。"①可以说,史观与史料在认识论上的统一以及在方法论上的区分,是兰克史学最大的特点,也由此导致兰克与黑格尔之间的争论、法国实证史学派对兰克史学的错误传承以及与英法史学的差异。

兰克在《历史与哲学》②一文中表达了历史与哲学二者的关系。在

---

① 兰克:《世界历史的秘密:关于历史艺术与历史科学的著作选》,罗格·文斯编,易兰译,复旦大学出版社2012年版,第138页。

② 兰克:《世界历史的秘密:关于历史艺术与历史科学的著作选》,罗格·文斯编,易兰译,复旦大学出版社2012年版,第137—141页。

他看来,人类知识只有历史学与哲学两种来源,前者研究特殊的事物,而哲学则研究人类事物的抽象和一般规律。但此前的历史研究不能偏颇这两种来源。从哲学来源来说,从中世纪奥古斯丁创生历史哲学至黑格尔发展到顶峰,其有两个共同特点:其一,从建构先验(a priori)的普遍理论体系出发,然后用于历史领域,并用历史事实来证明其先验理论的自洽性;其二,有一个共同的形而上学预设,即人类历史是一个连续不断的、最终完美结局的进步历程。但兰克认为,从这条主线发展过来的历史哲学并不成熟,原因在于其不考虑人们生活在千变万化的世俗环境中这一事实。

兰克认为,从历史来源来说,没必要把人类历史视为大量特殊事实的综合,并由此确立一种普遍的道德原则。实际上,历史科学不需要外在施加的普遍原则,而可以在历史现象内部"实现自我完美"①,通过研究个别的独特事实来把握宏观的普遍历史。因此,历史学家需要同时具备历史与哲学两种特质:第一,整理具体特殊的历史事件与人物,感受复杂而多变的人类本性,而不需要考虑历史整体在特殊个体中的存在与诞生过程;第二,不以先验的假设想象人类历史,而以一种一般的、不变的眼光去看待人类历史,但在思考特殊个体,尤其是理解政治人物掌握权力所具备的精神特质时,感受权力意志作为一种本质的无处不在,体悟人与人之间的不可分割性,洞察到个体进入并改变世界历史的过程。

概括起来,史学家兰克对历史方法、历史认知与历史假设这三个层次的问题有过完整的回答——虽然后世更推崇他的方法论贡献,并因

① 兰克:《世界历史的秘密:关于历史艺术与历史科学的著作选》,罗格·文斯编,易兰译,复旦大学出版社 2012 年版,第 139 页。

此视之为"兰克学派"。在历史方法方面,兰克要求以无条件怀疑和批判的原则,对原始档案进行"严格考证""直如其书",并"忘却自我"地记录过去发生的政治事件与人物。① 但是,严格的方法论原则是为了历史学家准确把握具体历史的多样性与特殊性,其目的是"揭示世界历史的故事",从局部把握整体,考察普遍历史的"完整统一"。② 显然,这在认识论上延续了赫尔德之后德国的历史主义传统,把历史整体理解为有机体各个部分的结合。更重要的是在历史假设方面,兰克明确以神秘的"上帝"为其预设。"上帝"无时不在,人们"每个时代都直接与上帝联系在一起",历史学家以客观普遍的方式看待每一个时代,才能"直觉""上帝之手"的存在。③ 因此,兰克笔下的"上帝"作为一种神秘力量的预设,隐藏在历史事实的背后,决定历史知识的客观性,指明普遍历史的进程与方向。

虽然德国历史学传统从18世纪的"哥廷根学派"到19世纪的"德国历史学派",再到后来的"兰克史学派",有着史学方法论层面的一致性;但是,正如马克思自称不是马克思主义者一样,兰克对后来命名的"兰克史学派"应该也不满意,因为后来的"史料派"只继承了他的史学方法,而抛弃其史观及其神学追求。但与19世纪前期的同时代比较而言,德国兴起了历史学,与同时代在英国和法国兴起的社会科学开始分道扬镳,兰克与作为同龄人的孔德和密尔也拉开了观念距离。在法国,社会科学的基础是生理学,历史研究服膺社会科学,追求结构性和

---

① 兰克:《历史上的各个时代:兰克史学文选之一》,约尔丹、吕森编,杨培英译,北京大学出版社2010年版,第5—6页。

② 兰克:《拉丁与日耳曼民族史(1494—1514)》,付欣、刘佳婷、陈洁译,广西师范大学出版社2015年版,第6页。

③ 兰克:《历史上的各个时代:兰克史学文选之一》,约尔丹、吕森编,杨培英译,北京大学出版社2010年版,第8页。

规律性的整体主义思维逻辑;在英国,社会科学的基础是心理学,历史研究与社会科学融为一体,强调因果关联、累进性与进步性,保持个人主义和经验主义思维传统;但在德国,历史成为所有社会科学的基础,而社会科学作为工具箱存在,服务于历史主义,民族主义的历史研究具有独立性和权威性。

至此,本书用四章的篇幅作为基础性铺垫,以"点"(典型思想家)带"面"(思想家群像的时代共性),以"面"带"线"(西方历史社会研究传统),多线成"体"(西方文明体系),系统地阐释了西方社会历史研究传统的形而上学预设、认识论基础与方法论原则三个层次。其中,古希腊时空观与中世纪基督教神学是西方历史社会研究传统的形而上学预设来源,近代三大认识论基础是把重点放在培根—牛顿—休谟、笛卡尔—伏尔泰、维柯—赫尔德上,而方法论原则是比较同时代英国密尔、法国孔德与德国兰克的思想差异(图 4-2)。正是建立在古希腊与中世

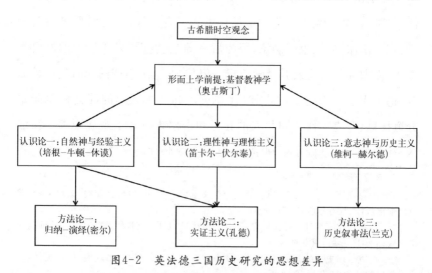

图4-2 英法德三国历史研究的思想差异

纪共同传统的基础上,并受不同认识论与方法论的影响,社会科学在
19世纪甫一兴起就存在内在差异,与历史研究的关联亦相应不同。

表4-1　欧洲主要国家历史研究观念的不同

	英国	法国	意大利—德国
形而上学预设	自然神	理性神	意志神
哲学认识论	培根	笛卡尔	维柯
历史认识论	休谟	伏尔泰	赫尔德
方法论	密尔	孔德	兰克

第五章　社会科学的发端与塑形[*]

西方社会科学是如何兴起与成型的？这个问题一直存在争议，但我们可以从其最初的表述以及观念倾向来把握之。17世纪爆发的"科学革命"是人类历史上的一次伟大创举，以新的科学思维与方法来探索物质世界与人类社会自身，使自然科学得到迅猛发展，也催生了启蒙运动与工业革命。从此，哲学家们开始把物理学和数学的成就，如方法、概念、命题与定律，应用到社会政治秩序的设计与想象中。他们用自然科学的分析方法建立一门"关于社会的科学"，专门研究人类群体或个体的行为规则、社会秩序和政府构成方式。

但是，"科学革命"甫一兴起，就在科学领域内部出现数学与物理学的对立与分化，并各自对人类社会自身的构想形成两大传统：培根、牛顿和洛克开创的英国经验主义传统，以物理机械论为基础，发展出观察与归纳的实验科学；笛卡尔奠定的法国理性主义传统，用普遍"数学化"的直观演绎，寻找理性本质的客观真理。① 这两大传统的冲突并不明显，但也未彼此融合，以至于进入18世纪之后，英法启蒙

---

* 本章曾以《西方社会科学方法论的历史之维》为题，发表在《中国社会科学》2019年第8期，有改动。

① 巴特菲尔德：《现代科学的起源》，张卜天译，上海交通大学出版社2017年版，第6章。

思想家从不同的科学观念出发，建构并想象不同的人类社会政治秩序。到18世纪后期，随着生物学与化学作为新科学领域的兴起，社会科学的基础又一次发生巨大变化。到19世纪，后起的德国对科学和人类秩序的理解与同时代的英法有很大差异，再次更新了社会科学的基础。这意味着，社会科学的科学基础因对社会与科学的不同理解而发生变化。

社会科学与自然科学的最大差异在于其研究对象。由人类实践活动所产生的社会现象与社会事实都是时空关联的特定存在，由此形成的社会知识也受到历史情境的时空限制。社会科学对人类社会整体与部分及其间的联系进行全面考察，不仅要考虑空间维度，关注普遍世界与部分区域的具体表现及其间的关联性，还要重视时间维度，考察普遍历史与特殊阶段的形成过程及其变迁路径。在这个意义上，19世纪在方法论层面兴起的社会科学秉承了17—18世纪的历史社会研究传统，立基于古希腊与中世纪的形而上学预设。

但不同的认识论与方法论传统决定了社会科学的基础、性质与任务有不同的进路，对社会科学的兴起时间与标志也有不同的理解。不同的社会科学遵从不同的历史观念，表现为以不同的方法论原则指导社会科学与历史研究的结合方式。总体而言，19世纪兴起并铸就了实证、批判与阐释三种社会科学的形态特征，与历史研究有三种关联方式，即孔德传统的"历史的社会科学化"、马克思传统的"历史科学"以及韦伯传统的"社会科学的历史化"，并各自对后来的社会科学和历史社会学产生巨大但不同的影响。

第一节　实证社会科学的流变

一、社会科学兴起的"名"与"实"

社会科学是如何兴起的？这个问题一直存在争议，但大致可以从"名"与"实"两方面的争议来理解："名"是指"社会科学"作为一个专有名词的表述；"实"是指社会科学作为与自然科学相对的、专门探讨人类社会秩序的一门科学，但不一定用"社会科学"（social science）的表述。其中，在"实"一方面，关于社会科学兴起的时间至少有四种观点：其一，认为社会科学从自然科学与哲学中完全独立出来，出现在 19 世纪孔德、密尔等人旨在用 sociology 一词创造一门关于人类社会和人类幸福的统一科学之时[①]；其二，从"社会科学"的明确表述算起，认为最早出现在 18 世纪晚期法国哲学家孔多塞的表述中[②]；其三，涂尔干从探讨社会秩序和人类行为的确定性规则角度，把社会科学的兴起追溯到孟德斯鸠的《论法的精神》（1748 年）[③]；其四，认为 17 世纪的科学家在探索自然规律的同时，也在思考寻找一种普遍而确定的社会与政治秩序的运行规律[④]。

[①] L. Bernard, J. Bernard, *Origins of American Sociology: The Social Science Movement in the United States*, New York: Thomas Y. Crowell Co., 1943, p.3.

[②] Keith Baker, *Condorcet: From Natural Philosophy to Social Mathematics*, Chicago: The University of Chicago Press, 1975, Appendix B, p.392.

[③] 参见涂尔干：《孟德斯鸠与卢梭》，李鲁宁等译，上海人民出版社 2003 年版，第 1 部分。

[④] 参见伯纳德·科恩：《自然科学与社会科学的互动》，张卜天译，商务印书馆 2016 年版。

在"名"方面,有关"社会科学"表述兴起的时间也存在争议。在法国,对"社会科学"术语的使用可以上溯到 1808 年,是查尔斯·傅里叶的 une science sociale encore inconnue;但英语文献中最早还可以追溯到18 世纪的约翰·亚当的通信。1785 年 9 月亚当写信给杰布,说他担任第一任美洲大臣,但担心没有对官员提供足够的补偿。亚当说:"除非人们普遍认识到并自认为是权力的来源,除非他们知道如何聪明而诚实地管理权力,否则社会科学不可能得到改善。"①当然,这里的"社会科学"有点模糊,大概是指政府的性质。在 1825 年,当时欧文信徒中最出名的组织"合作社"尝试在距离伦敦 50 英里的地方建一个欧文社区,发起一个《理由与原则公约》,其中提到"提高化学与生物科学和生活艺术……提高人类福祉,相应也推动道德与社会科学的进步"②。这里的"社会科学"相当于社会改革之工具的工程设计即 the science of society,这比较接近孔德、圣西门、密尔和欧文等人的用法。因此,我们可以大致确定,"社会科学"是英国激进哲学流派的欧文分支优先提倡的。

当然,正如格奥尔格·伊格尔斯所表明的,"社会科学"这个词在1830 年后频繁出现在法国和英国的文献中,在此之后进入了"社会科学运动"的历史。③ 术语学的进一步发展是"社会科学家"的出现,这被当作社会科学实践家的标签,1875 年美国伦理学教授罗伯特·赖特出版的著作《社会科学的原则及其基础》(*Principia: Or, Basis of Social*

① Fred Shapiro, "A Note on the Origin of the Term 'Social Science'", *Journal of the History of the Behavioral Sciences*, Vol. 20 (Jan., 1984), pp. 20-22.

② Fred Shapiro, "A Note on the Origin of the Term 'Social Science'", *Journal of the History of the Behavioral Sciences*, Vol. 20 (Jan., 1984), pp. 20-22.

③ Georg Iggers, "Further Remarks about Early Uses of the Term 'Social Science'", *Journal of the History of Ideas*, Vol. 20 (1959), pp. 433-436.

Science)中最早提到了"社会科学家"的表述。他多次提到社会科学家，而"尊称斯宾塞为社会科学家之王"①。到 1875 年，由斯宾塞社会进化论发展出来的社会科学在美国成为主流。赖特关注社会科学的两个普遍原则，即科学进步与社会运动，而社会科学的性质与方法是研究社会本身基础性、自发性的力量和原则。他把社会科学界定为政治哲学，认为其是一种高级政治学（high-politics），在美国的科学范畴处于很高层次，由于与习俗、形而上学与阶级偏见的关系，又不能不考虑主体性、个人情感与概念，从而与历史和神学关联起来。②

　　显然，无论是从"实"还是"名"来理解，社会科学因对科学基础的不同理解而出现很大争议，并且把科学之争转化到社会科学内部。英国的经验科学传统反对普遍的自然法则，认为道德哲学必定是实验科学，而政治学和法学及其相应的历史研究应以经济科学为基础，采用经验归纳与因果推论的方法，建立以政治经济学为主的社会科学。休谟认为，"逻辑、道德学、批评学和政治学"这些"人的科学""必须建立在经验与观察之上"，"是其他科学的唯一基础"。③后来亚当·斯密的《道德情操论》（1759 年）、《国富论》（1768 年），弗格森的《市民社会史》（1767 年）等著作都以休谟思想为科学基础。然而，法国的理性科学传统力图在社会政治和历史领域寻找普遍一致的理性精神与法则，要求用统一的数学方法和概念来分析社会政治结构。从此，人口、经济、国家、心灵、习惯等原属于讨论人性、自然法和自然权利等抽象话题的环境因素，开始成为社会科学的主要研究对象。比如，孔多塞在司法和

---

　　①　Robert Wright, *Principia; Or, Basis of Social Science*, Philadelphia: J. B. Lippincott, 1875, p. v.

　　②　Robert Wright, *Principia; Or, Basis of Social Science*, Philadelphia: J. B. Lippincott, 1875, pp. 19-20.

　　③　休谟：《人性论》，关文运译，商务印书馆 2017 年版，第 7—8 页。

投票程序中运用数学技术,呼吁建立"社会数学",爱尔维修主张把社会科学视为以统计学为主导的"社会机械学"或"社会物理学"。[①]

到18世纪中后期,科学领域又出现新一轮的分化与争论。生物学和生命科学迅速发展,并日益得到知识界、政府和大众的广泛认可,甚至取代物理学与数学在科学领域的主导地位。狄德罗《对自然解释的思考》(1753年)开创了"新科学方法"即生命科学,推动医学研究与道德研究的结合,也促进"社会科学"雏形的形成。18世纪末是"社会科学发展历程中的关键时期"[②],启蒙哲学家逐渐把"社会"视为"第二自然",在物理学与生物学主导的自然科学之下建立一门"社会科学"(social science)。因此,社会科学甫一兴起,就内含科学领域内部旷日持久的数学与物理学、机械论与有机论之争。而且,在社会科学此后的历史发展中,科学论假设与认识论的本质性差异及其争论必然表现为方法论上的分化与立场冲突。

二、实证主义社会科学的特征

当然,标志性的折中方案是19世纪前期孔德开创的实证主义传统。他力图通过整合物理学的静力学(秩序)与生物学的动力学(进步),调和经验科学与理性科学、保守派与激进派之间的争论。孔德把"实证"界定为真实、有用、明确、精确、肯定、组织、相对七层含义[③],认为"实证精神"是"为了预测而观察,根据自然规律不变的普遍信条,研

---

① 波特、罗斯主编:《剑桥科学史》第7卷《现代社会科学》,大象出版社2008年版,第38—39页。

② 彼得·瓦格纳:《并非一切坚固的东西都烟消云散了:社会科学的历史与理论一探》,李康译,北京大学出版社2011年版,第1页。

③ 奥古斯特·孔德:《论实证精神》,黄建华译,商务印书馆2001年版,第29—31页。

究现状以便推断未来"①。在孔德看来,只有个人行动服从于社会整体,社会发展规律服从于更稳定的自然法则,人类社会才能确保秩序与进步的统一。为此,必须发展一个专门研究人类社会的学科,它以所有自然科学的知识为基础,并运用统一的科学方法。这样,孔德以"社会学"这个"相当蹩脚的名称"②来规定社会科学的任务,即寻找支配社会现象的普遍法则和社会运转的因果规律,运用以社会观察为主的,以实验、比较、历史为辅的自然科学方法。

孔德的实证主义体系是对近代两种启蒙哲学传统的方法论综合:一方面,与孟德斯鸠、伏尔泰一样,孔德吸收英国从培根到休谟的经验主义传统,强调从个别到一般,对社会具体现象采取观察、实验、归纳和因果解释的研究方法;另一方面,孔德坚持法国自笛卡尔以降的理性主义传统,重视从分析到综合的推导与演绎,目的是寻找人类社会的普遍规律与自然法则。但是,在经历了法国大革命的动荡年代之后,孔德深刻地洞察到现代性问题,即启蒙运动过度张扬个体自由而忽视更根本的社会整体秩序与进步,必然带来结构性震荡的社会政治危机。因此,实证主义哲学在认识论上强调人类社会的整体特征,把社会科学从自然科学与道德哲学中剥离出来,明确其知识来源与现实目的,但在方法论上又主张人类社会秩序应完全遵循自然法则。因此,社会科学要证明自身的合法性和研究的精确性,必须严格应用自然科学的精确方法和标准,采用自然科学的最新修辞和概念。实证主义在具体方法上主张"观察和推理",把归纳抽象与演绎推理结合起来,但在分析单位上则坚持整体论,取代此前自然、抽象和理性的个体

---

① 奥古斯特·孔德:《论实证精神》,黄建华译,商务印书馆2001年版,第12页。

② 参见涂尔干:《孟德斯鸠与卢梭》,李鲁宁等译,上海人民出版社2003年版,第2页。

论,在整体结构与构成要素的关系中发展出功能论。显然,孔德抵制以英国古典政治经济学为主导的从个体出发的社会科学,确立了一种以社会整体为中心的整体论社会科学,通过经验、观察与比较的科学方法,把曾被启蒙哲学边缘化的整体论哲学重新带回社会科学的核心领域。

孔德的实证哲学体系不仅影响到同时代的欧洲知识界,比如密尔的逻辑哲学、斯宾塞的社会学以及"实证史学派",而且通过涂尔干的扬弃与转换,对 20 世纪的结构功能主义社会科学产生了巨大影响。一方面,涂尔干抱怨孔德和斯宾塞的社会学只停留在概念体系的抽象思辨层次,从而完全剔除社会科学研究中的哲学思辨、道德判断与艺术想象;另一方面,他又全盘接受孔德的主张,认为社会科学的唯一任务是解释社会整体的支配性力量及其永恒法则,由此发现社会事实与客观知识。在他看来,"社会事实"是"普遍存在于该社会各处并具有其固定存在的""行为方式"[1],而孟德斯鸠的《论法的精神》明确合乎人之本性、超时空情境的"客观事实",因其最早满足社会科学的必要条件而成为先驱[2]。当然,涂尔干以完全经验化和操作化的方式研究社会的整体结构、运转秩序及其问题,比如结构功能论、有机体论、劳动分工论、作为社会象征符号的语言与宗教、作为社会病理学的"失范"等等,上述诸多议题把社会学明确为"皇冠之学"。这些社会事实作为"物"的客观存在,不能还原为不可感知的抽象观念,只能诉诸观察和实验的科学方法来解释。

孔德开创的实证社会科学还对当时社会上各种相互冲突的现实力

---

① 迪尔凯姆:《社会学方法的准则》,狄玉明译,商务印书馆 1995 年版,第 34 页。
② 涂尔干:《孟德斯鸠与卢梭》,李鲁宁等译,上海人民出版社 2003 年版,第 2 页。

量起到重要的调和作用,以至于马克思不得不"顺便研究"他那"百科全书"的著作。[①] 马克思与孔德都发展了圣西门关于整体重构社会新秩序的新设想,把政治纳入社会整体并进行科学考察,寻找人类社会的内在秩序与变迁动力。但是,马克思并不赞同孔德的实证哲学,认为这是"资产阶级哲学",不了解资本主义社会的经济制度,也不理解工人为何要推翻资本主义体制,无法与黑格尔的辩证法相提并论。[②]

孔德的实证主义哲学体系之所以为西方主流的社会科学传统奠定了方法论基础,在于其调和了近代英法两大哲学传统,使之统一为一种自然科学方法论,普遍适用于自然与社会研究,尤其把历史研究纳入统一的经验科学范畴。经验主义传统认为,科学知识的形成遵循归纳逻辑,以经验观察为起点,从特例的多样性中不断归纳出统一法则,目的是推动人类进步与知识增长。这种研究逻辑同样适用于自然科学与社会历史研究,培根据此把自然与社会的历史视为同一进程的整体,成为人类经验与知识的来源。[③] 此后,苏格兰的启蒙思想家,如吉本、弗格森、亚当·斯密、休谟、马尔萨斯等人的历史著作都遵循经验主义的归纳研究传统。然而,法国笛卡尔开创的理性主义传统反对从感性到理性的知识探索逻辑,要求以数学的推导与演绎为基础,寻找绝对精确的理性知识。相应的,历史研究必须有益当下时代,并以怀疑与批判的原则提供确凿真实可靠的史料。[④] 伏尔泰首创"历史哲学"概念,并结合英国的经验研究传统,为历史研究提供"理性之光"。此后,法国的启蒙思想家们在专题史和普遍史中落实物理学与数学原

---

① 《马克思恩格斯选集》第4卷,人民出版社2012年版,第463页。
② 《马克思恩格斯文集》第10卷,人民出版社2009年版,第214页。
③ 培根:《新工具》,许宝骙译,商务印书馆1984年版,第83页。
④ 笛卡尔:《谈谈方法》,王太庆译,商务印书馆2017年版,第6—7页。

则,以寻找人类历史进步的普遍规律。

孔德把英法两种历史研究理路整合到实证方法论传统中。其一是延续法国的理性史观,寻找人类历史进步的规律。他建立"历史三阶段论",包括作为人类理解起点的神学虚构阶段、过渡时期的形而上学抽象阶段、确切理解与固定的科学实证阶段,在此基础上按简单与普遍程度把科学的知识体系划分为五个层次,寻找人类社会的生存法则。① 其二是延续英国的经验史观,把历史研究视为社会科学探究原因的基本方法。实证哲学的任务是寻找支配自然与社会现象的不变法则,采用据于历史研究的观察、实验与比较方法。这是因为,历史研究在一定理论假设的指引下,展示人类活动的相互关联与发展进程并分析其原因,为社会科学的因果论与目的论提供最本质的证据。通过研究过去来检验当下并预见未来,"对人类不同状态的历史比较,不仅是新兴政治哲学的手段,也是这门科学的真正基础"②。

在孔德与涂尔干之间,托克维尔最为典型。《论美国的民主》为社会有机体寻找普遍趋势的总体法则,而《旧制度与大革命》则把当下争论带入历史分析,为历史过程提供因果解释。简言之,实证社会科学把历史作为检验理性法则的"试验场",历史研究则为之提供证据材料。

三、实证主义社会科学成为主流

然而,19世纪的现代性问题是第一次以社会政治危机的方式"涌

---

① 奥古斯特·孔德:《论实证精神》,黄建华译,商务印书馆2001年版,第1—33页。

② Auguste Comte, *The Positive Philosophy*, Vol. 2, Harriet Martineau (trans.), London: Bell, 1896, p.251.

向"欧洲社会,从而激起无政府主义、社会主义、民族主义、国家主义等诸多相互冲突的新兴思潮,并催生出民族国家意识,"个人意识""成为世人得救的新领域,而民族国家则成为新的救世主"①。这些新思潮与新意识通过新兴的世俗大学以及诸如涂尔干与韦伯等人的集体努力,到19世纪末都落实到历史学与社会科学各学科,基本完成专业化与职业化的体系建制,并在民族国家的建构与巩固中发挥出不同的作用。在这种背景下,三种方法论传统在科学与社会政治领域的地位并不平衡。其中,实证主义因得到资产阶级及其政权的欢迎而占主导地位,马克思的辩证法成为这种"资产阶级哲学"的批判武器,而后起的韦伯阐释学则是一种权宜手段。实证主义之所以占主导地位,在于它不仅是一种科学方法论,还是一种关于人与世界关系的社会政治思潮,服务于现代国家与现代民族的双重建构。

实证主义服务于现代国家建构。实证主义在19世纪逐渐提升为法国的政权意识形态;在英国则作为"科学主义"的代名词,密尔使之融入其"逻辑体系",与经验主义传统关联起来;在德国其亦大行其道,严重挑战德国的形而上学观念与历史主义传统。② 在实证主义的主导下,社会科学与自由主义的国家意识形态存在本质性关联,反映现代国家建制对工具性知识的需求。③ 社会科学内部的知识生产按照自由主义国家形态的原则进行功能划分,经济学、政治学、社会学分别研究市场、政治与社会生活三大领域,而人类学则专门用以研究西方文明之外的国家与地区。从此,自由主义与国家主义成了西方社会科学的

---

① 希尔:《欧洲思想史》,赵复三译,广西师范大学出版社2007年版,第576页。

② Walter Simon, *European Positivism in the Nineteenth Century: An Essay in Intellectual History*, Ithaca: Cornell University Press, 1963, p.4.

③ 吉尔德·德兰逊:《社会科学:超越建构论和实在论》,张茂元译,吉林人民出版社2005年版,第4—5页。

"共同尺度和意识形态来源"①。

　　相应的,社会科学各学科按照不同的科学论假设与认识论逻辑分化发展,在不同领域落实个体论与整体论原则,从而消解二者的长期争论,各自为现代国家提供有条理的系统知识,同时形成由不同学科概念与知识体系确定的"学术部落与领地"②。社会科学各学科不再结合历史研究,而专注于现时空间中的社会、经济或政治等局部事实,知识生产必然带有意识形态特征,并服务于特定国家的政权和党派组织。同时,这种迷失历史意识的社会科学往往关注特定空间的特定人群,把他们的"主观意见"视为客观的研究素材与对象,把在特定情境中得出的具体知识视为绝对客观的普遍知识。这是实证社会科学"经久不衰的谬误的根源"③。

　　实证主义服务于现代民族的建构。实证主义方法论得到历史研究的支持,率先形成德国的兰克史学派,并得到法国史学方法论派的呼应,奠定了现代实证史学传统。在兰克看来,史学家的唯一及全部职责是"严格考证""直如其书",确保历史文献的真实性,其目标是还原以官方文献为主的历史事实。④ 从此,历史研究摆脱法律、哲学、神学、外交等学科的约束,实证史学迅速成为西方历史研究的主流范式。职业化的历史学家仅关注政治事件与伟大人物构成的政治史和外交史,

---

① 米尔斯:《社会学的想象力》,陈强、张永强译,生活·读书·新知三联书店2001年版,第91页。

② 托尼·比彻、保罗·特罗勒尔:《学术部落与学术领地:知识探索与学科文化》,唐跃勤等译,北京大学出版社2015年版。

③ 哈耶克:《科学的反革命:理性滥用之研究》,冯克利译,译林出版社2003年版,第22页。

④ 兰克:《历史上的各个时代:兰克史学文选之一》,约尔丹、吕森编,杨培英译,北京大学出版社2010年版,第5—6页。

推动历史研究的民族化转型,不用与社会科学相结合,只须配合民族主义浪潮,强化民族认同的历史基础。

从此,在实证主义(知识)与民族国家建构(政治)的相互作用下,社会科学与历史学对人类社会生活的具体实践进行时空切割与研究分工。但两大学科范畴又不乏共同之处,如追求价值中立,自认为追求严谨的科学研究,接受大学建制和国家财政的庇护,强化由上层社会精英主导的意识形态,主要是民族国家主义、自由主义与西方中心论,等等。在19世纪最后30年,随着欧洲主要民族国家建制的完成,历史学与社会科学的知识生产不再局限于科学研究,无论是历史事实还是社会事实都有明确的政治倾向,有利于增强现代民族主义与国家主义的合法化。在这个意义上,现代西方历史学与社会科学的知识生产无一例外地围绕"国家这个中轴"运转,"国家构成了一个假想的无须证明的框架"①,而且,国家在与知识的生产者(知识精英)和消费者(社会大众)的互动结构中总是处于主动的支配地位。

但是,实证主义无论作为一种方法论还是社会政治思潮,其从19世纪前期的孔德开创到世纪末的涂尔干发展,依然坚持社会整体论的认识论传统,与历史研究依然存在方法与材料来源的关联。这与英国近代发展出来的个人主义观念传统无法完全相容,与20世纪之后摒弃历史而完全转向当下的主流社会科学也有一定距离。这意味着,19、20世纪之交是西方社会科学的历史转型期:一方面,"政治时势与思想潮流"的"不确定性"给追求秩序与进步的实证社会科学"敲响丧钟"②;

① 华勒斯坦等:《开放社会科学:重建社会科学报告书》,刘锋译,生活·读书·新知三联书店1997年版,第87页。
② 彼得·瓦格纳:《并非一切坚固的东西都烟消云散了:社会科学的历史与理论一探》,李康译,北京大学出版社2011年版,第13页。

另一方面,西方学术重心从欧陆转向英美,把实证主义与个人主义意识形态结合起来,成就社会科学的现代版本。这种成功转型得益于科学论内部的观念竞争与外部的文化历史传统两个因素的结合。

在科学论内部,个体论在世纪之交开始占上风。以涂尔干为代表的"社会学派"立足于生物学的有机体论、活力论和组织论以及生命科学的进化论与循环论,推动整体论的社会科学发展,影响到 19、20 世纪之交一度流行的社会有机体论和功能主义学说。然而,影响社会科学的更强劲力量来自以个体论为基础的经济学。凯尔恩斯(1875 年)认为,政治经济学的原理、性质、规律、方法都类似于物理学,"物质问题的逻辑特征给经济学提供了一个真实的类比"[①]。到 19 世纪末,新古典主义和边际主义的经济学取代了古典政治经济学的学科地位,其奠基者如帕累托大量运用物理学的概念与数学公式、方程和模型,创造诸如价格杠杆平衡、市场交易、租金等理论概念。因此,方法论个人主义完全落实到了经济领域。同时,从生物医学和生理科学中发展出了心理学,它不仅成为典型的实验科学,而且为个体行为的微观决定机制提供了科学的心理基础,使实证社会科学的研究对象从宏观社会的群体与结构成功转向微观行为的个体与心理,并彻底独立于抽象的道德哲学和纯粹的自然科学。

科学论的外部变化在于英美世界成为西方社会科学的"新重镇"。在 19、20 世纪之交,欧陆动荡不安,而英美国家却鲜有军事战争、思潮冲突和工人革命。其中,英国的社会科学领域以文化保守主义与社会进化论为基础,配合对内自由主义与对外帝国扩张这种悖谬结合的国

[①] 凯尔恩斯:《政治经济学的特征与逻辑方法》,刘璐译,商务印书馆 2016 年版,第 61 页。

家政策;美国作为没有历史的新大陆新国家,正处于"进步主义运动"时期,社会经济各领域的发展不平衡,城市管理软弱、政府权力削弱与政党分肥等一系列问题使社会科学更注重当下社会的行为变化与政策调整;同时,欧洲大陆大量的知识精英逃离祖国,把他们所建构的各种抽象理论体系带到英美知识界,但后者却缺乏统一的理论基础,导致各学科的结构性扭曲,包括学科之间相互抵牾,碎片化的知识无法对社会进行总体的理解与解释。"哲学局限于一种语言技术,政治理论与历史脱钩,历史缺乏政治观念的指引,经济学更是疏远政治理论与历史。"[①]

显然,在个体论替代整体论的同时,英美知识界为实证主义方法论找到了个人主义的意识形态支撑,并发展出以实用主义与逻辑经验主义为哲学基础的社会科学主流范式。以杜威为代表的实用主义哲学延续经验主义传统,强调经验观察、归纳与实用优先于理论,探讨社会中微观层次的因果关系机制;而以默顿为代表的逻辑经验论者吸收理性主义传统,要求社会科学追求不受时空条件限制与价值无涉的普遍科学知识,以此指导社会实践活动。[②] 同时,帕森斯引入并改造韦伯的个体行动理论,主张一切社会生活源于有目的和意图的个体行动,个体及其行动是所有社会科学的分析单位,但解除其历史与文化情境的约束。这有助于美国社会科学摒弃历史,并结合到个体的心理与行为研究。不仅如此,帕森斯整合涂尔干的结构功能与韦伯的个体—行动两种方法论传统,以无历史的行动理论为社会科学各学科奠定统一、普

① Perry Anderson, "Components of the National Culture", *New Left Review*, Vol. 50, No. 1 (Jul., Aug., 1968), pp. 3-57.

② 吉尔德·德兰逊:《社会科学:超越建构论和实在论》,张茂元译,吉林人民出版社 2005 年版,第 23 页。

遍的科学基础,并从方法论个人主义中推导出一种系统论的结构功能主义社会科学,把由逻辑经验主义与实用主义指导的社会科学统一到普遍的行动理论中。[1]

从此,由英美主导的西方社会科学摒弃历史意识,只顾具有时效性的当下问题,失去了对现代性问题的阐释与批判力,而确立以个体及其行动为分析单位,又让社会科学与自由主义意识形态关联起来。换言之,这奠定了自由主义的社会科学方法论特征,即无历史的、个人主义的、分析性的、去总体化的、实用的、价值中立的经验主义。正如知识社会学的开创者曼海姆在20世纪20年代所言:"在西方科学中,原子化的和因果联系的方法在史学与社会学学科中占主导地位。"[2]尤其是在美国,以"例外论"为核心假设,成就了行为主义社会科学的新传统。其中,芝加哥学派的社会学发展出微观角色的行为与符号互动模式;本特利、西蒙、拉斯韦尔等人注重政治心理与行为,发展出后来的"行为主义政治学";凡勃仑的经济学关注制度的自然演化。[3]

二战后,政治重建的欧美世界转向福利国家体制,亟待精确化和操作化的社会科学,而大学的扩张促进了社会福利导向的政策科学和成本—收益分析的繁荣。社会科学重视社会调查方法,收集并统计现时的人口数据,建立变量关系的数理模型,服务于政府的内政外交决策。同时,战争使世界政治、经济与学术研究的重心转向缺乏历史感的美国,使美国社会科学倒转为欧洲及其他地区社会科学的蓝本,其特征

[1] Talcott Parsons, "Unity and Diversity in the Modern Intellectual Disciplines: The Role of the Social Sciences", *Daedalus*, Vol.94, No.1 (1965), pp.39-65.

[2] Karl Mannheim, *Essays of the Sociology of Knowledge*, London: Oxford University Press, 1952, p.100.

[3] 多萝西·罗斯:《美国社会科学的起源》,王楠、刘阳、吴莹译,生活·读书·新知三联书店2019年版。

为定量化、精细化与技术化,进一步强化国际社会科学的去历史化趋势。

至此,西方现代社会科学抛弃了马克思的辩证法传统以及对资本主义的批判传统,也"阉割"了韦伯对个体行动的历史情境限制,从而彻底摒弃社会科学方法论的历史之维。显然,社会科学泾渭分明的学科建制及其个体—行动、结构功能的系统整合与战后美国的政治发展高度吻合,把世界与历史纳入以美国为学术中心的解释体系,把"现代化"作为社会科学参与对外政策的意识形态,旨在建构以美"新帝国"为中心的世界霸权体系。[①]

第二节　批判社会科学的源流

如果说实证社会科学在于社会秩序的乐观建构,那么,批判社会科学则是强调对资本主义社会结构秩序的反思、批评及重建。这个传统肇始于马克思,主要表现在政治经济学、历史唯物主义与科学社会主义等方面,对 20 世纪的社会科学发展起到独特的作用。

一、总体性与矛盾性原则

马克思的知识视野开阔,在批判与扬弃的基础上系统综合德国古典哲学、英国古典政治经济学与法国社会主义思潮三种近代欧洲的知识传统。其中,马克思批判地继承了黑格尔哲学的辩证法传统及其两

---

① 雷迅马:《作为意识形态的现代化:社会科学与美国对第三世界政策》,牛可译,中央编译出版社 2003 年版。

个原则,即总体性原则与矛盾性原则。黑格尔提出"真理即全体","全体只是通过自身发展而达于完满的那种本质"①,所有特殊因素与各部分环节服从于作为总体的理念,把社会、政治、伦理、历史与世界全部统一到"绝对精神"的理念之下。但是,马克思批判黑格尔的唯心论,坚持以唯物论的总体性原则剖析并批判资本主义社会的生产关系模式。

唯物论的总体性原则表现有二。一是时间维度的历史总体性。马克思把资本主义社会视为人类历史总体发展的一个特定阶段和社会形态,而每种社会形态的社会关系都要历经诞生、展开、危机和自我扬弃的过程,从而逐渐过渡到新的阶段与形态。二是空间维度的社会关系总体性。马克思既考虑到"人的本质""在其现实性上是一切社会关系的总和"②,又揭示资本主义的总体社会关系,认为资本主义的现代生产体制是为了满足资本利润和理性计算的需要,逐渐把工人甚至所有社会群体都对象化为孤立的原子。因此,以雇佣劳动制度为主要特征的生产关系在资本主义全部社会关系中占主导地位。

总体性原则离不开矛盾性原则。辩证法强调批判性分析社会现象的内在矛盾,而矛盾的对立统一性让事物不断扬弃自身,以新的形式推动社会总体向高级阶段发展。"两个矛盾方面的共存、斗争以及融合成一个新范畴,就是辩证运动的实质。"③这意味着科学研究不能停留在从感性到理性、从具体事实到抽象命题的实证逻辑过程。相反,"正确的方法"应该进一步"从抽象上升到具体的方法"④,运用抽象思

① 黑格尔:《精神现象学》,贺麟、王玖兴译,商务印书馆1981年版,第12页。
② 《马克思恩格斯选集》第1卷,人民出版社2012年版,第135页。
③ 《马克思恩格斯选集》第1卷,人民出版社2012年版,第225页。
④ 《马克思恩格斯选集》第2卷,人民出版社2012年版,第701页。

维把握具体的社会实践。因此，马克思的社会科学方法论原则包括：相对于多层多元社会关系的整体有机联系，相对于社会生活各部门与各领域的各种具体制度的总体规范，相对于阶段性历史存在的人类总体历史过程与发展规律，社会内部各领域的矛盾变动及其辩证运动构成社会总体的历史变迁。

在以总体性与矛盾性为原则的辩证法指导下，马克思的社会科学以人类社会的总体发展进程与规律为视野，以资本主义社会为具体研究对象，成为一个有机的、总体的概念体系与知识体系。社会生活各分支领域，乃是作为人类总体社会或者具体社会这一有机体的特殊环节。因此，马克思开创的社会科学传统有其明确的方法论特征：一方面，反对任何决定论的社会科学，即批判方法论个人主义的英国古典政治经济学传统，认为李嘉图的"庸俗经济学"仅从社会生活的经验个体出发，片面观察经济问题，也批判经济决定论的"庸俗马克思主义"；另一方面，反对孔德实证社会科学把人与自然二分，更不能用自然科学方法研究社会整体，相反，自然的历史与科学知识并非独立存在，而是随社会历史条件的具体变化而变化，因此，人与自然的关系是人与人关系的延伸。在这个意义上，自然科学甚至可以成为社会科学的一部分，因为当自然科学的知识、思维与方法运用于自然对象时，促进了自然科学的进步；而当被用来支配人与社会秩序或者提升人的生活质量时，就属于社会科学的范畴。

马克思扬弃黑格尔的历史哲学，认为历史不是从"抽象的人""绝对精神"或者"伦理观念"中发现动力与规律，而是要回到现实社会中的人及其物质劳动实践的生产关系中去。"社会"作为"物质的生活关系的总和"，是理解现实历史发生过程的基础，是"全部历史的真正发源地和舞台"。① 这里的"历史"是人能"认识到的""有意识地扬弃自身的形成过程。历史是人的真正的自然史"②。显然,"人"是自然性、社会性和历史性的意识存在,而"历史"是"人"可以自我决定和发展的核心、动力和归宿。所以,通过人的具体物质劳动过程,历史时间与社会空间成为一个完整的总体,而"历史科学"是"人在实践上的自我实现的产物"③。不仅如此,马克思以人的劳动为纽带,把以生产关系为主导的各种社会关系以及人与自然的关系统一起来。自然因人的劳动而获得社会属性,人、自然、社会及其历史过程都统一到"历史科学"范畴之中。

同样,从事物质生产劳动的人创造历史,而世界历史是人类物质生产和劳动改造自然的连续过程,让人类史与自然史处于同一世界历史过程,"整个所谓世界历史不外是人通过人的劳动而诞生的过程,是自然界对人来说的生成过程"④。自然、社会、历史因人的物质生产劳动而成为有机统一体的"历史科学",即"关于自然、人类社会和思维的运动和发展的普遍规律的科学"⑤。因此,马克思的"历史科学"是从物质生产出发,理解人的生产劳动及其异化过程,把握由劳动分工与商品交换形成的生产关系、阶级关系、人与自然关系及其矛盾运动过程,由此理解市民社会的微观构成逻辑(以商品交易为出发点)、构成要素(资本、利润、工人、资本家),具体分析资本主义社会的运行方式(生产关系)与历史过程(阶级斗争),从社会史的微观分析上升到宏观结构的过程阐释,推导出人类社会发展的一般历史规律。

---

① 《马克思恩格斯选集》第1卷,人民出版社2012年版,第167页。
② 《马克思恩格斯文集》第1卷,人民出版社2009年版,第211页。
③ 《马克思恩格斯文集》第1卷,人民出版社2009年版,第242页。
④ 《马克思恩格斯全集》第3卷,人民出版社2002年版,第310页。
⑤ 《马克思恩格斯选集》第3卷,人民出版社2012年版,第520页。

显然，马克思的"历史科学"与"辩证法"相一致，不仅使人与自然、社会与历史、经验与规范之间的关系得以统一，而且，在逻辑上也贯通了总体性和矛盾性原则。总体性原则体现为两个层次：在规范层次上，马克思批判性地继承了黑格尔传统，认为历史在摆脱异化和否定阶段之后，"个人关系与个人能力"的"全面发展"能够通向未来更高的完满阶段①；在经验层次上，马克思不赞同古典政治经济学的自利决定论和黑格尔的观念决定论，认为个人是吃喝住穿的需求总体性，社会是个人社会关系的总体性，而"有生命的个人"是"全部人类历史的第一个前提"，"历史观""必须注意上述基本事实的全部意义和全部范围"。② 因此，总体的社会科学与总体的历史研究紧密结合。

同样，"历史科学"在两方面运用矛盾性原则，让经验的总体历史贯通规范的总体未来：其一，经验上的生产关系形成阶级关系，并最终产生不可调和的阶级矛盾和阶级斗争，这是推动历史变迁的根本动力；其二，在规范上进一步挑战黑格尔的思辨认识论，认为知识不是黑格尔意义上那种抽象的、没有实践的被动形态，即"密涅瓦的猫头鹰在黄昏时起飞"，相反，知识是从经验中来，又在总体上积极参与物质生产的实践活动，从而创造人类历史的总体进程，由此异于孔德的经验归纳与推导以及韦伯的概念命名与形式化。其目的不是孔德的"认识、预测和控制世界"，也不是韦伯的"理解与阐释历史"，而是"改造世界"并"创造自己的历史"。相应的，马克思的"历史科学"不同于孔德与韦伯对历史研究与社会科学之间关系的偏颇理解，超越了他们对自然科学、社会科学、文化科学、历史学等现代学科的分割。

---

① 《马克思恩格斯文集》第 8 卷，人民出版社 2009 年版，第 56 页。
② 《马克思恩格斯选集》第 1 卷，人民出版社 2012 年版，第 159—160 页。

二、批判社会科学的复归

20世纪五六十年代，英美世界开始"涌现"新一轮的现代性危机，这再次激发了社会科学的批判意识与历史意识，马克思的批判传统得以"回归"。社会学家米尔斯深受马克思的启发，认为社会科学应该是"探讨个人生活历程、历史和它们在社会结构中交织的问题"[①]，以历史为主轴的社会科学不能脱离具体的历史分析，不能只是宏大理论的抽象经验主义；同样受马克思的影响，欧陆兴起以法兰克福学派为代表的批判社会理论，重启马克思主义传统，反思启蒙理性与资本主义体制；英美兴起"马克思主义学派"的经济史与社会史，再次批判现代性问题，包括封建社会、资本主义兴起等宏大问题以及劳工、妇女等社会群体抗争等具体的社会问题[②]；此外，波普尔、亨普尔等逻辑经验论者把历史纳入分析哲学的普遍解释范畴，主张历史研究像自然科学一样旨在发现人类发展规律，为主流的自由主义社会科学重新进入历史领域提供科学哲学依据。这些因素不约而同地激起了"转向历史"的学术潮流，推动"历史社会学""社会史""历史人类学""文化阐释学"等的跨学科结合，催生出大量相关的期刊、学术组织、专业设置、研究领域与研究成果，形成一种创造性的学术运动，带来当代西方社会科学的繁荣与分化。

在社会科学"转向历史"的浪潮中，三大方法论传统的历史之维无疑是最重要的知识资源。战后至20世纪80年代，"转向历史"的社会

[①] 米尔斯：《社会学的想象力》，李康译，北京师范大学出版社2017年版，第155页。

[②] Jon Cohen, "The Achievements of Economic History: The Marxist School", *The Journal of Economic History*, Vol.38, No.1 (1987), pp.29-57.

科学主要糅合马克思与涂尔干的方法论传统,而在 80 年代复兴韦伯阐释学的历史维度。然而,由于学科背景、研究假设和价值立场不同,"转向历史"的浪潮选择性地借用三种方法论传统,并存在阶段性的特点:60 年代中期之前主要是帕森斯的社会系统整合与控制、默顿的中层理论、斯梅尔瑟的社会变迁、艾森斯塔德的官僚帝国体系、马歇尔的公民身份与社会阶级、李普塞特的民主变革等等。这些重要主题的共同特点是:方法论上坚持孔德-涂尔干的实证主义传统;统一采用结构功能主义或社会进化论模型,解释宏观结构性的社会变迁;意识形态上坚信资本主义道路与自由民主理念。

20 世纪 60 年代末,新一代社会科学家开始接受马克思主义以及布洛赫、埃利亚斯等欧陆史学传统,突破结构功能主义的藩篱,形成了新的历史解释路径。其典型代表是汤普森的工人阶级形成、霍布斯鲍姆的马克思主义社会史、佩里·安德森的生产关系变迁、沃勒斯坦的世界经济体系以及巴林顿·摩尔的专制与民主起源、斯考切波的国家与社会革命、查尔斯·蒂利的集体行动与国家形成等等。其共同特征是:把具体国家或地区甚至全球视为一个总体视域和分析单位,并展示其内部复杂关系的结构变迁;充分运用阶级分析方法,关注传统社会向现代转型中的结构性冲突,重视结构变迁中的革命与反叛等关键事件及过程;在具体历史中提炼理论并以此解释具体历史,反对进化论和现代化的单一进程预设。

在 20 世纪 80 年代,主流的政治科学接受经济学的"理性人"假设,继续抛弃历史意识,追捧博弈论与理性选择理论。社会学与人类学则发展韦伯的阐释学传统,典型代表包括迈克尔·曼的社会权力来源分析、格尔茨的文化阐释学、盖尔纳的民族与民族主义、吉登斯的民族国家与暴力、阿伯特的过程社会学等等。在他们看来,此前的"转向历史"过于强调社会科学的结构思维与方法，试图发现超历史的普遍理论；相反，社会科学需要重视中微观层次的真实历史过程，在主题上更强调宗教、习俗、法律、福利、卫生等日常生活的非物质领域，据于一手史料的叙事与阐释，确保历史事件的完整性与过程的独特性以及不连续的历史情境。

概括起来，西方现代社会科学迷失历史意识，屏蔽时间维度，其主要原因是过度仿效美国社会科学体系：起初恰逢西方新旧帝国交替的国际格局，以及突飞猛进的经济发展速度；以个体行动为分析单位，并渗入个人主义和自由主义意识形态；没有历史意识和历史包袱，无须借鉴历史经验和反思传统；只关注当下实践的社会生活问题，把特殊社会条件下的具体知识上升为超时空的普遍知识；以进化论与"例外论"为假设，以逻辑经验主义与实用主义哲学为认识论基础，自以为继承并立足于人类最先进的文明成果之上，并且把世界历史重新纳入以美国为中心的现代化单一进程之中。

现代性危机再次把批判传统与历史意识带回西方社会科学，在战后的40多年里形成几种"转向历史"，但都不重视"时间界限"，而只是采用非经验、非方法论的非历史视角[①]，因此无法撼动由美国社会科学主导的学术体制。其中，结构功能主义的"转向历史"是侧重合法化的历史论证。这看似是自由主义社会科学从无历史感转向历史意识，实则把历史纳入反历史的自由主义学术体制之中，把其他文明与文化传统视为共时性的"落后"，并历时性地纳入以"先进"文明为目标的"单一现代化"轨道。

---

① 皮尔逊：《时间中的政治：历史、制度与社会分析》，黎汉基、黄佩璇译，江苏人民出版社2014年版，第5—7页。

　　借用马克思与韦伯传统的"转向历史"只是提供历史材料,增加历史案例。他们以马克思传统作为批判武器,反思物质领域的现代性问题,用韦伯传统来反思非物质领域的现代性扩展,重构"多元现代性"的历史进程。但由于缺乏共同的历史观念,没有统一的世界观指导与认识论基础,这段时期的"转向历史"仅仅停留在方法、概念与材料方面,不是真正的复兴方法论传统的历史之维,毋宁说是停留在历史本体论与认识论层面。相反,"转向历史"因沦为"社会学的历史想象力"而失去意义[1],导致社会科学的知识生产呈现相对化、碎片化与无意义化的趋势特征。

　　然而,自 20 世纪 90 年代至今,经济全球化、欧盟一体化、东欧剧变等给西方世界带来民族、种族、宗教、移民等诸多矛盾与冲突,21 世纪全球性的恐怖主义危机进一步冲击西方既定的民族国家体系,而新一轮的国际贸易摩擦亦带来国际力量的新变化。全球化时代的不确定性因素增多,"历史的终结"[2]成为盲目乐观的过时论断,西方社会科学正失去民族国家的制度基石,以自由民主为价值预设的实证主义传统正遭受批判。正是由于自由主义的社会科学无法直面从现代性问题到全球性问题的视域转换,部分社会科学家开始自我反思与重新探索:一方面,社会科学不得不重新担纲现代性问题的批判角色,转变社会与自然之间的关系及其时间观念[3];另一方面,社会科学必须摆脱个人主义、自由主义、发展主义等意识形态的长期束缚,检讨现代社会科学体

---

① Charles Tilly, *Explaining Social Processes*, London: Routledge, 2015, Chapter 11.

② 福山:《历史的终结及最后之人》,黄胜强等译,中国社会科学出版社 2003 年版。

③ 吉尔德·德兰逊:《社会科学:超越建构论和实在论》,张茂元译,吉林人民出版社 2005 年版,第 23 页。

制的历史形成,"开放社会科学"[1],重建社会科学与历史研究的结合方式。

第三节　阐释社会科学的创生

一、阐释社会科学的特征

比较起来,孔德-涂尔干的实证方法论把社会视为统一、同质的结构实体,而马克思的辩证法把社会看作由人与人之间关系汇集而成的动态总体。不同于整体论与总体论的社会实体存在,马克斯·韦伯提出个体实在论,把社会视为名义的存在,而参与社会行动的个体才是社会的真正实体。个体成为唯一的"社会事实","只有在行动的主观意义能够说明其他人的行为并因而指向其原因的意义上,行动才是'社会的'"[2]。由此,韦伯开创了一种阐释学的方法论传统。其中,社会科学"阐释理性社会行为,并且通过这种办法在社会行为的过程和影响上说明其原因"[3],从而把社会科学从涂尔干的"皇冠之学"降格为"工具箱"地位。

当然,从对"人"的理解上来比较,韦伯与马克思一样,高度关注人在社会中的存在,但韦伯理解的"人"不是马克思意义上的"类的人",不能结合成特定的"阶级"群体;相反,韦伯主张独特的、具体的历史个

---

① 华勒斯坦等:《开放社会科学:重建社会科学报告书》,刘锋译,生活·读书·新知三联书店1997年版。

② 马克斯·韦伯:《社会科学方法论》,杨富斌译,华夏出版社1999年版,第35—36页。

③ 马克斯·韦伯:《经济与社会》,林荣远译,商务印书馆1997年版,第40页。

体,其行动承载特定的文化价值与意义,是有目的性、非常规性的意图和动机,由此构成复杂多变的社会关系。因此,孔德-涂尔干传统的"社会"是稳定秩序形态的"强结构",政治、经济、文化等领域在其中发挥不同的功能作用;马克思传统的"社会"是一个"动态过程",由特定社会关系主导的"经济—社会"领域所统摄;而韦伯传统的"社会"则是个体行动"意义之网"的"弱结构",归属于"文化"的总体范畴。

作为"科学革命"的结果,三种方法论传统都把"科学"视为一种理解与解释世界的思维方式,反对神学与形而上学,是超阶级、超利益、超价值的研究手段。它们充分运用经验、理性、客观的科学思维来理解人类社会的构成与运转,共同关注由法国大革命与资本主义社会危机带来的现代性问题。不同的是,孔德与马克思乐观地认为,科学可以理解并解释人类社会的普遍历史进程以及资本主义社会作为特殊历史阶段的社会事实。孔德把社会纳入自然科学的方法论范畴,而马克思把自然与社会视为人类实践活动的结果,因此统一置于"历史科学"。相反,韦伯以人文与自然的二分法为基础,看到的是科学研究在价值与文化领域的局限性。

韦伯与马克思一样,反对任何形式的决定论,认为在总体的社会生活中不可能科学地找到一种决定性的因素或因果机制,"无以数计的历史条件,特别是纯粹政治的发展过程,不能归结为经济规律,也不能用任何一种经济原因来解释,它们必然共同发挥作用"[1]。同时,学科知识不可能具有超民族的客观普遍性,任何科学研究只能从本民族文化出发,并受制于此。"要是没有研究者对特定文化事实的意义的信

---

① 马克斯·韦伯:《新教伦理与资本主义精神》,于晓、陈维纲译,生活·读书·新知三联书店 1987 年版,第 67 页。

念,一切分析具体实在的尝试都毫无意义。"①比如,政治经济学看似是跨民族的学科,但一旦涉及"价值判断",就"必然受制于人类的某一特殊族系。这种特殊族系性是我们从自己本性中就能观察到的"②。因此,韦伯视政治经济学为"一门政治的科学"和"政治的仆人",要服从"整个民族长远的权力政治利益"。③ 韦伯社会科学方法论的特征体现为,"悬置"价值与文化层面的任何争论,权宜性地提炼并运用"理想类型"的特定概念,以"工具箱"的方式,理解与阐释个体行动"意图"中偶然多元的因果关系机制。

可见,三种社会科学传统的方法论特征存在明显差异,但不乏共同之处。社会科学在西方世界的兴起,全然受17—18世纪科学革命的影响,目的是理解与解释19世纪资本主义带来的社会危机与现代性问题,并且将资本主义问题置于人类社会与历史发展的普遍进程中来把握。三种方法论传统的差异源于各自不同的世界观与认识论,以及对社会、人与科学及其间关系的不同理解。其中,孔德-涂尔干的实证传统与韦伯的阐释传统分别对应法国与德国的单一思想文化体系,旨在理解、解释与解决资本主义在两个国家不同时期的社会政治后果;马克思的辩证法传统则立足于欧洲近代思想传统,整体解释并扬弃资本主义在欧洲社会的总体兴衰过程与现代性总问题。

---

① 马克斯·韦伯:《社会科学方法论》,韩水法、莫茜译,中央编译出版社1999年版,第178页

② 马克斯·韦伯:《民族国家与经济政策》,甘阳等译,生活·读书·新知三联书店1997年版,第91页。

③ 马克斯·韦伯:《民族国家与经济政策》,甘阳等译,生活·读书·新知三联书店1997年版,第93页。

二、阐释社会科学的历史基础

　　韦伯开创阐释学的社会科学传统,是为了调停德国历史主义传统中长期存在的历史与哲学、个体与整体之争。维柯的《新科学》抵制笛卡尔的唯理哲学,开创历史主义的哲学传统,严格区分普遍数学的"自然世界"与普遍历史的"社会世界":前者是共同的、抽象的"物的科学",而人类历史却是特殊的、个体的、具体的"人的科学"。历史学家唯有通过理解与阐释独特文化现象的符号及其意义,才能审视"人类理想的永恒历史"[1]。后来,赫尔德、歌德、洪堡、兰克、黑格尔等德国历史哲学家进一步完善了历史主义传统,要求从具体的历史角度来看待宏观历史变迁的阶段性与规律性,在认识论层面把历史与哲学结合起来。[2] 但在方法论层面,兰克尝试对探讨具体性、独特性的历史学与追求普遍性、抽象性的哲学进行切割,要求历史学家在"顿悟"的普遍历史指引下严谨考证历史文献。[3] 此后,德国知识界出现历史与哲学之争。新康德学派的狄尔泰等人主张历史阐释学的方法论,通过主观表意方法来理解和阐释历史个体在具体文化情境中的行动意义。任何历史的意义都体现在具体独特的事物及其关系中,需要主观的体验、移情、顿悟、理解与阐释,才能认识历史整体的意义。[4] 但是,在科学主义大行其道的 19 世纪末,新康德学派与兰克史学派一样,在历史经验层面始终无法证明具体个体是如何通向普遍整体的,历史主义传统开始

---

① 维柯:《新科学》,朱光潜译,商务印书馆 1989 年版,第 165 页。
② 梅尼克:《历史主义的兴起》,陆月宏译,译林出版社 2010 年版。
③ 兰克:《世界历史的秘密:关于历史艺术与历史科学的著作选》,罗格·文斯编,易兰译,复旦大学出版社 2012 年版,第 139 页。
④ 狄尔泰:《历史中的意义》,艾彦译,北京联合出版公司 2013 年版,第 11 页。

陷入危机。[1]

为了化解信仰危机,同为新康德学派一员的马克斯·韦伯不赞同兰克与狄尔泰等人的顿悟、直觉等主观方式,代之以经验观察的实证科学形式,借用辅助性的概念工具来理解与阐释复杂情境中的历史个体。由此,社会科学作为操作性的研究方法,得以填充经验性的历史学与规范性的历史哲学之间的鸿沟。一方面,社会科学作为一种逻辑的、客观的分析手段,用于发现社会行动的客观事实及其因果联系,从而更准确地理解与阐释特定行动在文化体系中的独特意义和价值;另一方面,历史研究不是寻找客观规律,而是理解与阐释历史现象的个体性、独特性、非重复性以及历史个体的行动规则。再者,作为倾向于经济史的历史学家,韦伯要求理论的自主性对历史学让步,社会科学的理论化、类型化与概念化只是阐释历史现象的权宜手段,在此过程中应始终保持价值中立。同时,在社会科学内部,社会学应该对经济学让步,因为社会并非实体,只是个体的"意义之网",而由资本主义主导的经济活动本身具有社会属性。因此,社会学在文化、政治与经济之间丧失独立存在的理由,只是历史研究的一种分析工具。

社会科学方法论的三种历史之维差异很大,但共同之处在于反思现代性问题的历史形成并探索化解之道。空间与时间是人们生活、人际关系、行动与意义网络交织在一起的两个互补维度,共同支撑政治、经济、文化等领域组成的人类完整世界。唯有社会科学与历史研究紧密结合,才能客观而全面地理解社会问题和把握社会事实,并提供科学有效的解决方案。一方面,通过历史反思与批判,三种方法论传统

---

[1] 伊格尔斯:《德国的历史观:从赫尔德到当代历史思想的民族传统》,彭刚、顾杭译,译林出版社2014年版,第165—206页。

充分肯定启蒙运动的理性精神,思考"三大革命"(科学革命、工业革命与法国大革命)改变(欧洲)人们生活世界的现代性问题,包括人与自然、过去与当下、物质与精神、经验与规范之间的对峙,科学内部在物理学与生物学之间以及外部在科学与哲学之间的争论;另一方面,通过历史重建,他们把经验世界的过去、现在、未来融汇为一个整体来思考,尝试寻找当下与未来的确定性,在消除形而上学影响的经验世界里找到问题的根源与变革的力量。所不同的是现代性问题域向他们"涌现"的侧面及其化解之道:孔德关注并试图调和后革命时代的法国社会危机,马克思批判并超越欧洲资本主义危机,而韦伯侧重于理解德国的精神危机。正是所处时代及所关注的危机不同,给他们带来了认知世界的分途,从而开创出各具特色的方法论传统及历史之维。

　　社会科学与历史研究的结合是据于长时段的历史时间和大范围的地理空间,在理解时下复杂的社会现象与解释其历史形成之间建立关联。因此,"社会科学"(social science)是用"科学"方法观察人类生活空间整体的"关于社会的科学"(science of society),历史研究是关注人类社会生活作为时间过程的历史整体,二者结合才能成为统一而完整的社会知识体系。就此而言,历史学家不应限于一手史料的收集与考辨以及事件细节的叙述,社会科学家也不能被束缚于当下问题与现象以及抽象的理论与概念。相反,他们都需要着眼于解释当下经验世界的重大问题及其深层的历史形成,并为全局性理解、解释甚至改造人类社会提供方略。所以,马克思、孔德、韦伯都没有直接拿前人既定的"伟大"理论来解释过往历史与当下社会,而是立足于历史具体过程和对当下现实的理解与解释而创新理论。因此,他们开创的社会科学方法论及其历史之维源于观察与判断当时欧洲社会普遍存在的现代性问题,是当时欧洲社会与历史语境的产物。

第六章　历史社会研究的方法论定型[*]

经过法国大革命与拿破仑横扫欧洲的震动之后，欧洲思想家开始对现代性问题的形成、转型及其本质有所反思，更是有意识地为西方现代性辩护，因此在认识论层面从18世纪的世界主义观念转入欧洲中心主义观念和民族主义观念。在此转型的大背景下，欧洲知识界兴起了社会科学，并与历史学在方法论层面出现分野，虽然延续了18世纪的历史社会研究传统，但类型化特征更为明显。

本章讨论19世纪历史社会研究的三种方法论类型。其中，解释型的历史社会研究传统可以追溯到孔德-涂尔干传统，即"关于社会的科学"，这主要得到法国历史学家的呼应，并发展出年鉴学派史学传统；叙事型历史社会研究传统体现为反兰克唯政治史的"新史学"，如经济史、社会史、法律史等，这些领域史依然采用兰克史学的一手史料叙事，但凸显背后的整体史与结构史；阐释型的历史社会研究传统以韦伯为代表，把历史视为具有生命力的主体和整体，但宽容非历史性的社会科学概念，愿意把社会科学视为便于进入历史的策略性概念与方法。三种历史社会研究的方法论传统对20世纪兴起的历史社会学产

＊　本章曾以《历史社会学方法论的分化来源》为题，发表在《学术月刊》2019年第12期，有改动。

生直接影响，至今没有超出其共识与争论之圈。

　　以下内容分为四个部分，前三部分分别清理历史社会研究在 19 世纪奠定的解释型、叙事型与阐释型三种方法论传统及其内在脉络，揭示并比较其间的差异与特征；最后一部分在此基础上，从融合与悬置两方面来讨论方法论的分化问题，旨在指出其对 20 世纪历史社会学兴起的影响方式。

第一节　解释型

　　解释型的历史社会研究方法论特征是，以社会整体为分析单位，旨在寻找客观的社会历史事实，发现确定的因果规律，预测与控制未来。其前提是假定人类的社会世界与自然的物质世界在本质上是一样的，存在统一的必然规律和因果法则，历史社会研究可以统一运用自然科学的方法，旨在寻找并解释因果法则和变迁规律。因此，解释型历史社会研究往往把历史视为发现本质规律与客观真理的试验场，历史研究成为寻找论证材料的工具，旨在寻找历史变迁的内在规律以及解释社会现象的因果关系。解释型方法论的集大成者是奥古斯特·孔德，他吸收英国的经验论传统，开创实证主义的哲学体系。在具体研究实践上，为解释型方法论传统奠定基础的，最典型地体现为孟德斯鸠、托克维尔、涂尔干以及影响至今的年鉴学派史学。

　　孟德斯鸠、伏尔泰等 18 世纪后期的启蒙哲学家开始吸收英国的经验论传统，以此批判笛卡尔的唯理论。在此基础上，孔德创造实证主义哲学体系①，把两大传统结合起来，以统一的自然科学认识论和方法论来解释和探索人类社会的法则与变迁。孔德认为，之所以把自然科学的思维运用于人类社会，端在于近代自然科学家不像中世纪的神学家那样专注于起源与目的，或者形而上学家探索和依赖超自然的抽象力量，而是关注自然现象"连续性与相似性的恒常关系"②、自然法则、历史成因和普遍联系。"科学的作用不在于支配现象，而在于改变现象，要做到这一点，就必须了解现象的规律。"③所以，人类为自身福祉而对自然的（培根式）改善或（笛卡尔式）支配，都必须掌握自然规律，并把自然科学的方法应用于社会运行规律的探索。由此，个人的社会行动可以有意识地服从于社会整体及其发展各阶段的基本规律。只有社会规律服从于更稳定的自然法则，人类社会才能确保秩序与进步的统一，减少偶然性和破坏性。据此，孔德在历史三阶段论的基础上，按照简单性和普遍性的程度提出五个层次的基础科学研究体系④，即与人类直接相关的、最特殊、最复杂的是社会学。但人类作为生命的有机体最接近生理学，所以应该区分出"社会静力学"和"社会动力学"，两者对应研究人类社会生存状态（秩序）及其运行（进步）的秩序法则

---

① 孔德实证主义哲学体系最有创造性的理念充分体现在"实证"（positive）二字上。在他看来，"实证"包括了七层含义：与虚幻相反的真实、与无用相反的有用、与怀疑相反的明确、与模糊相反的精确、与否定相反的肯定、与破坏相反的组织、与绝对相反的相对。参见奥古斯特·孔德：《论实证精神》，黄建华译，商务印书馆 2001 年版，第 29—31 页。

② Auguste Comte, *The Positive Philosophy*, Vol. 1, Harriet Martineau (trans.), London: Bell, 1896, p.2.

③ Auguste Comte, *The Positive Philosophy*, Vol. 2, Harriet Martineau (trans.), London: Bell, 1896, p.241.

④ 五个层次分别是天文学、物理学、化学、生理学和社会学，前者比较简单、普遍，距离人类最远，但是后面所有知识都要以此为基础，其法则也得到了最大程度的遵循，而研究人类社会复杂现象的社会学必须遵循前面四大知识体系和支配运行现象的所有法则，因此是最为复杂、最为特殊的学科。

及其统一性原则。[①]

　　孔德把社会学的任务视为解释社会秩序与进步的规律,认为其相应的方法是"观察和推理",从而把经验主义传统的观察、实验、归纳与理性主义传统的推导、演绎结合起来。在孔德看来,确定性的理论以观察和经验为基础,而科学的观察必须以理论为引导。但在理论发现与经验观察之间产生了一个"无法避免的循环",只有神学概念才能打破之,而这也是神学得以存在的"最根本动因"。实证哲学的终极任务是找到支配自然和社会现象背后的永恒法则,用相继性(历史发展)或相似性(比较)的原理,将现象世界关联起来,并分析其形成原因。[②] 在这个意义上,孔德提倡科学研究的四种方法,即观察法、实验法、比较法、历史法。其中,社会观察"是最高级、最复杂的自然现象",必然用预备性的理论与社会事实联系起来;而实验法是针对社会的病理案例,反向获得对常态的理解;比较法则运用于不同区域的、毫无联系的人们的不同存在状态和发展阶段。[③]

---

　　① 孔德首次把社会整体的秩序(保守主义)与进步(激进主义)置于同等重要的认识论位置,分为与解剖学相类比的静力学和与生理学相类比的动力学。其中,社会静力学关注整体的秩序与结构及其功能,分析构成人类社会的各组织、各系统、各要素之间及其行为的协调一致和相互影响。"合作"与"和谐"是社会的最主要属性,也是静力学探讨的核心法则。在此基础上,关注进步与发展的社会动力学才有意义。孔德与赫尔德一样接受莱布尼茨的单子运动说并由此提出历史发展说,认为连续运动的社会状态都是前一阶段的必然结果及后一阶段的必然原因,发现这种决定人类未来的连续运动法则是科学的首要任务。当社会秩序与历史进步之间出现矛盾时,就要服从自然法则的安排,即人类自由本性和力量增强的明确顺序。具体阐述参见 Auguste Comte, *The Positive Philosophy*, Vol. 2, Harriet Martineau (trans.), London: Bell, 1896, pp. 229-287。
　　② 伯恩斯、皮卡德:《历史哲学:从启蒙到后现代性》,张羽佳译,北京师范大学出版社 2008 年版,第 155 页。
　　③ 密尔可能比孔德走得更远也更完善。他的《逻辑体系》是在英国经验主义认识论传统上发展出逻辑学,在方法论方面对历史社会研究产生深远影响,尤其关于"异中求同""同中求异"的比较历史分析,成为 20 世纪初期之后法国的马克·布洛赫及(转下页)

　　但这些方法都依赖于历史研究,因为"对人类不同状态的历史比较,不仅是新兴政治哲学的手段,也是这门科学的真正基础"①。在孔德看来,历史研究是一门真正的科学,井然有序地展示了人类事务的相互关联与不断发展的进程,通过过去的事件来检验当下的结果并预见未来。因此,历史学家要保持抽象性和普遍性,旨在发现社会运行的真正法则。在这个意义上,从人类总体到各部分的演化及其相关性和连续性,历史方法为社会研究提供最本质的证据,展示文明之间的共性,因此是社会学使用最多的方法。②

　　孔德的实证主义哲学体系把自然科学方法论引入社会历史研究,对认识论三大传统在前两个世纪的争论进行方法论调解,为此后西方的社会科学研究和历史研究奠定了方法论基础。具体而言,孔德实证主义哲学对历史社会研究方法论的贡献有五:一是以"社会学"的名义,把社会科学从自然科学和启蒙哲学中完全独立出来,并明确其基本任务、知识合法性来源和方法论基础;二是反对无理论指导的纯粹经验观察或者无经验基础的纯理性推导,主张整合归纳法与推导法③,以此化解理性主义与经验主义认识论在社会科学研究中的冲突;三是整体思考人类社会问题,在分析单位上以结构论取代自然的、抽象的

(接上页)其年鉴学派以及后期以来美国历史社会学的主导策略,最典型的参见斯考切波:《国家与社会革命:对法国、俄国和中国的比较分析》,何俊志、王学东译,上海人民出版社 2007 年版。

　　① Auguste Comte, *The Positive Philosophy*, Vol. 2, Harriet Martineau (trans.), London: Bell, 1896, p.251.

　　② Auguste Comte, *The Positive Philosophy*, Vol. 2, Harriet Martineau (trans.), London: Bell, 1896, p.256.

　　③ 冯・赖特把科学探询分为两大传统:描述性科学是探明和发现事实的因果论,理论性科学是提出假说和构建理论的目的论。参见冯・赖特:《解释与理解》,张留华译,浙江大学出版社 2016 年版,第 1 章。

和理性的个体论，这具有形而上学假设的本体论意义，并且在社会整体与其组成部分的关系上发展出功能论和分工论，为结构主义和功能主义奠定认识论基础，但也为此开创了结构与能动的二元论争论；四是通过静态的秩序与动态的进步二分法，把近代自然科学的旧传统（物理学的机械论）与新传统（生命科学的有机体论）结合在一起，而社会学的任务是探询社会整体的秩序与进步，同时也把法国大革命关于保守与激进的对立调和到秩序与进步的统一法则；五是在方法论层面勾连赫尔德的个体普遍联系和历史发展的有机体论，把历史与跨文明比较提升到科学基础的方法论高度，延续历史进步论，并且把线性进步与历史发展结合起来。

当然，在实证主义哲学体系里，历史研究作为社会学的一种解释方法，剔除特殊性、具体性和个体性特征和内在精神。这意味着，历史研究是在一定的理论和假设指导下展开的，旨在探索人类的普遍经验和法则，服务于人类社会整体的秩序和进步。这与维柯-赫尔德的历史主义传统存在方法论差异，但却可以与唯心主义认识论在方法论层面汇合，为此后实证史学和解释型历史社会研究明确了结构主义认识论基础和自然科学方法论原则。

在具体的经验研究上，托克维尔与涂尔干及涂尔干的导师库朗热是解释型历史社会研究的典范。其中，比较起来，托克维尔的《论美国的民主》可以对应孟德斯鸠的《论法的精神》，试图为社会有机体明确构成要素及其相互关系，目的是寻找一个普遍结构的总体法则与秩序；而《旧制度与大革命》类似于《罗马帝国盛衰原因论》，是将当下争论或焦虑的问题带入历史分析中，为历史过程确立支配性的因果关系解释。在托克维尔看来，具有普遍意义的历史是一个闭合系统，历史事件可以排列组合进各种社会、政治、文化等不同类型中，比如民主制与贵族制,在类型学的分析方法中讨论政治体制转型之间的关系和实质。这种历史社会研究专注历史类型、历史结构和连续性变迁,旨在系统回答所设定的问题并寻找普遍法则,不仅游走于过去与现在之间,还在现在与未来之间调和,而不考究历史过程的细节,难以为严格的历史叙事和时间序列所限制。所以,用历史学家或社会学家来定位托克维尔,都"不合时宜"[①],他只属于史论难分的解释型历史社会研究。当然,这还可以更进一步划分为两种分析策略,即因果分析策略以及模式或法则的假设与验证策略。比如,库朗热的《古代城邦》属于后一种。库朗热受笛卡尔、基佐和托克维尔的影响,自称理性主义者和结构主义者,从"圣火—家神—墓地"的形成逻辑来解释西方宗教、私有财产制度以及人类社会的古代来源,揭示宗教世俗化带来财产权革命的结构性后果。[②]涂尔干恰恰把库朗热得出的结论进一步理论化,把宗教、仪式、习俗、象征符号、教育等结构性因素置于社会整体的核心位置和社会学研究的基本范畴。

当然,在学术史传承上,涂尔干是孔德实证主义哲学体系在经验层面最直接的继承人和集大成者。虽然涂尔干批评孔德和斯宾塞等人停留在思辨抽象层次的概念体系[③],但他的系列著作全盘接受了孔德思

---

① 怀特:《元史学:19世纪欧洲的历史想象》,陈新译,译林出版社2013年版,第284页。

② 参见库朗热:《古代城邦:古希腊罗马祭祀、权利和政制研究》,谭立铸等译,华东师范大学出版社2006年版。对库朗热思想的背景性阐述可以参见毕克曼:《甫斯泰尔·德·库朗日的〈古代城市〉》,载莫米里亚诺:《论古代与近代的历史学》,晏绍祥译,北京大学出版社2015年版,第325—349页。

③ 涂尔干不满时人把孔德视为社会学的创始人,认为他只是创造了"社会学"(sociology)这个"相当蹩脚的名称",掩盖了孟德斯鸠作为社会学先驱的伟大光芒。参见涂尔干:《孟德斯鸠与卢梭》,李鲁宁等译,上海人民出版社2003年版,第2页。涂尔干更具体地批判孔德和斯宾塞等人抽象社会学的内容,参见迪尔凯姆:《社会学方法的准则》,狄玉明译,商务印书馆1995年版,第35—51页。

想,并以更加经验的方式对其进行操作化,包括有机体论、结构功能论、劳动分工论、语言与宗教作为社会纽带、"失范"对应社会病理学等等,并进一步明确作为"皇冠之学"的社会学研究。具体到历史社会研究上,涂尔干首先剔除科学研究的哲学思辨、道德判断和艺术想象,认为科学必须有明确的探索领域,任务是描述并解释类型及其支配性力量的恒定法则,目的是发现由此构成的客观事实和实在。在他看来,社会科学的任务是解释社会类型,寻找作为法则的社会事实,而孟德斯鸠的《论法的精神》恰恰是最早满足社会科学的必要条件,揭示合乎人本性、超时空条件的社会法则的著作。[①]"社会事实"则是"普遍存在于该社会各处并具有其固定存在的""行为方式"。[②]

而且,这种社会事实作为"物"的存在,不能还原为不易感知的观念,只有通过观察和实验才能理解和解释,历史在此过程中成为发现社会事实的一个主要场域和经验材料。据此,以涂尔干为代表的社会学派与当时盛行的历史学方法论派展开了针锋相对的争论。[③] 二者都以孔德的实证主义为方法论基础,但方法论派只是把历史学家定位在客观收集、整理、考证、比较和综合政治领域的一手史料层面[④],背后没

---

① 涂尔干:《孟德斯鸠与卢梭》,李鲁宁等译,上海人民出版社2003年版,第1部分。

② 迪尔凯姆:《社会学方法的准则》,狄玉明译,商务印书馆1995年版,第34页。着重号为原文所加。

③ 这场争论的一个缩影是涂尔干与瑟诺博司在1908年关于历史解释的对话,该对话以"Debate on Explanation in History and Sociology"为题,作为附录收录到Emile Durkheim, *The Rules of Sociological Method*, Steven Lukes (ed. and intro.), Glencoe: The Free Press, 1982, pp. 211-228。

④ 19世纪中期之后,法国历史学界兴起了实证主义的方法论派,其对手主要是当时以米什莱为代表的浪漫主义历史学,最典型的代表及其作品是瑟诺博司、朗格诺瓦的《历史研究导论》(李思纯译,中国人民大学出版社2011年版)。在某种意义上,法国史学方法论派可谓是"半吊子"的兰克史学派,即接受了兰克对政治史和档案材料进行精确与客观考证的主张,但却抛弃其普遍历史与历史个体的唯心主义认识论基础。

有更高的要求。支持社会学派的历史学家并不满足于此，如西米昂提出剔除"历史学家部落的三个偶像"[①]，亨利·贝尔要求发展一门倾向于分析、解释并综合其他学科的"新史学"以替代方法论派的传统史学[②]。这直接影响到 20 世纪的解释历史传统，包括结构史学、问题史学、长时段史学，最典型地体现为法国史学的年鉴学派传统。显然，在解释型历史社会研究的研究策略里，历史学与社会学浑然一体，学科边界并不明晰，以解释和解决当下问题为研究导向，致力于寻找社会变迁的不变法则和社会现象的因果关系。

第二节　叙事型

叙事型历史社会研究方法论的特征，是以历史个体为分析单位，严格地以真实的一手史料为基础，通过深描和刻画历史过程的差异性、个体性、具体性，以此理解历史的普遍性和结构性。这个方法论传统坚持历史主义的认识论，抵制兰克史学派的唯政治史和唯官方史料，在社会史、文明史、文化史等专门史和非官方史料中探询普遍历史的规律性与结构性特征。这个传统的开创者主要是 19 世纪中后期的经济史家罗雪尔、法律史家蒙森、民族史家兰普莱希特、社会史家约翰·格林、文化史家布克哈特等人。

兰克与洪堡一样，秉承赫尔德的历史主义认识论，同时关注"历史

---

① 即"政治偶像""个人偶像""编年史偶像"，参见 Francois Simiand, "Historical Method and Social Science", *Review（Fernand Braudel Center）*, Vol. 9, No. 2（Fall, 1985）。

② 伊格尔斯：《欧洲史学新方向》，赵世玲、赵世瑜译，华夏出版社 1989 年版，第 56 页。

个体"和"普遍历史",认为"历史科学能够以自己的方式,从对个别事实的探讨研究,提升到对事件的一种普遍看法,从而对事件之间的关系有客观的了解"①。显然,兰克反对康德、黑格尔对具体历史的抽象化处理,批判启蒙历史哲学的机械论以及孔德实证主义方法论,同时还抵制赫尔德的浪漫主义及其历史想象倾向。兰克认为,历史学与哲学是仅有的理解人类事务的科学。但是,与把人类生活和历史统一化为普遍原则的哲学不同的是,历史学是从局部来把握整体,重视历史个体的多样性、具体性、特殊性与生动性,由此考察进入普遍历史的过程。所以,历史学需要同时把握个体化(探询特定历史事件中的有效因素)与普遍化(理解其"完整统一"②)的双向进程。历史个体的特性要求历史学精细化,历史学家必须无条件地采用怀疑和批判的原则对待一手史料,尤其是政治家的信函和外交记录等原始档案。叙事之所以能通达客观,就在于经过"严格考证"和"直如其书","忘却自我"地如实描述过去实际发生的政治事件。③ 整合唯心主义认识论对普遍历史的追求与经验主义方法论对操作具体史料的苛刻要求,这是兰克"历史实在论"的最鲜明特色。④

---

①　兰克:《世界历史的秘密:关于历史艺术与历史科学的著作选》,罗格·文斯编,易兰译,复旦大学出版社 2012 年版,第 139 页。

②　兰克:《拉丁与日耳曼民族史(1494—1514)》,付欣、刘佳婷、陈洁译,广西师范大学出版社 2015 年版,第 6 页。

③　兰克:《历史上的各个时代:兰克史学文选之一》,约尔丹、吕森编,杨培英译,北京大学出版社 2010 年版,第 5—6 页。

④　怀特:《元史学:19 世纪欧洲的历史想象》,陈新译,译林出版社 2013 年版,第 4章。正是这种史料考据的客观主义与唯心论的历史主义相结合,历史个体的生命力和意志力及其普遍历史方可以通过真实可靠的史料得到印证,从而把古典的历史学策略与中世纪基督教传统的历史观念结合起来,抵制理性主义及其自然科学方法对历史领域的"殖民"。

显然,兰克继续以神秘的"上帝之手"和"直觉"[1]作为形而上学前提,在认识论层面延续赫尔德的历史发展论和有机体论,为方法论层面的具体经验研究走向普遍历史指引方向。如果不考虑其普遍历史的追求,兰克史学派的方法论具有较强的相对独立性,很容易对接到更为经验和实证的认识论基础,与科学的方法论相融合,或者为其他的目的论所用。再者,抽象的唯心主义认识论与操作性强的经验主义方法论之间存在的巨大沟壑,随即为后继的传播者所剥离和抛弃,转而替换成更实用的观念,如国家主义、民族主义等。同时,如果悬置其方法论背后的神秘色彩,兰克史学派对考证史料的批判态度、科学方法和客观标准,对具体历史的任何经验研究有明确的指导作用,使历史学家成为一个专业化的职业群体。

从此,历史学可以像自然科学一样成为一门科学,为经验主义的叙事史学所认可,对19世纪之后欧洲乃至世界的"历史学科学化"发展产生深远影响,也使兰克获得"科学历史学之父"的美誉。正如阿克顿在19世纪末所言,19世纪是历史学家的时代,而兰克是"使这个时代得以形成的代表"[2]。此外,兰克史学派延续了实用主义的治史传统,从政治史(法律、政策、外交、战争)来看待一切历史,尤其强调伟大人物对历史进程的决定性影响,从而狭隘地、政治化地、片面地、悲观地、冷酷地、本质化地理解了人类思想与行动。[3]

---

[1]　有关详细讨论这一点的作品,可以参考易兰:《兰克史学研究》,复旦大学出版社2006年版,第3章。

[2]　Lord Acton, "Inaugural Lecture on the Study of History", in John Figgis, Reginald Laurence (eds.), *Lectures on Modern History*, London: Macmillan, 1906, p.22.

[3]　凯利:《多面的历史:从希罗多德到赫尔德的历史探询》,陈恒、宋立宏译,生活·读书·新知三联书店2006年版,第53—54页。政治军事史传统由修昔底德开创,影响到色诺芬、波利比乌斯、李维、塔西佗等人。经过文艺复兴人文主义的新注入,(转下页)

　　然而,兰克史学方法论的最大优点也是其反对者认为的最大缺点。其中,过于沉迷于文献考证和事实描述,缺乏结构性问题的普遍关注和因果关系的类型分析,这在法国遭到社会学派史学家的批评。除此之外,还有两点影响到 20 世纪历史社会研究的发展。其一,所用史料局限于官方文件的文字材料,忽视非官方、非文献证据材料的历史价值。西方史学史一直存在实用主义的政治史与谱系学的文明史①这两种看似对立的研究策略,但从 19 世纪中期开始,这两种策略开始合流与融通。马克斯·韦伯的导师蒙森主张历史学、语言学与法律各领域的交叉,并根据非官方文本(如文学、铭文)和古文物(如文明古迹、钱币等)等史料,撰写古希腊、罗马的法律史,形成《罗马史》和《罗马公法》等巨著。他并不采用传统的编年史顺序,而是分类描述式的系统整理,通过宗教、习俗、法律、制度等各部分完整呈现出精神和政

　　(接上页)政治史又成为这时期的主流,马基雅维利和圭恰迪尼成为最佳继承人,强调伟大人物和伟大事件对历史进程的关键作用,同样具有强烈的当下政治危机意识,并探索政治困境的原因和摆脱之道。进入 19 世纪,政治史传统再度为德国兰克史学推向巅峰,虽然在后来一度沉寂,但 20 世纪后期以“新政治史”的方式获得新的发展。同时,政治史传统在近代催生了经验主义、现实主义和理性主义的现代政治科学,而国家构建、社会革命、政治运动等政治议题也一直是 20 世纪六七十年代美国历史社会学兴起之后的最重要研究对象。

　　① 希罗多德开创了文明史传统,主要依赖于口述历史、具有考古价值的铭文及个人超强的记忆和判断能力,强调令人信服(依据事实)和引人入胜(艺术化表达)的方式叙事。文明史传统主张,历史学家亲自调查、观察、判断,包括游历异域和考察地方风土人情,接触不同族群和部落。希罗多德的《历史》之所以成为典范,是因为他尽可能客观记载和叙述异族的山川地理风貌、文明古迹、语言文化、风俗传统、婚姻家庭、道德规范,甚至动植物的生长习性与环境,力图给国人展示其所不知的新鲜事物。文明史有五个特点:编辑和评论文献资料;收集关于具体城市、地区、神庙、神和制度的早期传统;系统描述纪念碑和抄写铭文;编辑学术传记;年代学。参见莫米里亚诺:《现代史学的古典基础》,冯洁音译,华东师范大学出版社 2009 年版,第 89 页。

治形态的结构主义特征。① 这既打破了兰克关于历史与哲学、局部与整体的二分法思维,关注秩序与进步的社会学传统与关注类型学的历史学,又与其他新兴学科如人类学、民族学等关联起来,成为历史社会研究的又一来源,在研究指向上也可以与解释型的历史社会研究不谋而合。

其二,过于关注政治史,忽视法律史、经济史、文化史、社会史等领域。与马克斯·韦伯同时代的历史学家兰普莱希特出版了12卷本的《德意志史》,把兰克史学派视为"传统史学"而发起"新史学"挑战,在19、20世纪之交形成了史学界著名的"方法之争"。该著作综合经济、社会、文化、政治、艺术等各领域的史料,从总体史与结构史的角度,充分采用因果分析的解释历史方式,延续了赫尔德关于普遍历史发展进程的历史主义理念。其用发生学方法替代简单描述的目的是:"揭示德意志历史内部物质的和精神的发展力量的相互作用,证明物质文化和精神文化的全面发展史有统一的根基,并且呈现出若干进步阶段。"②对于历史社会研究来说,兰普莱希特更重要的贡献在于,把历史学从狭隘的政治史和描述性文献考据中解放出来,使经济史、社会史和文化史与政治史具有同等地位。

当然,这种解放在19世纪中期之后的各领域都有所体现,并不仅仅表现为前文提到的法国社会学派反对方法论学派。德国经济史学派的代表威廉·罗雪尔主张把历史方法运用到古典政治经济学研究上,

---

① 参见莫米里亚诺:《现代史学的古典基础》,冯洁音译,华东师范大学出版社2009年版,第100—104页。

② 转引自柏悦:《"兰普莱希特争论"初探》,《史学史研究》2015年第4期。该文对方法论争论进行了详细的史实梳理,但其评价有失公允,过于偏袒兰克的史学传统,没有展示兰普莱希特真正的史学贡献与更广泛的学术史意义。

要求在历史过程中寻找事物发展的规律与本质[1]；文化史最典型的代表是布克哈特的《意大利文艺复兴时期的文化》(1860 年)，关注艺术、宗教等领域的个体意识成长[2]；社会史的叙事传统主要体现在英国，包括麦考莱五卷本的《英国史》(1849—1861 年)强调城镇、商业和大众生活状况及其心态方面的历史变迁过程，强调社会史与政治史的互动机制，而约翰·格林的《英国人民简史》(1874 年)更是批判兰克的英雄史观，直接关注人民大众的底层群体，成为 20 世纪马克思主义历史社会学兴起的先声。

在这些政治或非政治领域，历史学家严格整理和分析一手史料，按照历史多样性、具体性、生动性的叙事方式，清理出政治、文明、文化、社会、经济等人类生活各领域的丰富经验，进而发展出叙事型的历史社会研究——尽管其直到 20 世纪后期才被明确为一种历史社会学的研究策略。[3] 他们或是以历史个案来展示事件的偶然性与特殊性以及

---

① 参见罗雪尔：《历史方法的国民经济学讲义大纲》，朱绍文译，商务印书馆 1986 年版，"序论"。该书被誉为"历史学派宣言"，罗雪尔也因此成为"德国社会科学第一人"，为德国经济史学派的奠基人。后来奥地利经济学家卡尔·门格尔发起的挑战主要是针对罗雪尔的"历史学方法"，成为历史(物理的经验)与科学(数学的演绎)之间的世纪大论战，从此经济学把历史资源抛给了社会学或者还给了历史学，或者仅仅保留作为边缘的经济史学。具体挑战可参见门格尔：《经济学方法论探究》，姚中秋译，新星出版社 2007 年版，具体论战细节见该书第 245—252 页附录的萨缪尔·博斯塔菲的《方法论大论战》；可以参见 Samuel Bostaph, *Epistemological Foundations of Methodological Conflict in Economics, the Case of the Nineteenth Century Methodenstreit*, PHD dissertation, Southern Illinois University Library, 1976。

② 布克哈特：《意大利文艺复兴时期的文化》，何新译，商务印书馆 2007 年版。

③ 叙事复兴为当代历史社会学的一种研究策略，比如 Edgar Kiser, "The Revival of Narrative in Historical Sociology: What Rational Choice Theory Can Contribute", *Politics & Society*, Vol. 24, No. 3 (Sept., 1996), pp. 249-271; Roberto Franzosi, "Narrative Analysis: Or Why (and How) Sociologists Should be Interested in Narrative", *Annual Review of Sociology*, Vol. 24, No. 1 (1998), pp. 517-554。

世界的多样性，颠覆必然性与普遍性的启蒙哲学思维，抵制民族精神、时代特征等更普遍化、结构化的不变因素；或是为既定的政治动因、政治后果或相互联系的社会机制提供更多考虑的面向，更全面、丰富地展示人类活动的历史过程与经验，从而把物质与精神、观念与行动、集体与个体、必然与偶然等关系统一起来。

第三节　阐释型

阐释型的历史社会研究也同样把历史视为具有生命力的主体和整体，但对非历史性的社会学概念更为宽容，愿意把社会科学视为便于进入历史的策略性概念与方法，在历史研究中提炼并运用社会科学的概念与方法，可以更好地理解历史变迁的复杂性与个体性。

维柯与赫尔德奠定的历史主义传统要求在认识论层面统一历史与哲学，而兰克试图对探讨具体性、个体性的历史与追求抽象性与普遍性的哲学进行方法论的切割，只是在普遍历史的指引下从事具体的历史科学研究。兰克史学派的批评者更多地指向其具体的历史研究，而新康德学派的历史哲学家们诟病其对历史与哲学的切割，要求以历史阐释学的方法论把历史、经验与哲学重新有机统一起来。狄尔泰、文德尔班、李凯尔特等人继续坚持维柯主张的"人的科学"与"物的科学"二分原则，提出相对于"自然科学"的"文化科学""人文科学""精神科学"。在他们看来，自然科学的目的是以抽象的概念来解释无生命的自然现象，以提炼不变的形态和规律；而人文科学的目的则是通过个体化的表意方法来理解和阐释人类行为在具体文化、社会和历史情境中的意义。

　　因此,自然科学的"普遍化"与历史学的"个别化"是两种不同的"实在",因此就存在"规范化"与"表意化"的方法论差异。① 理解作为阐释和表意的基础,强调重建和恢复文本或概念的原初语义以及历史事件的最初场景,从历史生成的发生学角度来对待和研究任何具体的研究对象,由此展现历史的真实意义。狄尔泰认为,任何历史都有意义,只是体现在各种独特的部分事件及其相互关系和价值中,需要人们去体验、领会、理解和阐释,才能达到对历史整体意义的认识。② 因此,历史阐释学抵制解释型历史社会研究那种先入为主的语境抽离、理论假设、因果分析与类型划分,坚信文化科学是关于人类世界的知识,只要能剔除主观的价值判断并坚持阐释学方法,就能获得与自然科学同样客观的知识。

　　然而,新康德学派与兰克史学派一样,依然没有解决一个问题:如何从具体多样的个体现象通向更普遍化的社会历史情境? 是否只能通过唯心论的移情、体验、直观、顿悟呢? 在科学主义大行其道的19、20世纪之交,他们的解决方案难以为经验研究提供足够的说服力。如果兰克史学派在史料考据方面提供有效的经验方法,那么,狄尔泰等人试图通过个体主观的体验通达客观真实,却始终无法实现自然科学和哲学追求的绝对可靠与普遍有效。他们所谓的客观知识终究没有跨文化和跨语言的适用性与可操作性,总是受制于特定的历史语境,从而陷入文化系统或语言系统的相对化困境,甚至滑入相对主义或虚无主

---

　　① 李凯尔特:《李凯尔特的历史哲学》,涂纪亮译,北京大学出版社2007年版,第57页;着重号为原文所加。

　　② 狄尔泰:《历史中的意义》,艾彦译,北京联合出版公司2013年版,第11页。

义的深渊,导致历史主义的危机。[①]

　　这两个问题在马克斯·韦伯和奥托·辛茨[②]等人那里得到暂时解决,主要是通过历史学的阐释方法与社会学的形式(或者把社会学本身作为方法)相结合,发展出"阐释社会学"传统,策略性地调和历史与哲学之间的方法论紧张。他们同意维柯、赫尔德、兰克、狄尔泰以来的历史主义认识论传统,秉承以历史个体为具体历史研究的基本单位。但他们也意识到,历史学与社会学都作为关注个体行动的经验科学才可能实现结合,而且,正是行动的主观意义规定了历史与社会的实在性:"只有在行动的主观意义能够说明其他人的行为并因而指向其原因的意义上,行动才是'社会的'。"[③]然而,他们并不认同兰克和狄尔泰等人通过移情、直觉或体验等主观方式来理解社会和文化现象,也没有像其前辈那样明显排斥社会学和自然科学,而是在策略上有条件地允许实证主义的因果关系和概念提炼。由此,把社会学作为方法,填充经验性历史学与规范性哲学之间存在的鸿沟,以便更好地理解历史

----

①　有关新康德学派历史阐释学存在的历史主义危机,参见伊格尔斯:《德国的历史观:从赫尔德到当代历史思想的民族传统》,彭刚、顾杭译,译林出版社 2014 年版,第 165—206 页。

②　汉语界的历史学和社会学界鲜有关注奥托·辛茨的学术贡献,实际上,他在历史社会学领域的学术史地位可以与马克斯·韦伯齐名,两者都认为国家只能作为一种体制,不能把国家作为道德和精神实体而推上神坛。他们是明显受德国历史主义认识论传统影响的历史学家,只是调和实证与规范之间的争论而在策略上宽容实证主义的社会学。因此,他们作为社会学家,是把社会学历史学化,或者作为历史学家而把历史学社会学化。所不同的只在于,辛茨的学术观点比韦伯的历史化程度更高,但也概括一些抽象程度很高的概念,以此作为社会科学的前提,并以充分的历史证据去充实概念分析的合理性。他的系列历史社会学论文,参见 Otto Hintze, *The Historical Essays of Otto Hintze,* Felix Gilbert (ed.), Oxford: Oxford University Press, 1975。

③　马克斯·韦伯:《社会科学方法论》,杨富斌译,华夏出版社 1999 年版,第 35—36 页。

变迁中具体而独特的社会文化现象。这就是阐释型的历史社会研究特征。[①]

　　具体到韦伯对该策略的方法论贡献,"价值中立"是其基本信念,而提炼"理想类型"的概念和理论,不是作为其研究目的的客观实在,而只是作为一种调和策略,是理解和阐释历史的可行途径。那么,对多因果性的宽容与认可就是韦伯获得客观知识的唯一科学方法,也构成韦伯全部科学观念的核心。在他看来,人类社会被严格划分为非理性的价值世界和理性的认知世界,前者决定了后者是一种文化存在物。人类理性地认知世界具有相对自主的客观实在性,但无时不受主观的非理性因素影响。

　　因此,文化现象的研究者必须悬置既有的价值判断和偏好,严格受制于理性的引导,保持价值中立,客观理性地分析个体有目的的行动,行动的价值和意义问题以及文化现象才可能在个体行动中得到理解。同时,每一门科学都要在特定的文化系统中才能得以理解,社会科学家必须据于具体的偶然现象,有意识地提炼分析性概念作为"理想类型",才能更好地理解和阐释具体的历史过程和独特的文化现象,进而寻找个体理性行为及其关系的因果联系。在这个意义上,韦伯接纳了作为方法的社会学,称之为"一门阐释理性社会行为,并且通过这种方法在社会行为的过程和影响上说明其原因的科学"[②]。

　　然而,韦伯与涂尔干对因果分析的理解不同:虽然都是把人为提炼的概念作为科学逻辑的基础,但涂尔干理解的概念是实在论的,是普

---

　　① 对于韦伯与狄尔泰在阐释学方法论上的差异,可参见 David Brown, "Interpretive Historical Sociology: Discordances of Weber, Dilthey and Others", *Journal of Historical Sociology*, Vol. 3, No. 2 (Jun., 1990), pp. 166-191。

　　② 马克斯·韦伯:《经济与社会》,林荣远译,商务印书馆 1997 年版,第 40 页。

遍法则意义上的、真实的本质性存在；韦伯"理想类型"的概念则属于唯名论的，是为了方便阐释独特文化现象的权宜性存在，不仅没有目的论的法则引导，而且是由具体原因机械地导致具体结果。① 即便如此，韦伯主张的因果机制也不是唯一的：一方面，这种因果关系与非理性的价值和情感因素关联紧密，被个体赋予了主观意图的行动，只是研究者策略性地悬置或者屏蔽了价值的影响；另一方面，任何结果并不是只有一个原因，而是具有多重原因，只是研究者有意识地控制某些因素，为了强调某一影响因素。比如，在讨论资本主义的起源问题时，韦伯并非不重视马克思强调的物质性力量，而是在肯定这个因素的基础上，探讨被人忽视的新教因素。② 所以，作为倾向于经济史的历史学家③，马克斯·韦伯处理历史学与社会科学关系的方式很是独特。

对于历史学，韦伯要求理论自主性的让步，认为理论化、概念化、类型化都只是实现阐释历史的临时手段，在此过程中剔除价值并保持价

---

① 这种区分可以用罗素的观点来理解：当我们问到一件事"为什么"的时候，我们指的可以是下列两种事情中的一种，我们可以指："这一事件是为着什么目的而服务的？"或者我们也可以指："是怎样的事前情况造成了这一事件的？"前者是目的论解释，最终因，后者为机械论解释：一桩事情的最终因是另一件未来的事，这桩事情就是以那件未来的事为目的而发生的。罗素：《西方哲学史》上卷，何兆武、李约瑟译，商务印书馆1996年版，第99页。

② 马克斯·韦伯：《新教伦理与资本主义精神》，康乐、简惠美译，广西师范大学出版社2010年版，第12页。

③ 马克斯·韦伯更应当是历史学家和经济史学家，但在20世纪被普遍视为与马克思、涂尔干齐名的古典社会学家。这是由二战期间移民至美国的中欧社会理论家促成的。以帕森斯与舒茨为代表的社会理论家们把韦伯带有浓厚历史感的整体思想从其历史场景中抽离出来，并且把他作为策略的社会学概念与理论予以系统化和抽象化，发展成为经验主义传统的社会理论。从此，马克斯·韦伯被"阉割"了德国历史主义的传统特征，正如美国的历史学家只是继承了被阉割的唯心主义认识论的兰克史学派一样。参见 David Zaret, "From Weber to Parsons and Schutz: The Eclipse of History in Modern Social Theory", *American Journal of Sociology*, Vol. 85, No. 5 (Mar. 1980), pp. 1180-1201。

值的中立性；对于经济学，他主张社会现实性的让步，始终把分析单位定位在生物学的天然个体和历史发展中的历史个体，社会只是个体的"意义之网"。正是因为历史学可以发展出更具理论阐释的特征，经济学可以更突出其社会属性，社会学只可能是夹在二者之间，并逐渐丧失其独立存在的理由。因此，较之于历史主义的其他历史学家和经济学家，韦伯对社会学有所妥协与承认。这恰恰把社会学从涂尔干的"皇冠之学"的神坛上拉下来，并置于"工具箱"的方法论地位。

表6-1　三种历史社会研究方法论策略的特征比较

	解释型	叙事型	阐释型
代表人物	孟德斯鸠、孔德、托克维尔、涂尔干、年鉴学派者	罗雪尔（经济史）、蒙森（法律史）、兰普莱希特（民族史）、约翰·格林（社会史）、布克哈特（文化史）	马克斯·韦伯、奥托·辛茨
对待历史	历史本质上存在必然规律和因果法则。历史研究作为工具，即历史成为论证材料，是发现本质规律与客观真理的试验场	历史是具有生命力的主体和整体，通过深描和刻画历史差异性、个体性、具体性，才能理解历史的结构性	历史是具有生命力的主体和整体，运用非历史性的概念阐释历史个体的独特性，理解历史变迁过程
对待社会科学	可以用自然科学的方法来寻找历史规律和解释社会现象的因果关系。在历史中寻找因果法则和变迁规律是科学研究的目的	人与自然存在本质差异，自然科学方法不能运用于人类历史；哲学方法不适合差异和具体的历史研究；历史研究可以实现普遍性和结构性特征，也可以挑战简单、普遍和抽象的哲学概念	社会科学作为策略性的概念与方法，可以有限度地运用于历史研究，目的是更好地理解历史变迁的复杂性与个体性
分析单位	整体主义与结构主义	历史个体	历史个体

	解释型	叙事型	阐释型
目的	寻找客观的社会事实，发现确定的因果规律，预测与控制未来	通过把握历史个体性来理解历史的普遍化	通过作为策略的概念（理想类型）与方法（因果性），有效理解特定的历史变迁过程

第四节　出路：融合还是悬置？

整个 19 世纪都是学科分化和方法论争论的时代，社会科学与历史学几乎同时登上知识舞台，这充分反映在历史社会研究方法论的内部分化中：一方面，实证主义的社会科学方法论（在整个世纪多表示为"社会学"）甫一兴起就受制于自然科学思维，并以此进入历史研究领域；另一方面，德国历史主义传统受到来自西欧的自然主义思维冲击，必须回应经验世界的科学主义和学科分化趋势，把实证主义方法论安放在历史主义的认识论体系中。所以，19 世纪几乎所有的社会科学都带有浓厚的历史意识，而所有的历史研究也要面对实证主义的方法论挑战。[①] 到世纪之交为止，历史研究与社会科学之间逐渐形成解释型、叙事型、阐释型三种较稳定的方法论策略，恰恰可以把实证主义与历

---

① 从 19 世纪后期开始，知识界急剧分化，政治学、经济学、人类学纷纷划分各自学科的势力范围，摆脱其历史与哲学的羁绊，确立独立的研究对象。从此，社会科学不再作为一个整体，而是发展出标准的实证主义形式，即事实与价值、经验与规范的二分，价值中立，悬置规范，只问真与假的事实判断，不顾善与恶的道德判断。由此，历史学与学科分化程度最低的社会学结合成历史社会研究，继续捍卫历史与哲学的本质性关联。

史主义之间的紧张消解在历史社会研究的方法论范畴中。这种方法论分化决定了整个 20 世纪历史社会研究发展及争论的基本走势。

其中,叙事型历史社会研究传统追求历史化、个体化和具体化。历史学通过严格考证史料的"求真",研究特殊的、个体的、偶然的具体事件,由此"直觉"到可以整体把握的普遍历史,并通达到宏观结构和必然规律。因此,普遍结构和必然趋势隐含于特殊之中,并且通过展示系列偶然事件的综合结果,拒绝任何外在于历史事件及其细节刻画的抽象概念和因果假设。恰恰相反,解释型策略致力于探索和控制宏观历史变迁中的因果法则和普遍规律,并认为历史学家本身并不能把握整体和普遍,但可以提供可靠的特殊材料,用于检验哲学家假定的普遍概念。显然,叙事型与解释型两种策略对历史有着明显不同的理解,在对待因果关系以及个体与整体、特殊与普遍、偶然与必然等诸多关系上存在很大差异。

阐释型策略在叙事与解释之间起到调和作用:一方面赞同叙事型策略的历史个体,抵制客观规律和因果法则的必然性;另一方面重视提炼历史过程中的多重因果关系,并通过概念的理想类型来理解高度语境化的历史现象。换言之,阐释型策略性地运用"唯名论"的概念来调和或遮蔽两种"实在论"争论[①],因此不是在根本上化解其认识论冲突。相反,叙事型策略反对运用任何的非历史概念与因果关系策略,

---

① 韦伯与涂尔干之间的方法论区别,可以用卡尔·波普尔的"方法论唯名论"与"方法论实在论"的二分法来表达。后者认为,纯粹知识或者"科学"的任务是发现和描述隐藏在事物背后的真正本质实在,这个传统源自柏拉图。而"方法论唯名论"认为科学的任务是描述经验中的事物,是借助一些规律性的确切工具(如概念、类型、命题)来描述事件并阐释其形成。参见卡尔·波普尔:《开放社会及其敌人》,郑一名等译,中国社会科学出版社 1999 年版,第 3 章,尤其是第 66—68 页;卡尔·波普尔:《历史决定论的贫困》,杜汝楫、邱仁宗译,上海人民出版社 2009 年版,第 21—27 页。

而解释型策略则批评它在提炼知识和发现真理方面过于保守,由此形成解释、叙事、阐释之间的分化。

面对这种方法论的分化问题,有融合与悬置两种不同的基本态度。第一种态度是从建立学科的角度出发,要求方法论的内在融合与整合。科学研究的目的是提供一套稳定、实用的知识体系,而且,成为一门独立的学科,意味着有明确的认识论基础及相应的方法论指导原则。历史社会研究方法论分化割据格局,并不有利于整体、连续、稳定、有序的知识生产,难以建立一门获得广泛认可的现代学科。在20世纪后期,随着后现代主义对现代性的批判和解构,认识论层面的知识越来越失去普遍性、客观性和绝对确定性,真理逐渐为主体间性的共识所取代,成为多重主体交互作用的结果。因此,方法论层面也需要调整,通过多重主体的共识来完成有效的知识生产。其实,方法论的“唯名论”与“唯实论”之间是可能整合的,实现解释、叙事、阐释之间的有机统一。基本步骤是“三步走”。

第一步是尊重历史材料的“实在”。叙事型策略的特点是史料的真实性和客观性,其目的是在普遍历史中寻找个体性和差异性,但同时又在唯心论意义上寻找普遍历史的结构性和规律性。一方面,历史社会研究以尊重叙事策略的历史本体和主体地位为前提,把受时空语境高度限制的真实史料作为理论发展的全部基础;另一方面,削弱其唯心论意图,让历史的结构性和普遍性特征自然呈现于丰富史料的客观整理和经验提炼,让任何概念的构建都有丰富的历史感,对理论的创造也施加客观的历史依据和语境条件。

第二步是适度的“命名”,即提炼非历史性的概念并构建因果关系。在考证丰富史料(即“殊相”)的基础上归纳出某种多重因果关系,并提炼出描述性或分析性概念即“名”,由此更有助于理解特定或者同类的历史现象及其形成过程,这就是阐释型策略的作用。然而,这种概念并不一定是事物真实存在的,而是在殊相决定共相的"方法论唯名论"意义上,作为一种理解历史现象和过程的有效策略和工具。同样,这种内在亲和性的因果关系并非唯一和稳定的,不排斥事物之间的其他联系,仅仅是为了更便于理解某一特定的历史现象而设定的。

第三步是尝试抽象反历史的"实在"。在对特定或同类历史现象与过程进行大量因果关系讨论和概念提炼的基础上,可以在更高抽象和思辨的层面,尝试寻找事物更本质化、结构化、普遍化、"反历史化"的法则和规律。这既弱化了解释型策略对因果法则和本质规律的野心,也保持了历史社会研究的哲学化追求。

显然,历史社会研究的方法论层次可以超越叙事、阐释、解释之间的策略对立,转而使之成为一个"实—名—实"的逻辑递进和抽象化过程(如图 6-1 所示)。以"实在论"的历史化叙事策略为基础,经过"唯名论"的非历史性阐释策略,最后才上升到"实在论"的解释型策略,从而寻找到的知识与真理抽象程度更高,得到超时空语境的普遍共识。正如培根把人类的知识视为"金字塔",历史是提炼知识的基础,而顶端是自然的普遍法则[1],通过"一条通到准确性的循序升进的阶梯"[2],由殊相和经验的历史研究过渡到共相的规范哲学。这悬置并弥补经验主义、理性主义、历史主义的认识论分形,同时,在如今高度实用主义

---

[1] 培根:《学术的进展》,刘运同译,上海人民出版社 2015 年版,第 86 页。
[2] 培根:《新工具》,许宝骙译,商务印书馆 1984 年版,第 2 页。兰克也支持培根的经验主义史观,只是反对他注重在史料和事实中发现"原因"和"原因之原因",而忽视历史现象的整体性和丰富性。

化的"后形而上学时代"①还可以为普遍的哲学与特殊的历史之间找到新的平衡机制与结合过程,为历史社会研究确立统一的方法论基础。

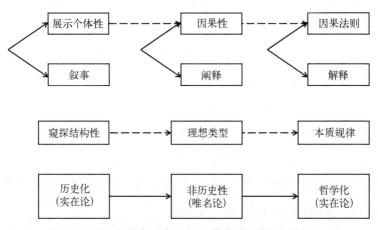

图6-1　历史社会研究方法论策略的可能融合路径

但在另一种态度看来,历史社会研究的方法论融合,不仅不可能,也没必要。不可能的表现有二:历史社会研究方法论经过两个多世纪的分化发展,形成了完全不同的学术传统和规范,不同传统之间存在诸多复杂关联或难以对话的鸿沟,已经不可能把彼此对立并竞争性发展的方法论和研究策略还原到原初形态;更根本的表现是,方法论分化的背后其实是认识论的对峙。"人类知识从何而来"一直是西方的认识论难题,近代启蒙哲学确立了几种不同的认识论传统,也有其相应的方法论原则。比如培根确立的经验主义传统采用归纳法,笛卡尔确立的唯理主义传统采用演绎法,维柯确立的历史主义传统采用辩证

---

①　有关"后形而上学"的讨论,参见哈贝马斯:《后形而上学思想》,曹卫东、付德根译,译林出版社2001年版,第3章;罗蒂:《后形而上学希望:新实用主义社会、政治和法律哲学》,张国清译,上海译文出版社2003年版。

法,各自背后都有不同的形而上学假设,由此对如何获得人类知识有完全不同的理解,进而形成一套逻辑严密的哲学体系。这意味着,方法论的不同是认识论冲突的表现和结果,方法论的融合意味着认识论的统一,甚至是形而上学假设的整合。其难度在康德《未来形而上学导论》中得到揭示。他尝试发起一场哲学的"哥白尼革命",确立"物自体"的形而上学假设,把已经分化的几种认识论传统重新统一起来。①但19世纪之后的人类知识并没有如康德所愿统一起来,而是进一步分化为学科知识。叙事与解释两种方法论之所以相互对立,就在于其背后相对应的,是历史主义与理性主义这两种相冲突的认识论;而阐释型历史社会研究调和二者争端,也只能是在方法论层面,而不能上升到认识论层面,更不用说形而上学假设。

没必要是指,历史社会研究的方法论意义在于追问当下问题的历史形成并寻找解决问题的出路,本身不具有社会学和历史学那样的独立学科地位,因此不必要追求方法论的融合和认识论的统一。历史社会研究方法论定型在19世纪的背景和起因,是理解、反思并分析法国革命和工业革命带来的诸多社会问题,由此以时代主题为导向,发现、解释并解决社会历史问题,成为历史社会研究的一个重要特征。每个时代的总体性问题大体一致,允许从不同角度,运用不同学科知识、方法和论证材料,综合理解和集中分析并解决时代的重大问题。

当然,每一个时代都有其特定的重大问题,比如,二战后美国历史社会学复兴,源于50年代全世界的反殖民运动、60年代西方世界的社会运动,需要重新思考秩序和进步等社会重大问题;而历史社会学在90年代之后再次扩展,主要是想要理解东欧剧变带来的全球性的民

① 康德:《未来形而上学导论》,庞景仁译,商务印书馆1997年版。

族、宗教、移民等新问题[1]；到 21 世纪，随着"9·11"事件和金融危机的爆发，不仅资本主义问题重新回归历史社会学研究的中心，还增加了帝国、反恐等全球化后果带来的新问题。

对于方法论的分化是融合还是悬置，在两种截然不同的态度背后，是一个永恒争论的优先性问题：历史社会研究的优先任务，在于解决问题还是建构理论？如果历史社会研究的传统是以解决经验世界的问题为优先，那么将直面两个问题。其一，对待理论、概念与方法的态度是拿来主义，但不同的理论、概念与方法不仅有不同的认识论来源，而且还意味着不同的视角和材料，对问题的判断、理解和分析完全不同，更不用说解决问题的方案。这不仅不利于解决问题，而且反而使问题更为复杂而不可化解，使各种理论与方法之间时刻陷入无休止的冲突与争论中。其二，对待历史学以及史料是实用主义，为了论证问题和解决问题的有效性，不仅不够重视一手史料以及考证其来源的真实性，而且还大量采用二手史料或者研究性文献作为经验材料。显然，历史社会研究的研究过程、方法和结论都难以得到理论"求全"的社会学家与史料"求真"的历史学家的一致认可，只能在解释型、叙事型与阐释型三种分化的方法论之间做出非此即彼的选择。反过来，这也意味着，历史社会研究存在天然的方法论分化，从而在历史与理论、收集史料与提炼概念之间必然时刻面临紧张、冲突与争论。当然，争论的积极意义大于消极意义，因为这恰恰推动了人类知识的增长，繁荣和促进了学术的发展。

---

① 史密斯：《历史社会学的兴起》，周辉荣等译，上海人民出版社 2000 年版，第 1、5 章。

第七章　历史社会学的兴起、演进与分化 *

　　进入 20 世纪之后，尤其是经过两次世界大战，随着世界的军事、政治与经济中心逐渐转移到美国，美国日益成为世界学术重镇。作为移民国家，美国没有历史包袱，其知识生产强调实践与实用，学科高度分化，而且不受历史意识限制。这种学术倾向与 19 世纪欧陆的学术传统拉开距离，并且反过来影响到欧陆知识界。在这种学术大背景转型的冲击下，19 世纪奠定的历史社会研究传统在 20 世纪出现斑驳陆离的变化，需要厘清历史社会学与历史社会科学的范畴，并进行类型化的比较分析，才能清楚其变化特征与发展趋势。

　　20 世纪兴起的历史社会学是 19 世纪历史社会研究传统的延续，但在发展过程中出现各种分化，总体上大致划分为广义与狭义两种形态。狭义的历史社会学仅指 20 世纪 30 年代在美国社会学领域兴起的一种学术主张和"批判的武器"，经过两代学者"致力于建立自己的学科"①，

---

　　* 本章第一节曾以《历史社会学的构成性难题——由来、演化与趋势》为题，发表在《广东社会科学》2020 年第 3 期；第二、三节曾以《历史社会科学的分化——马克思主义的视角》为题，发表在《马克思主义与现实》2019 年第 5 期；内容均略有改动。
　　① 斯考切波编：《历史社会学的视野与方法》，封积文等译，上海人民出版社 2007 年版，第 379 页。

在 80 年代初"被驯化"为社会学的子学科领域①。但随着定量史学衰落、叙事史复兴、文化史兴起和语言学转向,历史社会学重新摆脱子学科地位,逐渐扩展成为广义形态。实际上,广义形态是"两种倾向"交汇并混杂的研究领域,即倾向于在具体历史背景下关注社会变迁的社会科学,倾向于修正既定的或发展新的理论、概念、方法的历史学,参与其中的学科不限于社会学与历史学,还有政治学、经济学、人类学、考古学、人口学、地理学、民俗学等,甚至人文、艺术、自然科学都加入其中。②

较之狭义历史社会学所遭遇的抵制③,广义历史社会学似乎为历史学与社会科学共同青睐而广为接受,相当于"历史社会科学"。但是,历史社会科学也应该进一步划分为广义(historical social sciences)与狭义(historical social science)两种形态:广义形态是指历史学与社会科学各学科的"交叉",是学科之间的相互利用,彼此之间难免争夺主体学科的地位;狭义形态是作为一种知识生产的理想目标,明确反对社会科学的内部分化,强调社会的整体研究,并与历史研究的整体结合。

狭义的历史社会科学,一方面是延续 17—19 世纪的西方历史社会

---

① 卡尔霍恩认为,美国历史社会学是作为批判主流社会学的武器而兴起的,但"被驯化"成为社会学的一个子领域,意味着它从此丧失其批判的锋芒,再也难以撼动主流的社会学。Craig Calhoun, "The Rise and Domestication of Historical Sociology", in Terrence McDonald (ed.), *The Historic Turn in the Human Sciences*, Ann Arbor: The University of Michigan Press, 1996, pp. 305-338.

② Andrew Abbott, *Chaos of Disciplines*, Chicago: University of Chicago Press, 2001, Chapter. 3; Julia Adams, Elisabeth Clemens, Ann Orloff, *Remaking Modernity: Politics, History and Sociology*, Durham, NC.: Duke University Press, 2005, p. 19.

③ 例如查尔斯·蒂利担忧:如果把历史社会学"私有化"为社会学的子学科,则缺乏知识的统一性和连贯性;如果使之制度化,又不利于社会学其他领域的历史思考。参见 Charles Tilly, "Future History", *Theory and Society*, Vol. 17, No. 5 (Sept., 1988), pp. 703-712.

研究传统,反抗同时代历史学与社会科学分化的学科体制,有着更为广阔的学术史脉络、学术理想、学术价值和争论;另一方面,因自身延续多重内在冲突的历史社会研究传统,又带来更大规模的主题多样化与方法多元化。从历史社会学到历史社会科学,历史社会科学从广义形态到狭义形态的转换过程中,20世纪西方历史社会研究的图景色彩斑斓,需要进行类型学的阐释与分析。

第一节　美国历史社会学的演进

当然,社会学家比历史学家似乎更关注历史社会学的学术传统,并追溯到18世纪的弗格森、休谟、孟德斯鸠,通过探究两个多世纪以来历经两次或三次浪潮式的发展,试图囊括19世纪在欧洲相继形成的"新史学"潮流及其后来的发展。[①] 如始于19世纪的英国社会史传统、德国历史学派与法国年鉴学派,以及20世纪后期在美国兴起的"新社会史"和"新文化史",均被纳入历史社会学的学术史脉络中。[②] 然而,在美国社会学的学科史上,还存在历史社会学从学科边缘兴起并不断壮

[①]　丹尼斯·史密斯把历史社会学的学术传统分为两次浪潮:第一次是从孟德斯鸠和休谟、托克维尔到马克思、涂尔干和韦伯;而第二次是战后美国兴起的历史社会学。参见史密斯:《历史社会学的兴起》,周辉荣等译,上海人民出版社2000年版,第2—3页。茱莉亚·亚当斯把历史社会学分为三次浪潮,侧重于20世纪90年代之后历史社会学"文化转向"的新发展。参见 Julia Adams, Elisabeth Clemens, Ann Orloff, *Remaking Modernity: Politics, History and Sociology*, Durham, NC.: Duke University Press, 2005, Introduction.

[②]　参见斯考切波编:《历史社会学的视野与方法》,封积文等译,上海人民出版社2007年版;德兰迪、伊辛主编:《历史社会学手册》,李霞、李恭忠译,中国人民大学出版社2009年版;史密斯:《历史社会学的兴起》,周辉荣等译,上海人民出版社2000年版。

大的小传统。

一、历史社会学在美国的兴起

较之于德、法、英等早发国家的社会科学，美国社会科学的学科分化程度最严重，最缺乏历史意识，历史社会学在美国社会学内部的兴起有其不同于欧洲的独特过程。进入 20 世纪，随着世界经济、政治与学术的重心转移到美国，社会科学的数据操作化与主流理论的概念抽象化程度尤为显著，与历史研究渐行渐远。美国主流的社会学传统是围绕芝加哥学派确立的，对其开创者罗伯特·帕克与伯吉斯来说，自然史固然是史学与社会学关联起来的一种方法，而社会学的任务是超时空探索人与社会本性的自然法则。[①] 但 30 年代出现一股对抗主流的力量，仍遵循斯宾塞的人类进化论传统，并受第一代社会学家莱斯特·沃德的影响，提出"历史社会学"概念，并视之为社会学关注人类宏观变迁的子学科领域，并与文化、文明和原始社会关联起来。

其中，班茨和贝克尔是"历史社会学"的最早倡导者，以此反抗美国主流社会学传统，但又拒绝单一线性的社会演化理论，使之区别于进化论社会学。然而，他们的"历史社会学"没有共同的方法与核心议题。对于班茨来说，历史社会学的数据来自人种学，是用科学方法解释既定文化的经验研究；而贝克尔认为更重要的是尊重一手史料的"历史性"，"所有与民族有关的有效信息都应该非常丰富、彼此关联，并且跨越三四代人甚至更长的时间跨度"[②]。如果说这种对历史社会

---

① Robert Park, R. Burgess, *Introduction to the Science of Sociology*, Chicago: University of Chicago Press, 1925, pp. 11-16.

② H. Becker, "Historical Sociology", in L. Bernard (ed.), *The Fields and Problems of Sociology*, New York: Farrar and Rinehart, 1934, p. 20.

学的最初理解在数据来源方面存在差异，那么更大的差别在于历史社会学的研究对象。班茨把历史社会学视为探索社会发展的起源与法则，认为芝加哥学派的社会学放弃历史社会学，丧失了对社会变迁的必要关注；贝克尔却关注小规模循环理论的科学活动，认为美国主流社会学没有发展历史社会学，在于抵制19世纪欧洲社会进化论的"反历史性"传统。[①] 显然，虽然美国最初发起的历史社会学主张人类学的数据来源与方法，无益于后来兴起的历史社会学，但已经初步体现出历史性、非历史性与反历史性之间的悖谬性结合，并且在倡导历史意识并对抗主流范式方面奠定了历史社会学传统的学术品格。

到50年代为止，第一代历史社会学在对抗主流社会学中彻底失败了，所抵制的线性社会进化论被帕森斯吸收到他那抽象经验主义的结构功能理论体系中。然而，60年代西方世界频发学生、妇女、种族与反战的社会运动，这使一大批激进的年轻社会科学家有机会抵制主流研究，反对学科分化和无历史意识。社会学家对社会问题最为敏锐，最主动地转向历史研究，由此重启反主流的"历史社会学"。但与第一代历史社会学只停留在人类学和进化论意义上的学术资源不同，第二代历史社会学更广泛地吸收英国经济史、法国年鉴学派、美国社会史、德法的批判理论、马克思主义历史学，并且与部分反实证史学传统的历史学家不谋而合——后者主动寻求社会科学的支持，把概念、理论、方法与数理模型作为历史研究的解释工具。此后，社会学与历史学在形式上出现从未有过的亲密，成为六七十年代兴起跨学科学术运动的动力与资源。

---

① Mildred Schwartz, "Historical Sociology in the History of American Sociology", *Social Science History*, Vol. 11, No. 1 (1987), pp. 1-16.

历史社会学在 60 年代的美国兴起,完全得益于一批被边缘化、反主流倾向的社会学家和历史学家,比如艾森斯塔德、本迪克斯、李普塞特、汤普森、巴林顿·摩尔、沃勒斯坦、查尔斯·蒂利等。他们转向历史,专注于革命、社会冲突与变迁、工业化、阶级形成、国家形成、民主化、资本主义起源与变迁、官僚制等研究,开创宏观比较历史分析的新潮流。显然,第二代历史社会学成为一场学术运动,起初是作为批判主流社会学的武器,共同抵制以帕森斯结构功能主义为主流范式的系统论与功能论社会学。

80 年代初,"历史社会学"发展出以宏观(视野)、比较(方法)、历史(证据)三者相结合作为基本特点的研究策略,并形成军事、政治、革命、阶级等研究主题,由此达成这个学术运动的内部共识,并正式作为社会学的子学科和专门的学术领域,并加以制度化。比如在社会学学会成立"历史社会学分会"(1981 年),设立专项学术奖,创办期刊,开办相关的学术平台、论坛与研讨班,开设相关课程,招收和培养该领域的研究生。历史社会学高密度的组织化建制彰显了社会学的历史意识,但也隐藏作为批判的武器于鞘囊中,成为与其他子学科比肩的研究领域,宽容了社会学其他领域的无历史意识。与此同时,主流的经济学与政治科学主动把历史研究的传统资源拱手让给社会学,越来越青睐数理统计模型和理性选择理论,陶醉于追求所谓客观规律与价值中立。就这样,社会科学的历史意识一度为"历史社会学"占为己有,因此迎来"历史社会学的黄金时代"[1]。

---

[1] R. Collins, *Three Sociological Traditions*, Oxford: Oxford University Press, 1985, p. 107.

二、美国历史社会学的代际更替

历史社会学作为美国社会学的一个子学科和研究领域,经过两代人的努力和几十年的发展,已经培养出一大批年轻的历史社会学家,产生的成果在社会科学与历史学界都颇有影响。20世纪六七十年代的"反叛一代"已经作古——至少也已年过古稀,而八九十年代嗷嗷待哺的"幼兽"如今成为"山大王"。他们通过数十年的个体化或集团化经营,把出道时开辟的研究领域不断拓展,如今发展成为一个个显赫的学术团队和活跃的学术领域。尤其是在有着历史社会学优良传统的几个重镇,比如哈佛大学、加州大学、哥伦比亚大学、密歇根大学、耶鲁大学等,至今依然发挥重要作用。虽然较之于其他更为"美国化"的研究领域而言,从事历史社会学的群体依然不大,但所有嫁接历史与社会科学的跨学科者都被视为历史社会学家,他们充分发挥"比较历史分析"策略和"历史制度主义"视角,将之运用到社会科学的所有领域,产生显著的效果。此外,他们同时在几个相关学科与专业里担任教职,联合培养学生,从事合作研究,是繁荣跨学科和整合学术团队的重要力量。

那么,在这些阶段性的变化中,是哪些人在发挥引领学术运动的重要作用呢?他们有何贡献?笔者就此问题曾做过充分的"功课",包括以各种方式咨询数十名历史社会学领域的学者与学生,大量阅读引用率高的相关文献,查阅相关资料,尤其重视学者的学术训练、学术成就、学术评价、学生培养与获奖情况等等。[①] 据此,大致可以把美国历史社会学在过去三四十年间的发展脉络,策略性地划为三代。

---

① 郭台辉:《历史社会学的技艺:名家访谈录》,天津人民出版社2018年版。

第一代学者的贡献是"批判",作为抵制功能主义社会学的主要旗手,促成以比较历史分析为标志的历史社会学。他们分别是小威廉·休厄尔、巴林顿·摩尔、查尔斯·蒂利、沃勒斯坦、西德尼·塔罗、迈克尔·曼、西达·斯考切波。除了已经离世的几位,其他学者依然健在,思想活跃,并且继续守护历史社会学这个"领地"。

当然,有几股力量同时批判帕森斯的功能主义,并汇集在一起,助力历史社会学的兴盛。除了巴林顿·摩尔在宏观层面的比较历史分析之外,还有兰达尔·柯林斯在中观层面的社会冲突理论、霍曼斯在微观层面的行为与关系分析,以及沃勒斯坦超宏观层面的世界体系。哈里森·怀特从霍曼斯的行为与关系分析研究中发展出社会网络分析,引爆"哈佛革命",并发展出"关系社会学的纽约学派",但他不是在主题上而是在方法论上深刻影响到后来的历史社会学家,前者比较有代表性的是查尔斯·蒂利、彼得·比尔曼、罗杰·古尔德,他们的社会网络分析为历史社会学向微观关系层面与语言维度的发展做出了巨大贡献。

第二代以"50后""60后"为主,其贡献在于"建构"。其中,"50后"学者接受严格的专业培养与学术训练,是20世纪80年代历史社会学成为社会学子学科之后的第一批受益者和亲历者。他们已经不在乎反主流,而是专注于建构自身的学术领地,不局限于第一代学者的物质性主题与比较历史分析方法,而是更广泛地关注非物质主题,方法更多元与包容,还通过主题研究与其他非历史社会学的同行建立学术联系。他们各自在不同领域有着拓展性的卓越贡献,如今已成为历史社会学领域的领军人物和各自研究机构的资深教授。他们分别是安德鲁·阿伯特、玛格丽特·萨默斯、格雷格·卡尔霍恩、金世杰(戈德斯通)、朱莉娅·亚当斯、赵鼎新、彼得·比尔曼、理查德·拉克曼、罗格斯·布鲁巴克、乔治·斯坦梅兹、杰夫·古德温、奇瑟、凯伦·巴基、池上英子。当然，政治学出身但从事中国问题研究的专家，如裴宜理也属于此梯队。还有"60后"学者，比如托马斯·埃特曼、罗杰·古尔德、菲利普·戈尔斯基、詹姆斯·马候尼等等。他们都在90年代之后获得博士学位，并且直接受益于第一代历史社会学家的栽培。

历史社会学的第三代学者正在崭露头角，贡献还不明显，主要由"70后"与"80后"的新锐组成，比如艾萨克·里德、西贝尔·福克斯、迪伦·莱利、艾米丽·埃里克森等。这个群体的规模很庞杂，学术训练更规范，研究视野更开阔，不局限于西方世界或者西方中心主义，有着跨区域与全球性的整体关注。他们精力旺盛，在学术界最为活跃，在方法论的发展方面很有创造力，知识来源更丰富，研究方法运用更娴熟，在学科上并不仅仅集中在社会学，而是分散于比较历史分析、历史制度主义、网络分析、时间系列分析、事件分析等新范式中，结合政治学、经济学、人类学等其他社会科学，甚至是人文科学和自然科学的文献、方法、概念与视角从事研究。

与这三代学人相对应的美国历史社会学，大致有三个阶段的明显变化，即六七十年代作为批判的武器（本质论），八九十年代作为子学科的领域（特殊论），千禧年之后，以比较历史分析、叙事分析、过程分析、时间序列分析等研究方法的形式（工具论），与定量或定性的传统手段结合，广泛应用到历史社会学研究，使历史学与社会科学之间的结合呈现多样化。这三个阶段也有大致相对应的历史社会学分析范式，即结构主义、文化主义、网络主义；在分析层次上也大致呈现出从宏观、中观到微观的变化。

三个阶段对历史研究的根本属性也有不同程度的重视。第一个阶段不重视历史性，而是普遍把历史视为社会科学的佐证材料，坚守社会学的"非历史性"传统。但在第二阶段之后，不仅重视一手史料，而且在认知上不完全是"非历史性"，转而更尊重时间次序的历史过程，把史学的"讲故事"与社会学的"讲道理"结合起来。在"反历史"的假设上也有变化，六七十年代追求一致的"现代化理论"和"西方中心主义"，但在 80 年代受到后现代主义和后结构主义的哲学思潮影响之后，90 年代之后的历史社会学研究开始关注主体、叙事、小空间、帝国或殖民、身份、女性等追忆传统、差异化和多样性的主题。但到 21 世纪之后，尤其是在西方发达国家连续遭遇恐怖袭击和金融危机之后，宏观的政治经济大问题似乎又重新受到重视。明显的新主题是帝国与帝国主义，分析单位则从民族国家转移到社会网络，尤其是跨越政治国家边界的跨国网络和非行政管理标准的地方文化网络。

这意味着"反历史"的假设、"非历史性"的认知与"历史性"的史料出现多样化的特征，再加上主题与方法趋向于多元化，导致历史社会学研究走向碎片化。同时，历史社会学的概念与方法也不再局限于社会学这个母体学科供给，研究结论也不完全推动社会学学科的发展，以至于历史社会学可能成为查尔斯·蒂利所揭示的"社会学的历史想象力"①。

三、美国历史社会学的当代趋势

基于上述部分美国历史社会学家的研究立场，美国历史社会学的当代发展趋势展现为证据的"历史性"、认知的"非历史性"和预设的"反历史性"三个层面的构成性难题。

其一是"历史性"的语言与史料问题。社会学家在转向历史时，遇

---

① Charles Tilly, *Explaining Social Processes*, London: Routledge, 2015, Chapter. 11.

到的最大问题是难以得到主流社会学与主流历史学的双向认可,其主要原因有二:历史学家最重视一手史料的搜索、收集与甄别,而社会学家更倾向于重新分析二手史料;与此相关的是,重视一手史料必然涉及语言、语义与语境问题,背后必然关联到思想、文化、历史、观念等更为复杂的因素。巴林顿·摩尔指出:语言的丰富与精准是做一流比较历史分析的一个前提条件[1],但事实上,历史社会学家们在具体研究实践中往往呈现出两个极点。

　　一个极点是高度重视一手材料及其语言书写,一切据于自己参与收集的档案材料来分析,比如凯伦·巴基、池上英子、埃特曼、戈尔斯基、裴宜理等。凯伦·巴基的母语是法语与土耳其语,又能阅读奥斯曼语、阿拉伯语、波斯语的历史文献,工作语言是英语,后来又与来自德国、俄罗斯、奥地利等中东欧国家的学生合作,她的奥斯曼帝国研究完全是据于一手的档案文献,对亚欧诸帝国及其关系的历史有独到的把握,推翻帝国研究领域已有的许多观点。池上英子的母语是日语,长期做近代日本研究,用日本作为案例来挑战和颠覆西方学者既有的理论。裴宜理虽然不是中国人,但精通汉语,长期与中国许多本土学者有很深厚的友情,进行紧密的交往与合作。三位女历史社会学家都认为,掌握语言是做历史研究的第一要务,很抵制那些只看二手文献的历史社会学家。凯伦·巴基强烈批判金世杰的《近代世界的革命与反叛》,裴宜理也指责斯考切波不懂汉语却写成了作为历史社会学经典的《国家与社会革命》。[2]

---

① 　Gerardo Munck, Richard Snyder (eds.), *Passion, Craft, and Method in Comparative Politics*, Baltimore: The Johns Hopkins University Press, 2007.

② 　Elizabeth Perry, "Book Review", *The Journal of Asian Studies*, Vol. 39, No. 3 (1980), pp. 533-535.

迈克尔·曼、金世杰与比尔曼代表另一个极点。他们不喜欢收集一手档案文献，但高度重视历史学家们已经找到的历史数据，大量使用二手文献，并以不同的角度和问题意识来重新分析这些历史数据，展示长时段背后的"普遍命题"。迈克尔·曼的《社会权力的来源》并不在乎一手材料和语言问题，他只关注四种社会权力在人类历史长河中的变迁。金世杰比较17—18世纪北回归线上的五个帝国，他花了很大篇幅辩解，认为自己虽然完全不懂日语、汉语、奥斯曼语，且大量使用二手资料，但经得起史学家的挑战。比尔曼的博士论文研究近代英国贵族，所用的历史数据完全来自一个历史学家之手。他坦言，自己擅长于数据分析，不愿意花大量时间去收集一手文献，而分析问题和提炼解释模式是历史社会学不同于历史学的最大区别。

当然，在这两极之间还有一个调和与平衡的观点。伯克、塔罗与拉克曼等人认为，重视语言和一手史料与否，取决于历史社会学家关注的问题和策略。定性的个案分析，尤其是历史事件研究、情感、文化、价值、意义等主题，必然是语言与史料优先；比较和定量分析，而且是关注大规模、大结构、长时段宏观社会变迁的比较和定量分析，需要综合各领域历史学家的智慧，比较诸多历史学的前期研究，必然无法顾及语言和一手史料问题。

其二是"非历史性"的视角、概念、理论问题。如果说对待"历史性"问题有三种态度，那么在"非历史性"问题上的差异就大得多，而这恰恰是历史社会学家们主要的创新之处。我们可以在两方面来理解其间差异。第一，历史是社会科学的意识和本质，还是发现规律和寻找解释的方法与工具？或者二者是跨学科真正融合的领域？侧重于本质、领域或方法，这是历史社会学争论的一个核心议题。查尔斯·蒂利、沃勒斯坦、伯克等老一代学者都推崇历史学家斯廷奇科姆提出的一个经典命题:"人们不是运用理论来研究历史,而是用历史来发展理论。"在他们看来,历史是社会科学的基础与本质,历史社会学并不是一个跨学科领域,更不能把历史社会学作为方法,沦为社会科学的工具。重视语言与一手史料的历史社会学家都坚守这个立场。也不难理解,托马斯·埃特曼高度重视一手文献,受业于斯考切波,却与之保持思想与立场的距离。

不同的是,卡尔霍恩、拉克曼、亚当斯、戈尔斯基、比尔曼等人把历史社会学视为一个跨学科领域,并作为社会学学科建制的子学科,认为其独特的任务是,在历史现象中发现命题或者用某种视角来阐释历史,以启示当下社会问题。他们立足于历史社会学作为学科的新传统,从政治、经济、家庭、宗教、社会关系等层面切入历史过程,对历史现象和问题提供新的解释。在这方面,斯考切波对历史社会学的学科化建制做出实际的贡献,她把历史社会学传统带入政治学和美国本土研究之后,发展出比较历史分析、历史制度主义等视角。显然,历史转向成为刺激政治科学的活力,但这已远离历史社会学的早期传统。

第二,历史社会学主导范式出现了宏观—结构、中观—文化、微观—网络的分化。宏观—结构论是老一代历史社会学家所推崇的,比如沃勒斯坦的资本主义世界体系,迈克尔·曼的社会权力来源,塔罗的抗争政治,都突出了政治、经济、军事、革命、国家这些宏观主题,也得到了第二代部分学者的继承,比如金世杰的革命,拉克曼的资本主义,凯伦·巴基的帝国和宗教,埃特曼的近代欧洲国家构建;但有一批学者倾向于中观—文化领域,比如亚当斯的家庭与性别研究,池上英子的近代日本象征网络研究,戈尔斯基的宗教研究,裴宜理的中国革命研究,等等。但在21世纪,由哈里森·怀特和查尔斯·蒂利发展出来的社会网络分析成为主流范式,几乎可以用来分析所有主题,最为直接地影响到了比尔曼、塔罗、凯伦·巴基、池上英子。比尔曼的贡献在于发展历史社会学的微观层次，研究社会关系、象征符号与意义网络。这与"新史学"的彼得·伯克不谋而合，西德尼·塔罗后来也关注中观层次的比较与机制研究。他们均不喜欢宏大的、比较的结构研究，而是关注宏观结构的微观反应与起源。

　　其三是"反历史"的理论预设问题。20 世纪七八十年代成名的历史社会学家们都深谙马克思、韦伯、涂尔干的经典社会理论，试图以简化历史的方式，寻找总体、普遍的结构或概念，以此为理解历史事件轨迹提供"金钥匙"，其背后的历史假设是以"进步论"和"西方中心主义"为基础的"现代化理论"。沃勒斯坦、迈克尔·曼、彼得·伯克、金世杰、拉克曼、比尔曼、亚当斯、埃特曼等人的早期著作存在这种倾向。但到了 90 年代，这一切都发生了变化，更强调差异性、多样性，似乎出现逆现代化、多元现代性或者后现代的史学观念。人们开始更多关注文化、地方性知识、社会性别、宗教、象征、记忆、小空间与小群体等等，强调多重作用力与多重视角如何整体影响到历史轨迹的变化。这方面的典型是，凯伦·巴基提倡帝国收缩，池上英子用日本案例来抵制西方既定的普遍理论，戈尔斯基强调教会构建与国家构建的同一关系。查尔斯·蒂利本人越来越关注差异，他的《强制、资本和欧洲国家》就是讨论欧洲社会的不同轨迹。蒂利在学术生涯后半期，基本上也就是他人生的最后 15—20 年，更多关注产生多元化后果的小规模社会进程，这催生出很多新的历史社会学研究成果。

　　但这带来的消极后果是历史社会学的美国化、原子化、碎片化、空洞化，导致历史社会学在 20 世纪 90 年代后期陷入低潮，带来方法论的诸多争论。比如金世杰、戈尔斯基、池上英子、亚当斯等人都参与过关于归纳与演绎、经验与规范、理性与情感等几组紧张关系的争论。方法论之争的背后实际上是历史观念或者假设的不同。但随着 21 世纪出现的美国"9·11"事件、英国"7·7"事件以及 2008 年的金融危机，大问题、大空间结构、长时段的大历史变迁似乎重新回到历史社会学关注的中心地带，宏观的政治与经济问题再次受到重视。凯伦·巴基的《差异的帝国》、拉克曼的《不由自主的资产阶级》，以及迈克尔·曼的《社会权力的来源》(三、四卷)、《不连贯的帝国》与《民主的阴暗面》等，都是 21 世纪历史社会学领域的代表作，更不用说沃勒斯坦的世界体系一直受到学术界的重视。在沃勒斯坦看来，资本主义世界体系的整体危机与知识论的危机同出一源，他提出要反思启蒙运动以来的知识论。21 世纪的知识论更需要整合历史、社会科学、自然科学的知识生产，重新把社会科学各学科整合起来，把历史社会科学整体融合在一起。

至此，我们已经确定历史社会学的构成性难题及其在美国的表现，从而也回答了"历史社会学是什么"这个元问题。首先，历史社会学不是解决问题的一套理论或者概念框架，并不能为问题提供任何的明确答案，反而增加了问题的复杂性；其次，历史社会学不是一种视角与方法，任何存在的事物都有历史的时间与社会的空间两个面向，无法把时空关系视为一种看待问题的固有角度或者收集证据的特定方法，反而宽容所有进入特定时空的视角方法；最后，历史社会学不是一个学科领域，因为社会科学的任何主题研究都有历史面向，而无法像历史学一样把历史面向独断地视为一个独特的研究主题，社会科学的任何主题都可以转向自己的历史。

相反，历史社会学是社会学领域一股反主流的学术运动，借用历史学以及其他学科的资源，不断抵制母学科的主导范式与学科之间的沟壑，成为不断突破与更新自我的一种知识生产方式。参与其中的每个历史社会学家都有自己独特的学术训练与成长路径,每一代学者的作品都高度关注特定时代的问题,也留下该时代的痕迹,不断平衡历史社会学的构成性难题。一方面,需要掌握主流社会科学的一般规范,展示具体研究的现实意义并推动当下的问题研究;另一方面,由于文献材料与证据源于不可反复、不可检验的历史,他们需要熟悉相关主题的几乎所有历史作品,了解在不同历史观念指导下的历史研究成果。同时,为了更有说服力与可信度,他们不得不与史料派的历史学家一样,亲自投身于历史档案,搜集并解读一手史料。

他们能在几十年的辛勤耕耘中取得一番学术成就,创造不同的历史社会学知识产品,得到同行的高度认可,就在于不断追求青年时代的梦想,呵护内心的宁静,保持清醒的社会观察与学术批判头脑,不断超越自我,在学术脉络中理解和回应当前社会问题。即便如此,历史研究的根本属性使历史社会学存在与生俱来的悖谬,任何知识产品必然出现各种争议,一直在历史性、非历史性、反历史性的对抗与张力中决断,难以同时满足历史学与社会学的双重认可。他们得有自己独到的学术判断和反思,并不断超越自我的认知障碍,这构成历史社会学领域的斑驳图景。如今,美国社会科学越来越量化和模型化以至于僵化,而历史社会学的扩展与争论无疑是活跃美国社会科学乃至拯救西方社会科学危机的一剂良药。

第二节　历史社会科学的广义形态

一、"历史社会科学"的两种表述

相对于研究"物体运行规律"的自然科学而言,社会科学研究的是

"人类实践活动",是作为整体和一般意义上的 social science。但从学科分类来说,社会科学是政治学、经济学、社会学、人类学等学科的一般范畴,即部分加总的 social sciences。社会科学从创生至今已有 200 多年的历史,经历了从整体到部分加总的分化过程。其内部各学科之间、外部与自然科学和人文科学之间,无不充满冲突与争议。然而,社会科学与历史研究一直保持紧密联系。如果说"哲学社会科学""人文社会科学"这些表述仅指大类学科的并置关系,那么"历史社会科学"则是社会科学转向历史的学术主张。社会科学家以各种方式保持自觉的历史意识,借用历史方法整理文献材料,在历史经验中提炼理论与概念,运用社会科学方法来理解独特的历史现象,或发挥历史的想象力连接过去与未来,探索人类活动的历史变迁规律。

作为一种学术主张,"历史社会科学"不同于 20 世纪 70 年代在史学界一度流行的"社会科学史学",虽然二者都强调主动接纳对方并相互融合,但后者特指历史学家主动运用社会科学的理论、概念、方法等来理解和解释特定的历史现象。当然,"历史社会科学"也不同于在社会学学科内流行已久的"历史社会学",其内涵更深刻,外延更广泛,涵盖认识论与方法论两个层面。认识论上包括所有具备历史思维和意识的社会科学知识,方法论上包括所有转向历史研究的社会科学方法、视角、领域,如社会史、经济史、历史人类学、历史地理学等等。"历史社会学"只是"历史社会科学"分化之后再以跨学科方式发展出来的一个分支,学科化与组织化程度比较高,因此尽力在社会学主流研究中寻求"职业合法性"。[①]

---

① Craig Calhoun, "The Rise and Domestication of Historical Sociology", in Terrence McDonald (ed.), *The Historic Turn in the Human Sciences*, Ann Arbor: The University of Michigan Press, 1996, pp. 305-338.

　　"历史社会科学"表达社会科学转向历史的共同旨趣。其一,它在根本上抵制那些没有历史思维的社会科学研究。历史感是社会科学家必须具备的研究意识和思维,用查尔斯·蒂利的话概括,"历史社会科学并不是某种特殊的社会科学,而是其本质"①,"没有历史的社会科学就像好莱坞电影",只有宏大场面而没有人物②。在社会科学的发展史上,社会科学家更多的是把历史研究而不是数理模型置于重要位置。只是近几十年来,西方世界才把美国主导的社会科学奉为主流,尤其是经济学与政治学,深受系统论、博弈论和理性选择等数理思维的影响,试图取代其历史思维的研究传统。其二,它既展示历史学与社会科学的亲密关系,又保持二者天然的差异性,由此更准确地把握历史研究对社会科学的基础性作用。所以,转向历史的社会科学家们不同于德国新康德主义者如狄尔泰与卡西勒,把社会科学与历史科学整合到"文化科学"或"精神科学"范畴中去,完全消除历史科学与社会科学之间的差异。

　　然而,正如"社会科学"有整体与部分加总的差别,"历史社会科学"也分为狭义与广义两种表述形式。社会科学内部各学科有意识地转向历史,并以跨学科方式形成新的研究领域,都可以纳入广义表述的"历史社会科学"(historical social sciences)。其狭义表述是 historical social science,对社会科学转向历史的主张提出更高要求。当然,20 世纪 70 年代的德国史学家们重新挖掘马克斯·韦伯的传统,主张历史学与社会科学整体结合,关注 18 世纪工业革命以来的社会史,形成"历史社会

---

① D. Landes, Charles Tilly, *History as Social Science*, Englewood Cliffs: Prentice-Hall, 1971, p. 2.

② Charles Tilly, *Explaining Social Processes*, London: Routledge, 2015, p. 120.

科学"(historische Sozialwissenschaft)。[1] 但他们主要是把法兰克福学派的批判社会理论与传统的社会史结合起来,用于批判德国的兰克史学派传统,反思其政治灾难史及未完成的现代化道路,鲜有关注其本土之外及之上的全球整体问题。另一种典型主张来自伊曼纽尔·沃勒斯坦。他在 2008 年发表《何谓历史社会科学》(What Is Historical Social Science)[2],以此追忆查尔斯·蒂利一生的学术追求。

狭义表述的"历史社会科学"恰恰是对其广义的主张表示不满,以此反思并批评社会科学转向历史过程中普遍存在的问题。在沃勒斯坦和查尔斯·蒂利等人看来,广义表述的"历史社会科学"只是跨学科研究意义上的历史转向,仅仅立足于各自的学科和学术阵营,是在不断分化的社会科学与内部同样严重分化的历史学之间出现的部分重叠与形式交叉。这种停留在跨学科层次的研究不仅不利于学科之间的持续对话与整体融合,反而在观念和制度上固化自然科学、社会科学、人文科学"三分天下"的学科分类体系,难以有效解释当前世界复杂的社会现象。他们反对当今美国那些无历史意识的社会科学,或者仅仅把历史研究视为特定主题的一种研究方法,并使之制度化为一个子学科,因为这在实质上破坏了历史研究在社会科学中的基础地位。因此,沃勒斯坦等人呼吁"开放社会科学",主张重建作为整体的社会科学,即 social science,而不是内部人为分化的 social sciences。[3] 以此为基础,社会科学转向历史研究时需要有总体史学的思维和意识。

---

① 伊格尔斯:《二十世纪的历史学:从科学的客观性到后现代的挑战》,何兆武译,辽宁教育出版社 2003 年版,第 6 章。

② Immanuel Wallerstein, "What Is Historical Social Science", in *Contention, Change, and Explanation: A Conference in Honor of Charles Tilly*, New York, 2008.

③ 华勒斯坦等:《开放社会科学:重建社会科学报告书》,刘锋译,生活·读书·新知三联书店 1997 年版。

实际上,在 19 世纪,社会科学内部尚未出现专门性研究领域的学科分类,历史研究也不完全是一门独立的学科,社会秩序的总体探索或社会问题的总体解决与总体的历史研究结合在一起。甚至在世纪之交,社会科学内部出现分化与组织化建制,但在总体上仍是作为一种独特的方法论,被用来阐释历史的独特性,或者追溯当下社会问题的历史过程。历史社会科学的广义表述是社会科学与历史研究在 20 世纪后逐渐分化并进一步碎片化的结果。

随着科学的内部分化、社会分工的复杂化、社会科学研究的精细化,各学科为寻求科学合法性而遵循不同的科学原则,社会科学内部开始各自运用局部的历史思维和方法,典型表现是"经济史"与"社会史"。从此,历史社会科学开始出现一种从整体到分化的转变过程。不仅如此,二战后的社会科学与历史学都出现跨学科浪潮,催生出如"历史社会学""历史人类学""新文化史""历史地理学"等新领域,以及"历史语境主义""概念史""历史制度主义"等新的方法和视角,由此引出所谓"社会科学转向历史"的话题。随着后现代主义思潮对社会科学与历史科学带来全方位、深层次、大范围的影响,早已分化的社会科学转向彻底"碎片化"①的历史研究,带来碎片化的知识生产。

只有重新迈向社会科学与历史研究的整体结合,才能真正理解当前充满不确定性的世界,并做出更合理的解释与更有效的引导,把人类社会引向美好未来。然而,沃勒斯坦、查尔斯·蒂利等人并没有指明,在历史社会科学的两种表述背后,是社会科学与历史研究之间相结合的两种形态。其中,广义形态的历史社会科学是指历史研究与社

---

① 弗朗索瓦·多斯:《碎片化的历史学:从〈年鉴〉到"新史学"》,马胜利译,北京大学出版社 2008 年版。

会科学作为两种独立的知识生产主体,在结合过程中发挥不同的主次作用。与此不同的是,狭义形态的历史社会科学强调总体社会科学与总体历史研究之间的整体结合,是总体融合、不分彼此的统一体。

二、广义形态及其二分类型

社会科学在内部学科分化之后,再以跨学科的方式,不约而同但有意识地转向各自的历史,在整体的知识图景上呈现出历史社会科学的趋势特征。然而,具体看来,高度分化之后再结合而成的历史社会科学可以进一步划分出两种竞争性的对立形态,即"历史的社会科学化"与"社会科学的历史化"。二者之所以对立,就在于遵循不同的方法论传统,对历史、社会、科学有不同的理解,寻求相互结合的意图与目的也不同,因此导致不同的问题。

其中,"历史的社会科学化"以孔德开创的实证社会科学为主导,历史研究为之提供经验论证的可靠材料,由此扩大社会科学在历史领域的适用与视野范围,目的依然是寻找社会事实的因果变量关联机制或者本质性规律。在孔德看来,人类的进化及其群居的组织性特征要求社会科学成为一门相对独立的科学,并且是用自然科学的方法来确立一种关于人以及人类社会的一般学说。他吸收物理学的机械论与生物学的进化论,倡导在经验科学中发现真实、精确的社会事实与社会变迁规律,为社会科学奠定方法论基础。在具体研究方法上,社会科学不仅可以运用物理学的实验法与观察法来关注规律性,以生物学的比较法关注差异性,还有其独特的历史方法,重点是寻找历史形成的一般规律与变迁过程的内在动力。[①]　因此,历史研究作为一种方法,是在

---

① 奥古斯特·孔德:《论实证精神》,黄建华译,商务印书馆 2001 年版。

社会科学的假设引导下，旨在发现普遍理论与因果法则，历史成为寻找并检验理性法则的"试验场"。孟德斯鸠、托克维尔、库朗热都是属于这种类型在18、19世纪的先驱。涂尔干在剔除孔德的思辨哲学之后，全盘吸收其实证社会科学的传统，并发展出结构功能主义的社会学范式。

20世纪前期的实证社会科学一度切断了与历史研究的联系，但在二战后开始重新进入历史。随着全球的学术重心转移到英美世界，帕森斯利用系统论和行动论重新改造涂尔干的社会学范式，使无历史意识的结构功能主义成为美国社会科学各学科的统一范式，还把世界与历史重新纳入到现代化理论的统一解释。这积极配合战后建构以美国"新帝国"为全球霸权中心的世界政治经济秩序。同时，以波普尔为代表的分析哲学家主张实证科学进入历史的必要性，认为历史研究可以像自然科学一样发现历史发展的本质规律。因此，"历史的社会科学化"得以恢复，并充分表现为帕森斯的社会系统控制与整合、戈夫曼的总体性制度、默顿的中层理论、马歇尔的公民身份与社会阶级、斯梅尔瑟的社会变迁、李普塞特的民主变革以及艾森斯塔德的官僚帝国体系等等。他们以"现代化理论"与"进化论"为共同的研究假设，并充分运用结构主义的社会变迁解释模式，把历史研究完全纳入到实证社会科学的统一解释范式。

战后20年里，"历史的社会科学化"成为英美历史社会科学界的主流，主要原因归于两点。其一，英美由资产阶级主导的社会结构缺乏强大的工人运动，学术界难以自主创造一种普遍解释人类社会发展的理论模式。世界战争带来那些因祖国破败而被迫流浪的外来学者，他们对人类世界以及资本主义社会提出普遍的反思、批判与重建，形成各种解释模式。其中最适合用来解释英美领导世界的概念框架是进化论与现代化理论。该理论迅速填充英美知识领域的总体性真空,使所有原本为了实用而分化发展的、不相关联的甚至相互抵牾的学科知识找到共同的研究假设,并确立以美国为现代化蓝本的形而上学体系。其二,战后新兴国家在政治、经济方面的巨大变化,尤其是大规模抵制英美殖民的革命与抗争运动,引起英美社会科学界的高度关注。他们开始普遍关注第三世界国家的社会转型过程与方向问题,各学科以"现代化"与"经济增长"为核心议题而转向历史,既发展出如历史人类学、历史人口学、历史社会学等全新领域,也增加如"新经济史""新社会史""新政治史"等新的视角与方法,在经济学之外寻找对现代化进程起到决定性作用的因素。

然而,进入到70年代之后,这种历史社会科学开始受到批判——主要是在英美发达国家内部出现大规模的社会抗争运动,从而使一批新兴的社会科学家与历史学家批判现代化理论的单一假设与结构功能主义的普遍解释模式,也意识到运用自然科学的"硬科学"标准来解释复杂社会现象的局限。他们试图重新反思现代化与社会转型本身,并发展一种"软科学"的历史社会科学形式,重新理解历史现象的变化过程,即"社会科学的历史化"。这种形态的基本假设是,任何历史都是由具体的特定个体构成的,并且在特定情境的社会行动中体现其特定意图与动机,因此历史是不可复制、不可化约的独特现象与过程。该形态的理论假设源于德国的历史主义传统。

但在19世纪末,排斥实证科学传统的历史主义出现危机,马克斯·韦伯成为调和两种传统的开创者,并使之结合起来,成就了"社会科学的历史化"形态。在他看来,历史研究需要悬置历史主义传统的"直观""顿悟"等哲学观念,仅关注历史个体的社会行动,而社会科学应该关注个体意图和行动。由此,个体行动同时规定了历史与社会的实在性,使历史研究与社会科学找到一个"阿基米德支点"。但历史研究是理解"历史个体"的主体使命,而社会科学则是一种逻辑、客观的分析工具,用于发现社会行动的意义、事实及其多元的因果联系。

在70年代之后,学者将马克斯·韦伯从帕森斯无历史意识的行动论中解放出来,使其重新成为"社会科学的历史化"形态的鼻祖。在格尔茨文化人类学的发酵中,"行动—过程论"迅速取代"结构功能论"的主导位置。80年代受后结构主义思潮影响,尤其是在经济全球化与东欧剧变的作用下,"社会科学的历史化"成为社会科学转向历史的主流形态。典型代表是迈克尔·曼的社会权力来源、格尔茨的文化人类学、盖尔纳的民族与民族主义、阿伯特的劳动过程社会学等等。

其共同的方法论特征是,不再寻求超历史、结构分析、因果关系变量和普遍理论,鲜用个案比较的非历史"实验方法"和科学化的分析性语言,而是采用人文的描述性与阐释性语言,理解与阐释中、微观层面的社会历史过程。因此,研究视角转向制度分析、网络分析、跨文化比较与语言学,更广泛地关注底层的社会大众,还与国际关系、语言学、地理学、考古学与人种学结合。与此相应的是,发展出的主题高度离散混乱,如结构分析的帝国衰落、国家形成、族群冲突;行动分析的法律、犯罪、抗争、军事;认同分析的文化、宗教、符号、意义;身份分析的阶级、性别、家庭、习俗;此外还扩展到气候、环境等自然科学领域,介入到小说、戏剧、诗歌等文学领域。

显然,"社会科学的历史化"形态导致的结果是,诸多所谓的历史社会科学家只是用社会科学的概念嫁接史学的新史料或新成果,产生大量的时髦著述,但缺乏其自身不变的问题与价值关怀,也不关注时代与历史的宏观大问题,知识缺乏统一的基础与共识,带来研究主题与知识生产的碎片化后果。

第三节　历史社会科学的狭义形态

一、狭义形态的二分法

查尔斯·蒂利与沃勒斯坦等人追求历史社会科学的狭义形态,一方面是出于对广义形态及其问题的不满与批判,另一方面是倡导一种新的学术理想,即在总体的社会科学与总体的历史研究之间做到整体结合。在他们看来,广义的历史社会科学只是被禁锢于某个阵营,要求其他学科的忠诚,有意无意地把其他学科视为自我强化的工具。正如安德鲁·阿伯特所哀叹的,历史学与社会科学如果仅以跨学科形式结合,难以实现真正的综合。[1] 其结果必然陷入"山头主义",在各自阵营内部以及阵营之间各持一端,仍然进行"聋子之间的对话"[2],无益于理解与解释作为整体的社会问题及其历史形成。然而,根据社会科学与历史研究总体结合的结构化程度不同,可以进一步采用马克思主义社会学家布洛维的观点,把后来发展出来的各种马克思主义总体性范畴划分为"总体表现的"(expressive)与"总体结构化的"(structured)两种。[3]

其中,"总体表现的"的总体性源自黑格尔,是指一个单一的"本质"或者支配性原则控制着社会整体,社会结构的每一部分都是对整体

---

[1]　Andrew Abbott, "History and Sociology: The Lost Synthesis", *Social Science History*, Vol. 15, No. 2 (1991), pp. 201-238.

[2]　彼得·伯克:《历史学与社会理论》,姚鹏等译,上海人民出版社 2000 年版,第 2 页。

[3]　Michael Burawoy, "Contemporary Currents in Marxist Theory", *The American Sociologist*, Vol. 13, No. 1 (1978), pp. 50-64.

"精神"的表达。比如卢卡奇的"商品化"或"物化"、葛兰西的"文化霸权"、马尔库塞的"单向度的人"等，都是通过家庭、政治、文化等各种社会关系来表达资本主义社会的支配性原则。"总体结构化的"总体性主要是受法国结构主义传统的影响，尤其是经过阿尔都塞的结构主义马克思主义的转化，强调社会的某一部分或领域决定社会整体。比如，经济通过其"功能"需求或者再生产条件，对社会各领域及其之间的联系起到决定性作用。因此，资本主义经济的存在条件是法律系统保护私有财产、家庭再生产劳动力、意识形态使资本主义关系合法化等等。各部分之间的联系因对社会整体运转的独特贡献而确立，而且，各部分的"功能"界定其形式或结构，因此被赋予一种相对自主性与形成逻辑。

这种总体性范畴无论是"总体表现的"还是"总体结构化的"，都是把社会科学与历史研究紧密有机地结合起来，彼此难分，而且各自内部也难以划分出分支学科领域，只能作为单一整体的历史社会科学，同时抵制"个体实在论"的社会科学与历史研究。当然，两种总体性范畴有明显差异，其中最重要的标志是：总体结构化的类型重视社会某单一领域（如经济、文化、政治等）对社会整体运行与变迁的决定性作用，而总体表现的类型则是整体与部分、部分与部分之间的动态联系，而任何部分对整体都无法起到决定性作用，社会整体是社会各领域综合作用的结果。因此，前者更宽容法国结构功能主义的社会科学传统，而后者更强调社会总体变迁与各部分构成因素之间如何形成综合性的相互作用。

其中，"总体表现的"历史社会科学最典型地体现为波兰尼的《大转型》与沃勒斯坦的"世界体系论"。《大转型》综合应用经济学、社会学、历史学等学科知识，重点解释20世纪前期世界经济的资本主义体系与民族国家内部的社会保护制度之间的冲突，涉及土地、市场、货币、劳动力、自由贸易、国家间竞争与战争、国家福利政策、阶级冲突、法西斯主义等诸多内容。但他并没有局限于任何单一议题的论述，而是综合社会各部分与领域的状况，突出分析从地方到全球的多层制度及其互动关系，并对市场社会进行整体批判。① 沃勒斯坦进一步批评，认为"非历史的社会科学（包含马克思主义的非历史版本）所犯的根本错误，便是将这个有机整体的各部分具体转化为一些单位，并将这些具体化的结构进行比较"②。

相反，他把世界整体视为一个动态体系，并作为一个完整的分析单位，认为社会体系的明确特征是"其内部存在劳动分工，这导致各部门或各地区依赖于同其他部门或地区进行经济交换，以源源不断地、稳定地满足本地区的内部需要"③。因此，任何地区的变迁都以世界整体的社会变化为条件，但资本主义世界经济体系的变化又是以欧美富裕的核心国家掠夺第三世界贫穷的边缘国家与地区为基础。因此，沃勒斯坦比较民族国家、地区、城市等分析单位，都是为了解释资本主义世界体系在 16 世纪之后的总体历史过程，深刻理解世界政治不平等的经济根源。④

沃勒斯坦明显受以布洛赫与布罗代尔为代表的法国年鉴学派史学影响。他们都同时重视历史情境、经济技术水平、政治制度、文化因素

① 卡尔·波兰尼：《大转型：我们时代的政治与经济起源》，冯钢、刘阳译，浙江大学出版社 2007 年版。

② 沃勒斯坦：《沃勒斯坦精粹》，黄光耀、洪霞译，南京大学出版社 2003 年版，第96 页。

③ 沃勒斯坦：《沃勒斯坦精粹》，黄光耀、洪霞译，南京大学出版社 2003 年版，第98 页。

④ 沃勒斯坦：《现代世界体系》，郭方等译，社会科学文献出版社 2013 年版。

以及自然环境的综合作用，并且充分综合史学与社会科学知识，共同解释特定时段、特定空间的总体变化过程。其目的都是"对一种社会组织结构以及把它连为一体的各项原则进行剖析并做出解释"[①]。同样，年鉴学派史学家们批评在关注过去的历史学与关注当下的社会科学之间进行切割，也反对把社会科学再分化，认为这是社会知识走向碎片化的制度与组织根源，而《年鉴》杂志恰恰是通过具体实例与实践，把过去与现在结合在一起，统一历史学与社会科学。因此，布罗代尔指出："无论是研究过去还是研究现在，认清社会时间的多元性对于建立人文科学的共同方法论是不可或缺的。"[②]这是社会科学与历史学的"共同语言"。

"总体结构化的"历史社会科学类型集中在马克思主义的经济史与社会史领域，关注封建制与农奴制的衰亡、向资本主义的过渡、17世纪的总危机、英国国内战争、工厂的兴起与无产阶级意识的觉醒等等，其基本共识是，经济关系及其相关要素对社会整体运作与变迁起到决定性的作用。这种类型与"总体表现的"类型之间的分化源于对资本主义的不同理解，这可以从马克思主义经济史学家们在20世纪50年代之后关于封建主义向资本主义过渡的学术争议来比较。

1946年莫里斯·多布出版《资本主义发展研究》，第一次以生产关系与财产制度来定义封建主义的社会形态，并认为，兴起以雇佣劳动关系为特征的资本主义，是封建领主与农奴之间阶级冲突带来的意外后果，因此，资本主义产生于封建社会的内部。这遭到斯威齐的反驳，他认为封建主义是因使用而生产的制度形态，而资本主义是商品交换

---

① 布洛赫：《封建社会》，张绪山等译，商务印书馆2004年版，第33页。
② 布罗代尔：《论历史》，刘北成、周立红译，北京大学出版社2008年版，第29页。

的结果,得益于封建制度之外的新兴城市、自由民、商人与贸易。多布与斯威齐之间的经典争论推动了英美"新左派"史学的兴起,但也逐渐形成"内部论"与"外部论"两种对立观点。其中,诸如霍布斯鲍姆、查尔斯·蒂利与沃勒斯坦等人是"外部论"的支持者,他们为资本主义这种独特的社会形态提供了"总体表现"的论证。

相反,罗德尼·希尔顿、克里斯多弗·希尔、尤金·吉诺维斯、汤普森等史学家们恰恰支持"内部论",强调封建社会后期的阶级冲突与生产关系转型对资本主义兴起的决定作用,从而发展出"总体结构化的"历史社会科学类型。[①] 这场争论逐渐扩展到非经济的社会生活其他领域,发展出社会史、劳工史、妇女史、抗争史与人口史等具体研究。

到 70 年代,新一代学者开始把这场争论提升到政治领域,认为封建社会向资本主义的过渡不仅包括经济领域,还必须有政治层面的政府机构与财税制度改革,以及世界层面的民族国家体系与资本主义经济体系相配合,这样才能真正推动社会形态的总体变迁与转型。其中以马克思主义史学家佩里·安德森最为典型,他指出,社会转型无法在经济与文化领域完成,最终要诉诸政治斗争,"国家的形成和瓦解是生产关系重大变迁的标志"。因此"自上往下看的历史"——阶级统治的复杂机制的历史,其重要性不亚于"自下往上看的历史"。[②] 封建主义向资本主义的转型必须经历一个绝对主义国家形态的过渡时期,既终结封建制度的等级与割据,又为资本主义统一的自由贸易铺成道路。这意味着"总体结构化的"历史社会科学类型出现"决定论"的转

---

① 伊格尔斯:《二十世纪的历史学:从科学的客观性到后现代的挑战》,何兆武译,辽宁教育出版社 2003 年版,第 88—89 页。

② 佩里·安德森:《绝对主义国家的系谱》,刘北成等译,上海人民出版社 2001 年版,第 5 页。

向，开始从"经济决定论"转向"政治决定论"或者"经济—政治互动论"。更具体的变化是，"国家"被重新带回到社会科学转向历史的分析中心，从而催生一大批关注政治发展、革命与反叛、治理与监控体系、国家形成与构建等的历史社会科学研究，比如吉登斯的《民族-国家与暴力》、查尔斯·蒂利的《强制、资本和欧洲国家》、斯考切波的《国家与社会革命》等。

简言之，"总体结构化的"历史社会科学在研究路径上出现很大转变，"自下而上"转为"自上而下"，"经济"转向"政治"，马克思主义的单一立场转向与非马克思主义共存的多重立场。

二、马克思主义历史社会科学的基本特征

广义形态的历史社会科学是"整体等于部分之和"，即社会科学在各学科分化之后再转向各自的历史，是复数表述的 historical social sciences。由于历史研究与社会科学之间的关系正好起到相反的主辅作用，因此可以把广义形态进一步划分为"一体两面"的两种对立类型。其中，"历史的社会科学化"以"社会实在论"为假设，运用自然科学的"硬科学"标准来定位社会科学，并以此为中心与目的，解释历史或者用历史材料来论证理论假设。相反，"社会科学的历史化"以"个体实在论"为假设、历史研究为主导，社会科学仅作为研究方法，以"软科学"的标准，目的是理解与阐释具体的历史个体与独特的历史现象。

历史社会科学的狭义形态主张总体的社会科学与总体的历史研究之间不分主次，是"整体大于部分之和"的整体融合，表述为单数形式的 historical social science。但总体性的结构化程度不同，历史社会科学的狭义形态又可以进一步划分为"总体表现的"与"总体结构化的"两种形态。前者是整体与部分及各部分之间存在一种多层互动的、动态

的、有机统一的总体联系,而结构化的形态是整体与各部分之间的联系,是固定的、制度化的关联,社会整体的运转与秩序形态是由社会的单一领域所决定的。

然而,历史社会科学的分化形态与类型需要从马克思主义视角来审视,主要原因有三点。其一,马克思主义在西方社会科学的历史上居于重要位置。米尔斯对马克思主义社会科学与资产阶级社会科学进行深刻比较,并指出:"一个不了解马克思主义思想的人,不可能成为一个有能力的社会科学家。"[①]其二,马克思主义深刻影响到许多广义形态的历史社会科学家。巴林顿·摩尔、斯考切波等历史社会学家运用阶级分析方法来探究社会转型与国家自主性,虽然他们并不是马克思主义者。狭义形态的历史社会科学家几乎全部公开承认受到马克思的影响,尤其是波兰尼、布洛赫、沃勒斯坦、霍布斯鲍姆、佩里·安德森、汤普森等一大批学者都沉浸于马克思主义的认识论与方法论传统,并以此对资本主义社会进行全面反思与批判。

当然,最重要的原因在于,马克思主义本身表现出一种独特的历史社会科学传统。

首先,马克思主义是一种总体性的社会科学。正如卢卡奇所言:"总体性的观点,使马克思主义同资产阶级科学有本质的区别。总体范畴,整体对各个部分的全面的、决定性的统治地位",这是"一门全新科学的基础的方法的本质"。[②] 因此,对于马克思主义而言,"归根结底就没有什么独立的法学、政治经济学、历史科学等等,而只有一门唯一

---

① 米尔斯:《马克思主义者》,商务印书馆1965年版,第3页。
② 卢卡奇:《历史与阶级意识:关于马克思主义辩证法的研究》,杜章智、任立、燕宏远译,商务印书馆1996年版,第76页。

的、统一的——历史的和辩证的——关于社会（作为总体）发展的科学"①。这种总体性社会科学反对任何决定论，不仅批判李嘉图片面观察经济问题的"庸俗经济学"，也批判后来"庸俗马克思主义"的经济决定论。恩格斯认为，如果"经济因素是唯一决定性的因素，那么他就是把这个命题变成毫无内容的、抽象的、荒诞无稽的空话"②。

其次，总体性社会科学反对孔德传统的实证社会科学把人与自然二分，更抵制用自然科学方法研究社会整体。实际上，自然科学的知识随着社会历史条件变化而变化，人与自然的关系是人与人关系的延伸，因此，自然科学是社会科学的一部分，并服务于社会。"自然科学的认识理想被运用于自然时，它只是促进科学的进步。但是当它被运用于社会时，它就会成为资产阶级的思想武器。"③

最后，"历史科学"主张总体性社会科学与总体历史的整体融合。马克思把市民社会视为物质生活关系的总和，是理解历史发生过程的基础，是全部历史的真正发源地和舞台④，而对历史的解剖应该到政治经济学中去寻求⑤。同时，历史是人们具体的物质需求与劳动过程，而历史科学是人在实践上的自我实现的产物。⑥ 在这个意义上，过去、现在与未来是一个辩证运动的连续体，而人、社会与自然又是因物质生产劳动而成为一个有机的统一整体。因此，社会空间与历史时间紧密

---

①　卢卡奇：《历史与阶级意识：关于马克思主义辩证法的研究》，杜章智、任立、燕宏远译，商务印书馆1996年版，第77页。
②　《马克思恩格斯文集》第10卷，人民出版社2009年版，第591页。
③　卢卡奇：《历史与阶级意识：关于马克思主义辩证法的研究》，杜章智、任立、燕宏远译，商务印书馆1996年版，第59页。
④　《马克思恩格斯选集》第1卷，人民出版社1995年版，第88页。
⑤　《马克思恩格斯全集》第13卷，人民出版社1956年版，第8页。
⑥　《马克思恩格斯文集》第1卷，人民出版社2009年版，第242页。

结合,历史研究、社会科学与自然科学都统一到以唯物辩证法为方法论基础的历史科学,即"关于自然、人类社会和思维的运动和发展的普遍规律的科学"①。

　　显然,我们可以看出,西方历史社会科学的两种形态及四种类型与马克思奠定的历史社会科学传统之间还存在不同程度的差距。其中,广义形态的历史社会科学与马克思主义相距最远,研究假设无论是社会实在论还是个体实在论,都无法与马克思的阶级实在论相融合,历史研究与社会科学的对立关系也与马克思主义主张的总体融合关系不兼容。同时,"历史的社会科学化"源于孔德、涂尔干、帕森斯的结构功能主义传统,正是马克思主义直接批判的"资产阶级学说",而"社会科学的历史化"源于韦伯、帕森斯的动机—行动分析传统,也与马克思主义的唯物辩证法传统相抵触。相比较而言,狭义形态的历史社会科学更接近马克思主义,甚至是直接受到马克思主义的启发,不仅强调唯物史观的经济物质因素及其变迁,而且重视受压迫的社会底层与无产阶级及其反抗意识与行动。但是,"总体结构化的"类型过于强调社会单一部分、领域或要素对社会整体的决定性作用,忽视社会各领域之间的有机联系及其对社会整体变迁的综合作用。无论是突出经济还是政治领域,都是马克思主义所批评的"决定论"。

　　只有"总体表现的"类型最接近马克思的历史科学:一方面,强调总体社会空间与总体历史时间的有机整体,重视社会各部分、各领域之间及其与社会总体之间的动态联系;另一方面,解释与分析的中心是全面反思及批判资本主义危机的形成、变迁、衰亡过程,围绕人类共同面临的现代性危机与生存境况,打通历史研究、社会科学、人文科学甚

――――――――――――

① 《马克思恩格斯全集》第 20 卷,人民出版社 1962 年版,第 154 页。

至自然科学之间的知识壁垒。但是,即便如此,"总体表现的"历史社会科学终究无法成为马克思历史科学的当代版本,因为其理论更多停留在观察、理解与解释他们所处的资本主义世界,而无法用来指导并参与社会实践活动,没有使命感去"改造世界"并"创造自己的历史",为人类社会的更美好未来指明方向。

第八章　历史社会学的研究导向与内在困境[*]

　　历史社会学在 20 世纪兴起之后，一直争议不断，逐渐形成理论、方法与问题三种研究导向。这些不同的研究导向意味着，历史社会学缺乏知识生产的内在统一性。不仅如此，历史社会学还兼具"历史性""非历史性"与"反历史性"三种特性，成为历史社会学的三种历史态度。三种态度之间的冲突既构成历史社会学的内在困境，也是推动历史社会学发展的内在动力。

　　概括起来：第一种态度是把历史视为方法，历史研究为社会科学的知识生产提供丰富的论证材料，这种实证主义的理解遭到来自阐释学传统的批判；第二种态度把历史作为一种意识、认知和思维，把社会科学的研究议题置于历史过程的具体阐释，对社会科学理论、概念与命题的知识生产施加时间与空间的限制性条件，但带来知识碎片化，而且遭到缺乏历史想象力的诟病；第三种态度是把历史视为本体的存在，而社会科学的知识生产是论证普遍历史进程和历史发展规律的视角或手段，这恰恰为世俗化的后形而上学传统所抛弃。

---

　　*　本章第一节曾以《历史社会学的三种研究导向》为题，发表在《天津社会科学》2019 年第 3 期，全文转载于《中国社会科学文摘》2019 年第 10 期、《高等学校文科学术文摘》2019 年第 4 期及《人大复印资料（社会学）》2019 年第 4 期；本文第二、三、四节以《政治学转向什么历史？》为题，即将发表于《教学与研究》；有改动。

第一节　三种研究导向

历史社会研究传统的方法论定型于 19 世纪,主要归功于马克思、托克维尔、韦伯等人的研究。这些 19 世纪的思想家们首先是社会(科)学家,高度关注当时社会面临的紧迫难题,关注人类社会秩序及其变迁的因果关联和必然性问题。同时,他们也是历史学家,重视对一手史料进行严格的考证,从个别的问题出发来获得对人类普遍历史的理解。他们兼顾社会学的理论"求全"与历史学的史料"求真",所得出的许多经典命题、概念与理论虽然带有特定的历史语境,却成为 20 世纪历史学与社会(科)学共同的知识基础。第二次世界大战后历史社会学的再次兴起,主要源于一部分学者希冀接续理论与历史高度结合的学术传统,并以此作为"批判的武器",抵制战后西方知识界追捧宏大理论而无历史意识的主流趋势。在此过程中,这些"反主流"的社会(科)学家们乐观地看待历史社会学"复兴"的必要性与可能性,试图关联社会学和历史学这两个早已分化、建制非常完整的现代学科体系。

然而,社会学与历史学毕竟有着不同的认识论原则与方法论基础。社会学强调探索普遍真理与因果关联,而历史学要求史料的真实性。不仅如此,古典社会学内部有以涂尔干为代表的解释派与以韦伯为代表的阐释派之间的分野,而历史学内部也存在兰克的史料派与黑格尔的史观派之间的分歧。这意味着,历史社会学在第二次世界大战后的复兴将在继承理论与历史高度结合这一学术传统的同时,既要面对社会学和历史学各自内部持久的争论,还要直面学科之间的本末之争。也就是说,是将历史学作为论证材料,服务于社会学解释、探索规律或本质的"求全"与"说理"取向，还是相反，以社会学的理论、概念与方法来理解"求真"与"说事"的历史过程或现象？学科之间的这些争论已经转移到历史社会学研究的内部，并且逐渐发展出理论导向、方法导向与问题导向三种不同的学术倾向。理论导向强调知识的性质，方法导向关注研究的思维与方法，而问题导向则重视研究的目的。当然，研究导向的不同并不意味着非此即彼，只是侧重点不同，但由此形成了不同的学术追求，也使历史社会学研究表现出不同的阶段性特征。三种研究导向之间相互交替、复杂交织，激发出诸多扩展性研究，从而推动了历史学与社会科学的竞相发展以及两者深度结合的跨学科研究。

一、理论导向

其中，理论导向的历史社会学重视知识增长，包括提炼普遍适用的概念与解释模式，对传统历史事件与过程进行再解释，修正或反驳经典理论，因此更习惯于延续、发展或运用社会学的思维方式，强调社会现象内在的逻辑、结构、规律与因果联系。同时，理论导向的历史社会学立足其母体学科，主要是扩展社会学经典主题的历史经验维度，强调资本主义、现代国家、工业社会、政治革命、工人阶级等现代性议题的历史形成过程，丰富了社会学的历史视野。理论导向的历史社会学或是从社会学的视角出发，运用社会科学方法，重新研究各种重要的历史事件与历史问题，得出具有普遍解释力的结论；或是运用跨学科的比较历史分析，综合驾驭各种历史材料与历史数据，发现或重新论证社会学或历史学的基本命题，推进社会学理论知识的增长。但是，历史学强调刻画历史细节与生动复杂的历史过程，而理论导向的历史社会学研究往往利用历史学家整理的文献，主要运用宏观比较历史分析方法,目的是发现长波段、大范围、粗线条的历史轮廓或规律。二者不同的研究特质决定了相互之间往往难以展开对话,只能做非此即彼的选择。

理论导向是战后历史社会学复兴的主要特征,主要代表是社会学家巴林顿·摩尔,他主张在帕森斯功能主义社会学之外来实现普遍化、结构化的理论追求。这不仅得到在"反叛年代"成长起来的青年社会学家们的支持(以斯考切波为代表),而且受到同时期追求理论化的历史学家们的积极响应(包括艾森斯塔德、本迪克斯、汤普森等)。他们充分利用社会科学既定的结构化思维,主要采用比较历史与因果解释等方法,广泛运用历史学的二手文献与数据,重新研究欧洲与世界历史从传统向现代转型的关键节点。但理论导向的历史社会学在 20世纪 80 年代之后同时遭到来自历史学与社会学的强烈批判。卡尔霍恩、麦克唐纳、阿伯特等人指出,非理论的历史学与非历史的社会学相互青睐,它们不可能真正发展为一个学科,只能立足于其中某一个学科而要求另一个学科向它效忠,受制于某一个学科的评价标准、课程设置等,不断强化这一学科的自我意识与制度建构。[①] 同时,理论导向的历史社会学将真正的社会与历史问题进行学科化处理,不仅不尊重历史学及其对一手材料的要求,而且在社会科学方法的运用上也不够严谨,得出的理论始终受到历史情境和条件的限制而不能普遍化,从

[①] Craig Calhoun, "The Rise and Domestication of Historical Sociology", in Terrence McDonald (ed.), *The Historic Turn in the Human Sciences*, Ann Arbor: The University of Michigan Press, 1996, pp. 305-338; Terrence McDonald, "What We Talk About When We Talk About History: The Conversations of History and Sociology", in Terrence McDonald (ed.), *The Historic Turn in the Human Sciences*, Ann Arbor: The University of Michigan Press, 1996, pp. 91-118; Andrew Abbott, "History and Sociology: The Lost Synthesis", *Social Science History*, Vol. 2 (1991).

而得不到主流社会科学家的认可,更受到主流历史学家的责难。在这个意义上,理论导向的历史社会学只能以跨学科的研究存在于历史学与社会学这两大学科的边缘,反向强化了主流学科的正统地位。

80年代之后,随着历史学中叙事主义传统的复兴,历史学家们开始用"新文化史"取代"量化史学"与"新社会史"研究,强调语言文化的情境与结构,而社会科学似乎越来越青睐以格尔茨为代表的文化阐释学。相应的,主流社会科学的宏大理论、抽象概念、统计方法与变量模型等预设性原则开始受到冷落。在这个大背景下,历史社会学与社会史开始合流,并且重新回到以韦伯为代表的阐释社会学传统,强调理解与再现中、微观层次的社会历史过程,改变了此前以宏观比较历史分析寻找普遍法则的解释模式或"宏大叙事"的研究取向。到90年代,方法导向的研究在历史社会学中占据了主导地位,即使诸如理性选择理论、历史制度主义与社会网络分析等研究路径仍坚持理论导向,但其目标也只是定位在罗伯特·默顿意义上的"中层理论",关注行动者的动机与社会后果及中、微观层面的行动机制。

二、方法导向

方法导向的历史社会学重视历史思维与历史过程的意义。历史思维对于社会科学研究的重要性正如查尔斯·蒂利所言,没有历史的社会科学就像好莱坞电影,只有宏大场面而没有人物。[1] 阿布朗姆斯、阿伯特、克莱蒙斯等人也指出,历史意识与历史思维是任何社会科学研究的本质与基础,社会学应该发挥"历史的想象力",迈向一种"历史

---

[1]　Charles Tilly, *Explaining Social Processes*, London: Routledge, 2015, p.120.

化"的过程社会学。① 在历史过程方面,社会学家已经充分意识到历史研究本身的主体性地位,并吸收历史学的过程叙事方法,积极收集一手文献来确保历史过程的真实性,在具体的时空情境中确立结构与行动之间的关系机制。在具体方法上,新一代的历史社会学家发展出几种过程分析方法,如比较叙事法、文本语法分析、内容量化分析、语义结构的概念网络分析、系列事件分析等等。这些针对历史过程的研究方法并不以特定的理论为预设,研究目的是在历史过程中寻找更为灵活的社会行动机制。即使是采用比较历史分析的研究,也会充分考虑时空条件,遵从时间次序,同时更加重视因果解释机制中的意外因素与偶然变量,从而可以化解历史"序列"与理论"结果"之间的紧张。

方法导向的历史社会学适用性非常强,催生了许多新的研究策略,拓展出诸多新的研究主题,从而大大扩展了历史社会学的视域范围。人文、社会与自然领域的许多议题,比如族群、移民、性别、医疗、犯罪、家庭、情感、气候、地理等,只要是与人们日常生活高度相关的中、微观领域,都已成为历史社会学的研究对象。许多非社会科学领域的学者也开始参与历史社会学方法论的讨论,使作为方法的历史社会学充满了活力,在一定程度上推动了人文研究、社会科学与自然科学"三种文化"的融合。然而,方法导向的历史社会学缺乏统一、普遍的认识论哲学基础,这带来研究主题的分散化、问题域的具体化与知识的碎片化等问题。当社会科学相关主题的研究都采用历史思维与历史学方法

---

① Philip Abrams, *Historical Sociology*, Ithaca: Cornell University Press, 1982; Andrew Abbott, *Processual Sociology*, Chicago: University of Chicago Press, 2016; Elisabeth Clemens, "Toward A Historicized Sociology: Theorizing Events, Processes, and Emergence", *Annual Review of Sociology*, Vol. 33 (2007), pp. 527-549.

时，历史社会学就不再是"批判的武器"，也不可能成为"独立学科"，而只能是一种基于历史反思的主观感知，即"社会学的历史想象力"，其形成的碎片化知识也难以归属到某一主流学科，只能是一系列历史实践的"地方性知识"。

由此来看，在面对历史学与社会学的本末之争时，理论导向的"传统"历史社会学必然是选择其一，参与到无休止的争论中，并且强化现代学科意识与组织建制；而方法导向的"新"历史社会学则是淡化学科之争，把争论消解在知识的碎片化生产中，让争论双方找不到立论的基础与平等对话的对手。如果前者是拉开现代学科之间的距离，那么，后者就是瓦解现代学科，也使历史社会学自身无法成为独立学科。

三、问题导向

除了上述两种导向以外，还有一种以问题为导向的历史社会学研究。问题导向的研究强调从理解与解决经验问题出发，不重视学科化的知识生产和普遍理论，而是强调在解决问题的基础上得出带有历史语境或条件的知识（命题、概念、理论），它不固守或推崇创造某种研究方法，而是奉行"方法论机会主义"。

在问题导向的研究看来，历史社会学并不是历史学与社会学两大学科结合的结果，而是前学科的产物，至少在时间上是与两大学科同时兴起的，因此不能从现代学科意义上来理解历史社会学。相反，历史社会学在 19 世纪初兴，就是为了解释或者理解、反思三大革命（宗教革命、工业革命与法国大革命）遗留的现代性问题。马克思、托克维尔、涂尔干、韦伯等经典思想家都是从其时代的具体社会问题出发，把理论与历史高度结合，致力于理解其所处时代的总体问题域，即现代性问题①的历史形成及其因果机制,并在此基础上提炼出具有较强解释力的概念、命题和理论。之所以说这些经典思想家的研究以问题为导向,是因为他们没有明确的学科意识,不受特定研究方法的限制,以敏锐的时代意识和问题意识,深刻把握所处社会与时代最核心的问题,为理解并解决时代问题提出了令人信服的方案。虽然理论导向的历史社会学也关注现代性问题,但却以学科化的视角来对待现代性问题的总体问题域,把经典思想家的命题、概念与理论提升到普遍适用的知识范畴,并倒果为因,视之为学科知识的基础和透视总体性问题的基本工具。其结果是,既弱化了现代性这个总体问题域本身,也忽视了经典思想家及其方案的历史语境。相较而言,方法导向的历史社会学家将现代性问题及其解决方案视为宏大问题和宏大理论,但对此视而不见或者鲜有论及。相反,他们关注现代性问题在中、微观生活领域的局部体现与后果,同时重视进入历史现场的方法与技术手段,却悬置了现代性问题本身。

与经典思想家们的研究取向一致,问题导向的历史社会学也强调根据自身所处时代的重大问题而形成研究重点与焦点,探讨时代问题的历史形成与变迁过程及其前因后果。事实上,问题导向的研究一直是历史社会学发展的重要推动力量。除了上述经典思想家的研究之外,第二次世界大战后历史社会学在美国复兴,也是因为全球反殖民和新兴国家运动、20 世纪 60 年代西方的新社会运动的推动,尤其是美国国内的反越战与民权运动,激发了"新一代"青年学者不满足于系统论、博弈论、结构功能论以及行为主义的解释。他们认识到需要重新

---

① 西方社会从传统向现代转型的过程中,围绕资本主义、民族国家、宗教、革命、民主、个体精神等所产生的问题都可以被纳入现代性问题这个总体的问题域之中。

思考现代性问题。90 年代之后，历史社会学再次获得发展，则主要在于经济全球化与东欧剧变带来全球秩序的大变革，区域性战争、民族纷争、宗教冲突与移民、难民问题等此起彼伏。这些问题并不完全是延续 19 世纪产生的现代性问题，因此更需要我们深入到具体问题的历史形成过程进行具体分析。在 21 世纪之后，随着"9·11"事件与金融危机的爆发，全球经济的转型与变革、资本主义的危机、民族主义的高涨等重大的现实问题汇聚在全球化后果的问题域中，而第三世界国家的崛起与贸易摩擦等新问题又延伸了文明冲突与区域竞争等老问题的讨论。21 世纪的全球化问题与 19 世纪的现代性问题一样都是资本主义带来的，但已形成一种全新的问题域，需要新的理解，更呼唤新一代的历史社会学家重新回到关注大问题、大结构与大变迁的历史社会学传统，解释全球问题的历史形成，化解大众的焦虑并指引人类的未来。

　　问题导向的历史社会学是以解释与解决经验世界的时代问题为目的，但在研究中需要抵制三种错误的态度。其一，对待既有理论、概念与方法时需要抵制"拿来主义"的态度。既有的理论、概念与方法都有其预设和认识论来源，并且源于不同的视角和材料，是为了判断、理解和分析不同的问题而提出的。如果对既有知识的使用不加澄清与分辨而采用之，不仅不能解决当下的新问题，反而会使问题更为复杂，还可能使既有的知识、理论与命题陷入毫无意义的冲突之中。其二，处理历史和史料时需要抵制"实用主义"的态度。以当下问题为中心的历史社会学家很容易犯史学界经常批判的"时代错置"与"辉格党史学"的错误。他们为了直接有效地论证与解决当下紧迫的社会问题，往往不重视收集与整理一手史料，不严格考证文献资料的真实性。其结果是，一方面因没有严格遵守历史发生过程的时间次序，研究结论难以让历史学家信服；另一方面，丰富的史料与详细、生动的过程刻画又常常让社会科学家失去研读的耐心。其三,提出并解决问题时需要抵制局限于单一学科知识的"封闭"态度。19世纪以来的社会科学知识都是在民族国家框架内分类发展的,但传统学科之间的本末之争和各研究领域的方法论之争使既有的知识难以为全球化后果的总体问题提供充分的解释和完善的解决方案。因此,问题导向的历史社会研究应该以完全开放的研究态度对待已经高度学科化的知识。从这个角度来说,一方面,历史社会学需要把学科知识的历史形成本身作为问题,并进行批判性反思。最重要的是关注人类知识的形成与变迁史,尤其是为学科化知识所遮蔽的真实问题,重新质问知识形成的历史情境、历史条件和认知假设,以此还原特定时代的真问题,找到学科知识形成的问题源,确定人类历史发展的元问题。另一方面,历史社会学在针对现实问题的研究中,要勇于跨越学科边界,在特殊问题中展示普遍命题,在微观行动中洞察宏观结构,在结构与行动的互动中理解时代重大问题的产生过程,并寻找问题的化解之道。

经过几十年的发展,历史社会学产生了大量富有影响力的研究成果,已经成为一种颇有影响的学术运动。如今,越来越多的学术研究把"历史转向"视为一种知识增长点,并积极参与到历史社会学的学术场域,以至于历史社会学的特色与边界日益淡化,研究主题也似乎无所不包。因此,很多学者不满足于"历史社会学"这一表述,而是既坚持转向历史的研究立场,又在思维与方法上继续保持社会科学的结构研究传统。在这种情况下,有些学者在研究中坚持使用历史社会学最基本的研究方法——"比较历史分析",并将自己的研究直接称为"比较历史分析"。更多的学者进入"历史制度主义"的研究阵营,致力于制度变迁的研究,试图以"制度中心论"来回应历史社会学多年面临的各种挑战与争议。但是,无论冠以何"名",历史社会学的三种研究导向都将长期存在，它们相互的批评与反思也成为学术繁荣与发展的重要推动力量。

第二节　历史作为方法

一般认为，自德国史学家兰克把历史学作为一门职业以来，历史学家的基本工作就是搜索、收集、甄别一手史料，包括与历史事件经历者或目击者直接关联的档案文件、各种记录与数据等，严格考证其真伪，详细而系统地整理，突出时间顺序的"历史性"，并以生动的叙事方式表达出来。在"历史性"层面，考古学家抵制兰克的唯官方文本立场，重视非文本和非官方的史料及其背后的立体结构和类型学分析；而倾向于社会学的法国历史学家，如库朗热与西米昂，认为不能过于沉迷文献考证，也不能停留于事实描述。这两种倾向接近孟德斯鸠、孔德、涂尔干一脉的古典社会学传统，关注历史的结构性和普遍性问题及其因果关系的类型分析。

在历史作为方法的层次上理解历史研究与社会科学研究的结合，意味着历史研究为论证材料之"用"，服务于政治学研究之"本"，旨在探索与发现在现实政治领域具有普遍适用性的概念、理论、命题等知识范畴。把历史研究视为社会科学的一种主要研究方法，始于 19 世纪前期由孔德奠定的实证主义方法论传统，但正式进入现代西方社会科学的方法范畴，却源于二战后一部分学者不满结构功能主义主导的社会科学。因此，从历史作为方法的层次来理解历史研究与社会科学研究之间的结合，需要满足两个前提条件：其一，把历史视为经验事实的文献材料，可以直接或间接拿来论证社会科学研究追求的基本命题、因果规律和法则;其二,与政治学、社会学和经济学一样,成为实证社会科学传统的一个重要分支,并且对应自由主义国家意识形态,划分政治、社会、经济领域,而政治学的任务是探索国家、政府、政党等政治领域,解释当下国家正在运行的政治现象与规律。但这两个前提条件并非同时发生,而是各有不同的形成时间与方式。历史研究与社会科学研究之间之所以"体""用"结合,得益于一部分社会科学家不满既定研究状况而转向历史方法,为当代社会科学开辟新的研究领域,也同时打开社会研究的历史视野。

其中,历史研究可以成为社会科学的重要方法,得益于两个基础。其一是哲学基础。笛卡尔开近代理性主义哲学之先河,他不满于传统的历史研究①,认为历史材料需要有利于当下知识生产的论证,为当下问题的解决而探讨过去,即"以古观今"是为了达到"以今观古"的现实主义目的。同时,在他看来,所有的历史叙述应该言之有据,经得起怀疑、考证和批判,这被柯林伍德称为"笛卡尔派历史编纂学"②,并成为19世纪兰克史学派的哲学依据,把编纂与整理以政治史为中心的史料视为历史学家的全部工作。

其二是社会科学基础。孔德在笛卡尔的基础上,进一步把历史与观察、实验、比较并置为科学研究方法,旨在通过研究过去发生的事件来检验当下的结果,"对人类不同状态的历史比较,不仅是新兴政治哲学的手段,也是这门科学的真正基础"③,因此为社会科学研究提供最本质、最广泛的证据。结果,消除其唯心主义影响的德国兰克史学派

---

① 笛卡尔:《谈谈方法》,王太庆译,商务印书馆2017年版,第6—7页。

② 柯林伍德:《历史的观念》,何兆武、张文杰、陈新译,北京大学出版社2010年版,第60—64页。

③ Auguste Comte, *The Positive Philosophy*, Vol. 2, Harriet Martineau (trans.), London: Bell, 1896, p.251.

迅速扩展到欧洲其他国家,在法国发展成为实证史学派以及后来的历史学方法论派,并且到 19 世纪后期的涂尔干时代,史料编纂的历史研究成为社会科学发现社会事实的主要场域与论证材料来源。从此,以西米昂剔除"历史学家部落的三个偶像"为标志,奠定了历史研究为"用"、社会科学为"体"的结合关系结构。

　　然而,相对于社会科学的其他三门学科社会学、经济学、人类学来说,西方现代政治学研究更晚接受历史方法。尽管政治学有着漫长的学科史传统,但在近代之后一直与道德哲学、神学、经济学等纠结在一起,并没有发展成为一门独立学科。直到 20 世纪 20 年代之后发展出美国政治科学之后,政治学才独立建制为一门现代学科。但历史成为政治学的研究方法,恰恰是作为"批判的武器",抵制美国以功能论和系统论为主导范式的政治科学。美国在 19 世纪末 20 世纪初,经过"镀金时代"与"进步时代"的历史转型期之后,政治与社会开始进入常态化和平稳期,社会科学与历史研究分道扬镳,研究重心从制度转向行为、历史转向当下、共和转向自由、集体转向个体,社会科学的研究基础和意识形态假设从美国"例外论"转向以美国为中心的世界"现代化",而进化论、结构论与功能论成为社会科学的认识论框架。

　　仅从政治学学科史而言,全新的政治科学全然关注当下政治过程与生活,尤其是选举与投票的政治行为与心理,采用问卷调查、定量和数理模型化的实证分析,寻找变量之间因果关系的"硬科学"规律。这成为战后世界各国政治学发展的主流范式。同时,战后兴盛的马克思主义经济史与社会史,把社会科学关注的生活领域诸多议题带入历史领域,也催生了社会科学转向历史的跨学科潮流。到 20 世纪 60 年代后期之后,这些历史转向逐渐上升到政治学领域,从而使传统政治学研究的经典主题如国家、政府、民族、战争等回归其历史变迁的过程意识。虽然主流的政治科学依然强劲地追求数理模型和理性选择，但一批非主流的社会学家率先以"历史社会学"为名，在历史作为方法的层面上行使"历史政治学"之实，复兴19世纪政治史研究传统的关键议题。

在这个时期，美国主导的西方社会学研究过于局限于微观行为与中层理论，而宏观领域及其变迁禁锢在进化论、系统论和结构功能论等静止的经验主义或宏大抽象理论下，不关注动态的、不稳定的社会与政治结构变迁问题。同样，社会科学的宏观思维与问题也受制于结构化的政治系统论与稳定的控制论，全然抛弃历史社会研究关注的军事、国家、民族、制度、帝国、阶级、反叛与革命等广泛议题。因此，一批充满反叛精神的社会学家如沃勒斯坦、巴林顿·摩尔、查尔斯·蒂利、斯考切波等重新启用19世纪之前的知识资源，尤其是马克思传统的现代性问题，结合史学界的比较历史方法，尤其是吸收法国年鉴学派的传统，并冠之以"历史社会学"的头衔。然而，社会学转向历史的浪潮并没有撼动美国主导的西方学术主流，后者继续追随经济学的定量与数理结构模型，只有极少例外，比如政治学者西德尼·塔罗与裴宜理早年受到查尔斯·蒂利的影响，前者终身关注抗争政治，后者始终研究现代中国社会的反叛与革命，而李普塞特则是当时较少关注历史与社会冲突的知名政治学家。同时，一大批"左翼"与比较史的史学家参与推动这股跨学科的研究浪潮，比如汤普森、艾森斯塔德、本迪克斯等，他们走出兰克史学派的编纂史学路径，主动要求运用社会科学的概念化、结构化与理论化思维。因此，当今社会科学需要寻找那段时期转向历史方法的知识资源，进而接续19世纪之前的学科传统，必须关注相邻学科的学术史，尤其是社会学与历史学之间的亲密结合。

在这段时期，转向历史的社会科学家们主要是坚持实证主义方法论传统,把历史视为一种研究方法,用来收集和整理经验材料,以论证不同于主流范式的理论解释,其具体表现在几个方面:其一,巴林顿·摩尔等人虽然反对线性进化论假设,但依然集中于现代化主旋律,重新探讨19世纪经典作家关注的现代性议题,关注从传统到现代的断裂与转型;其二,他们充分运用比较历史分析的研究方法,围绕冲突与变迁的重要政治议题,进行跨时间、跨空间与跨语言情境的大范围比较,试图为大转型提供结构主义的合理解释,或者重新解释宏大历史的帝国与文明过程(艾森斯塔德),或者分析具体主题的因果关系机制(如斯考切波比较社会革命中的国家自主性问题);其三,很少像查尔斯·蒂利写作《旺代》时那样,既充当历史学家,亲自收集充分的一手档案史料,又扮演社会学家,对数据统计进行量化分析,对具体研究的问题提供因果关系的理论解释——更多的社会学家宽容二手历史文献,直接运用本土历史学家整理的历史数据,甚至利用翻译的二手历史文献,进行历史案例比较的定性研究(如斯考切波的"异中求同,同中求异"),或者对财政、经济、人口等"硬"数据进行定量分析(如金世杰关于近代世界五大帝国的人口增长与帝国转型关系的研究),进一步宏观比较、理论提炼和因果关系分析。

对于转向历史的社会科学来说,从作为方法角度来理解历史,在研究实践上最容易操作。编纂史学采用的大多是政治史文献,重大政治事件与政治人物的史料相当丰富,都关注社会科学基本命题在具体历史情境下的细节变化。社会科学家在确立研究议题之后,大量收集历史学家关于该时段的相关文献,运用社会科学的实证方法与结构化思维,创新相关理论或概念,并将之提炼为合理的命题或解释模式。然而,历史作为方法的社会科学也最容易遭到诟病。其中,这种建立在实证史学基础上的理论研究,需要经受来自史学的批评,比如柯林伍德批评这是"剪刀加糨糊",历史成为"任人打扮的小姑娘",因为史料派理解的历史可能丧失历史个体的生命体和主体性,况且这种唯政治史的历史掩盖了社会、经济、文化的历史多面性与复杂性。因此,转向历史方法的社会科学普遍得不到史学界的认可。

　　同时,主张历史方法的社会科学往往以超历史的理论问题先入为主,试图发现一个所谓外在于历史自身的非历史命题。从实证主义的"硬科学"标准来说,运用历史材料所佐证的社会科学命题没有重复性,无法在不同时空中得到科学检验。因此,他们难以进入到那些运用当下数据并追求普遍解释力的主流社会科学视野,只能厕身于历史特殊性与理论普遍性的夹缝之间。结果,转向历史方法的社会科学研究如果不是为社会科学的主流范式所抛弃,就可能像 20 世纪 80 年代美国的历史社会学那样,严格遵循主流学科传统的标准建制,成为其中一个独特的子学科或研究领域,自娱自乐,自谋发展。

第三节　历史作为认知

　　非历史性层面体现为兰克唯政治史倾向的批判。到 19 世纪后期,兰克的传统史学遭到来自法律史、经济史、文化史、社会史等新史学领域的挑战,但新史学运动背后的动力是社会科学内部的学科分化与对峙。19 世纪末的社会学似乎包括"新""旧"两个范畴。"旧"范畴是指普遍意义上研究人类所有的活动领域;"新"范畴是特定意义上研究人类活动的非市场与非政治领域,这恰恰是受学科分化建制影响最小的领域。同时,好的历史研究并不止于柯林伍德所批评的"剪刀加糨糊"①,而是首先回答史料选择标准的前学科问题与史料整理意义的后学科问题。选择标准的原则大致表现为三点:追溯当下社会问题或成就的历史起源与过程,用以批判、颂扬或者怀旧;从历史事件或变迁中总结出不变法则,暗示或明示当前困境的化解与未来道路的选择;用新的史料、新的视角或先进的技术手段来反驳、修正或颠覆已有认知,为历史事件发展出新的认知、概念或理论。显然,历史研究的这些"非历史性"志向充满意大利历史学家克罗齐所批评的实用主义史学"无历史感"色彩②,是为了有效回答史学家所处时代的公共议题,化解公共焦虑,或者为当下时代寻找与建构历史的合法性。

在认知层次的历史研究看来,历史不能仅仅被看成是发生在过去的各种痕迹,随意用来作为论证材料。相反,历史有其本质的规定性,至少包括三个方面:其一,所发生的一切都有其唯一具体性,不可复制,必须严格遵循时间发生的先后次序安排;其二,历史过程充满偶然性与复杂性,并没有超越时间次序和历史情境的命题、概念、理论和普遍发展规律;其三,历史上的人物、制度、事件及其发生过程都是整体涌现的,并且同时在各领域、各层次以及不同的社会政治群体中造成不同后果。这意味着,历史整体是被人为划分并建构为局部不同的领域史,而再现真实的历史需要一个整体的历史意识和具体的关联机制。

相应的,在历史认知层次上来理解社会科学的历史转向,其任务有三:其一,社会科学的所有概念、理论、命题必须受到时间次序与历史情境的条件约束;其二,社会科学当下关注的任何议题与问题都必须

---

① 柯林伍德:《历史的观念》,何兆武、张文杰译,商务印书馆 2017 年版,第 359 页。
② 克罗齐:《历史学的理论和实际》,傅任敢译,商务印书馆 2017 年版,第 223 页。

有其历史形成和路径依赖的意识,现实的社会生活与制度带有历史痕迹,是历史过程渐变或突变的延续或结果;其三,社会科学转向历史,其任务不仅是阐释与分析历史过程中的关键发生机制,而且需要关注推动其变迁的社会、经济、文化等条件以及结合机制。换言之,历史认知层次理解的社会科学转向历史需要历史研究与社会科学研究双方同时反思,之后的再结合才得以可能。

在当代西方学术史上,认知层次的历史研究是在反思与批判方法层次的基础上提出来的。对于历史学家来说,斯考切波《国家与社会革命》的突出贡献是充分运用比较历史分析方法,而这恰恰也是其最大的缺憾。斯考切波为了有利于结构化变量的比较,把三个国家的革命发生置于同一个时间序列过程之中,而忽视其处于截然不同的历史进程,还把阶级和国家抽离出具体文化情境,忽视不同历史过程的复杂情境。斯考切波之所以如此,是为了理论的普遍性而有意忽视历史的特殊性。[①] 同时,编纂史学的正统历史研究主要围绕历史人物和事件而叙事,而社会科学是以分析性的语言展示社会结构与因果规律。

转向历史方法的社会科学为了达到理论建构的目的,只能人为裁剪历史材料,运用社会科学"讲道理"的语言替代并重组历史学"讲故事"的语言,这既违背历史重现的真实性,又不符合社会科学追求价值中立的客观标准。历史研究必须"按其真实发生的方式来叙述历史"[②],因此,"真实发生"(时间次序)与"叙述"(叙事语言)构成社会科

---

① John Goldthorpe, "The Uses of History in Sociology: Reflections on Some Recent Tendencies", *British Journal of Sociology*, Vol.42, No.2 (1991), pp.211-300.

② C. Camic, "The Utilitarians Revisited", *American Journal of Sociology*, Vol.85, No.3 (1979), pp.516-550.

学转向历史时必须面对的两个前提条件,相应也迫使"社会科学转向历史"之"历史"从历史方法层次上升到历史认知层次,及其"社会科学"能接受叙事语言的表现方式。

因此,转向历史的社会科学既反思实证社会科学自身的"硬科学"范畴,又充分吸收历史学的传统特征,超越历史方法的层次,把社会科学与历史研究在认知上结合在一起,并且充分体现在四个方面:语言上采取分析性叙事;性质上以过程阐释取代因果解释,严格遵循时间的先后次序来理解历史;时间序列上遵从历史原本真实发生的起因与结果;重视历史事件发生的偶然性、过程的整体涌现性与后果的不可预料性。用历史学家小威廉·休厄尔的话来说,是用具体历史中"充满事件的时间"取代宏大理论导向的"目的论时间"和实验观察思维导向的"实验时间"。① 这意味着社会科学从"硬科学"到"软科学"、从解释到阐释的让步,不仅在认知上接纳历史研究,而且也解放了社会科学自身。

阐释型社会科学追求受历史情境条件限制的"弱结构"或"弱逻辑",使社会科学与历史研究更容易结合,并焕发出新的活力,从此走出了僵化的比较历史分析和教条式的结构分析、因果解释和普遍法则。社会生活领域涉及的几乎所有议题,从微观到宏观领域,如疾病、卫生、福利、身份认同、社会网络,甚至气候变迁和艺术绘画等都纷纷转向各自的历史过程,并且都可以在现代性框架下得以解释,完全模糊了现代主流学科建制的清晰边界。

当然,在社会科学转向历史的潮流中,政治学科比较滞后,在20

---

① William Sewell, "A Theory of Structure: Duality, Agency, and Transformation", *American Journal of Sociology*, Vol. 98, No. 1 (1992), pp. 1-29.

世纪 80 年代依然追捧经济学，以理性人为研究假设，建构理性选择理论、博弈论等高度自然科学化的理论模型，以"历史的终结"为口号，自信或自傲地关闭历史面向的大门。但东欧剧变并没有带来西方想象的价值观全球化，反而为动荡不安的世界带来了历史研究的"春天"。然而，政治科学即使转向历史，也存在三种明显缺陷：其一是"历史即研究往事"，为政治史中的特定结果提供经验性的因果解释；其二是"历史是收集例证性的材料"以证明普遍命题；其三"历史是产生案例的场所"，利用小样本展示大命题。[①] 这三种或经验性或策略性的历史转向，只是政治学与历史学之间"主""仆"关系的结合。相反，如果真正重视历史时间，社会科学不仅要弱化命题的普遍解释力和概念的普遍适用性，还要完全受制于历史条件限制，尤其是时间次序和时间变化的节奏及其对政治结构、行动、过程、议题等的决定性机制。

对于规范研究的政治理论来说，当代政治学领域中的诸多解释性概念，诸如自由主义、民主、国家、资本主义经济、人权等，形成规范价值的一套"组合拳"，却是在不同历史时期产生的价值预设。唯有回到原初历史场景的"毛坯"生产场域及特殊的历史经验与未来期待，并且展示其在特殊的历史时刻，或缓慢或迅速上升到普遍命题的形成机制，才能揭示自由主义普遍世界的"幻觉"。[②] 换言之，从一个据于历史和社会的事实描述性概念，上升到一个没有任何条件限制的价值规范性概念，或者从一个普遍的价值预设回溯其历史场景，清晰展示其历

---

① 皮尔逊：《时间中的政治：历史、制度与社会分析》，黎汉基、黄佩璇译，江苏人民出版社 2014 年版，第 5—6 页。
② 戈伊斯：《政治中的历史与幻觉》，黎汉基、黄佩璇译，江苏人民出版社 2017 年版，"导论"。

史形成脉络,这是在历史认知层次转向历史的重要标志。

对于经验研究的社会科学来说,社会科学转向历史主要是突出时间维度,把时间作为影响政治结构、制度与行为的关键要素。其中最为典型的是从行动中心论转到制度中心论,进一步强调制度设计的偶然性及其变迁过程的复杂性,并且在时间次序中展示因果关系的社会机制。制度领域把分析层次定位在中观层次,既不同于宏观层次以国家为中心的分析单位,也异于微观层次的行动领域,但却可以同时兼顾并打通宏观、微观之间的壁垒。因此,历史制度主义是政治科学转向历史在历史认知层次的最好代名词。历史制度主义可以重新关注曾受诟病的比较历史分析方法,并广泛运用于比较政治学、国际关系、国家形成与构建等领域,把大结构、长波段、理性选择理论、因果推论及普遍理论等相结合,糅合原本对立的研究方法。

之所以如此,在于历史制度主义强化时间意识,一方面表现为"路径依赖",运用中层理论的社会机制,重视各种社会关系之间在同一时空过程中的因果关联性,强调历史语境条件对结构与行动及其所形成的理论和命题的限制性;另一方面表现为"路径偶然",突出关键事件、关键节点以及关键性要素在制度变迁过程中的决定性影响,把历史认知层次的时间次序作为关键变量,落实到社会科学的具体操作中。[①]

的确,社会科学意识到历史认知层次的重要性,并高度重视时间意识,落实到社会科学研究的具体主题,使社会科学突破了实证主义的范畴,历史也从方法论层次中解放出来。这种"双重解放"使社会

---

① 皮尔逊:《时间中的政治:历史、制度与社会分析》,黎汉基、黄佩璇译,江苏人民出版社2014年版,第10页。

科学与历史研究之间相融共生，彼此结合在传统主流学科之间，获得自我发展的生命力。社会科学研究的几乎所有议题都可以转向自身的历史，而时间意识可以在社会科学研究中找到独特的应有位置，从而使过去与当下、特殊与普遍、微观与宏观之间有着密不可分的动态联系。

　　然而，在历史认知层次上理解的社会科学研究也面临问题。其一是知识碎片化问题。当不同领域、不同主题都以自己的方式纷纷转向各自的历史时，必然形成不同的历史形成路径，产生多元化的时间意识，由此确定斑驳陆离的政治理解、历史阐释以及因果关系机制，所生产的社会科学知识或历史知识不仅缺乏共识，而且导致专业知识的碎片化和再"部落化"。① 其二是历史成为想象。当社会科学几乎所有议题都转向历史时，历史就成为一种反思现实的感知，社会科学失去其追求普遍理论的"初心"与"使命"，受制于历史经验约束的社会科学知识成为"地方性知识"，既无法解释宏观大结构变迁，也无法建构超时空的宏大理论。其三，打破传统主流学科的霸权地位。当所有研究议题都有时间意识，相应也找到自身的历史合法性，无须从母体学科寻找知识资源的支持，也不为母体学科增强解释力和知识创造力，传统主流学科难以有新生命力。简言之，社会科学从认知层次上转向历史，既缺乏普遍历史的基础性支撑，又作为社会科学传统学科体系的离心力，带来研究议题的泛化与知识构建的主观化。

---

① 托尼·比彻、保罗·特罗勒尔：《学术部落与学术领地：知识探索与学科文化》，唐跃勤等译，北京大学出版社 2015 年版。

第四节　历史作为本体

在反历史性层面，如果历史研究完全囿于经世致用的目标，就难以成为人类知识的重要来源，必然不是诸如亚里士多德、但丁、笛卡尔等先哲们所认可的独立学科。历史研究之所以成为一门科学，就在于它的反历史性假设以及"究天人之际，通古今之变"的恒久使命，正如德国史学家兰克所认为的，人类活动所能体验的历史事件、所能把握的历史过程背后存在一个神秘的"上帝之手"。换言之，历史研究的终极目的，是探索并找到不以人的意志为转移的普遍历史规律，以此本质性范畴来引导人类迈向普遍真理的康庄大道。这种历史先验的假设在基督教神学体系中表现得最为显著，世界历史是上帝为尘世的人类创造的，呈现出从堕落到拯救的一幅完整画卷。"科学革命"逼退了上帝，但现代各种学说或主义相互冲突与倾轧，竞相夺取上帝的宝座与话语权，这带给人们美好愿景与无限追求。在 19 世纪后期，反历史性整体转向为"进步论""发展主义""西方中心主义""现代化"，这在 20 世纪后期兴起后现代思潮之前似乎都是主流的先验假设。但众所周知的是，上述这些追求在 20 世纪却成为诸多荒谬的历史闹剧，酿成惨绝人寰的历史悲剧。当然，在主流之外还有尼采、斯宾格勒等思辨历史哲学家对进步史观的批判。

历史本体论是对历史意识与观念的普遍假设，假定历史整体作为一种生命体，过去、现在与未来之间存在一种本质、普遍的统一关联机制，任何时期所发生的一切社会政治现象甚至自然现象都源于并服务于某种特定的普遍历史规律。因此，所有因学科建制而分化的知识探索与建构只是学术分工的不同，而且是具体、局部地"窥探"历史整体，旨在证成或展示某种历史观念的自洽性、普遍性与规律性；反过来，历史成为"上帝之手"，为具体、差异、个体、局部、片面的知识探索与理性建构奠定统一的普遍基础。显然，历史本体层次意义上的历史研究与社会科学研究之间的关联恰恰是历史方法层次上的关系"倒转"，即以历史研究为"本"、社会科学研究为"用"。唯有在历史本体层次确立人文社会科学研究的基础性地位和基本导向，后者才能具有统一的研究指南与明确方向，即使诸多研究之间可能主题迥然不同，或方法千差万别，但殊途同归，指向历史普遍意识的发现与证成，看似碎片化的知识背后恰恰有统一假定的结构性基础。

历史的本体层次可以在历史认知层次为学科建制的知识壁垒找到历史观念的普遍共识，避免走向知识的相对主义与历史的虚无主义。然而，历史研究分歧最严重的层次恰恰是历史的本体论问题。因为这种"何为历史"的形而上学问题处于历史观念领域的最高层次，属于人之理性不能把握的信仰范畴，但却是知识建构与理性论证之先验预设。虽然西方社会科学有五种时间性的理解[1]，但西方的历史观念传统主要是循环论与进步论两种竞争性的历史本体论假设，各自对社会科学研究的历史本体论有着截然不同的影响。

历史循环论从古希腊的修昔底德与波利比乌斯、近代的马基雅维利与孟德斯鸠，至现代的斯宾格勒与汤因比，都把人类文明视为生命周期循环的兴衰历史。修昔底德从人性不变的假设出发，认为所有外在社会政治事件的发生都是内在人性的反映，因此历史必然周而复始

---

① 赵鼎新：《时间、时间性与智慧——历史社会学的真谛》，《社会学评论》2019年第1期。

地循环发展。这为古希腊史学奠定了观念基础，与亚里士多德和波利比乌斯的政体循环论相一致，即君主专制、民主选举、贵族共和之间的政体更替成为历史循环式变迁的决定性机制，而历史研究以实用为目的："假如我们从历史中移除掉何以、如何以及为何每件事会被进行，以及这结果是否我们可以合理期待，那我们所剩下的不过是描写技巧的单纯展现，而非道德教训；这些技巧虽然可以暂时讨好读者，但对未来却没有永恒的价值。"①

到近代之后，马基雅维利与孟德斯鸠复兴古希腊史学的"实用主义"传统，从人性不变的假设出发，把人类历史视为政治史，并从政治经验领域总结出对当下现实有直接效用的历史教训。马基雅维利把追求专制政体的《君主论》视为其追求共和政体的《论李维》的手段。这种"实用主义"主导的历史循环观念传统在孟德斯鸠关注治国艺术的《罗马帝国盛衰原因论》和《论法的精神》中有充分体现。当然，不同的是，以往的历史循环论归结为政体的循环与兴衰，但孟德斯鸠把外在于制度的气候、环境、文化等因素都纳入历史进程的因果联系，从而突破政治史对人类历史的决定性作用。后来的斯宾格勒与汤因比则从更宏大的文明史比较视野来强调历史循环论，试图以悲观笔调来超越乐观自信的进化论。

孟德斯鸠重视经验分析，延续古希腊至马基雅维利的经验实用历史观念传统，为现实政治的君主制国家提供治国艺术，旨在发现政治与道德领域共同的正义标准及其制度落实。这意味着孟德斯鸠不仅仅停留在特定语境条件的实用主义史观，而是突破了传统的政治

---

① 波里比阿：《罗马帝国的崛起》，翁嘉声译，社会科学文献出版社2013年版，第300页。

史范畴,探讨推动历史变迁与社会运转的"原因之原因",即更为稳定的普遍法则。为此,涂尔干把孟德斯鸠视为社会科学的先驱。这恰恰是遵循培根开创的近代经验主义哲学传统,认为历史材料是逐步提炼客观知识的基础,而知识"金字塔"顶端是自然法意义上的普遍法则,通过"一条通到准确性的循序升进的阶梯"[1],由特殊和具体的历史研究上升到普遍的规范哲学。从此,自然法的理性主义与感性现实的经验主义两种哲学传统达成统一,与其说终结了古希腊以来据于实用主义原则的政治史,不如说历史循环论在 18 世纪之后受制于历史进步论。19 世纪,兰克的贡献恰恰是开创性地把政治史契合到德国历史主义的形而上学预设。一方面他主张完全据于政治、军事、外交等官方文件,考辨各种客观经验"直观"的一手档案史料;另一方面视之为通向普遍历史的"直觉"基础,试图发现背后"上帝之手"的普遍历史进程。

当然,进步论在近代西方成为一种强劲的历史观念,恰恰是始于中世纪基督教传统的上帝神学假设。近代宗教改革与启蒙运动把人的理性精神抬高到上帝位置,确立人类中心论的世界观,但中世纪的共相/殊相、人/自然等二分法假设依然有效,只是表现为历史进化论、发展主义、现代化等方式。奥古斯丁确立中世纪基督教传统的信仰体系,把"圣父""圣子""圣灵"视为"三位一体"不同"位格"的整体,统一解释永恒上帝与普遍历史的存在,形成神学体系的形而上学假设,共同推动人类历史进步的普遍进程。[2] 然而,从中世纪后期开始,三"位格"对世界、上帝、历史的解释出现分歧,逐渐形成理性神、自

---

① 培根:《新工具》,许宝骙译,商务印书馆 1984 年版,第 2 页。
② 奥古斯丁:《论三位一体》,周伟驰译,上海人民出版社 2005 年版,第 173 页。

然神和意志神三种世俗化的神学假设,奠定近代西方不同的历史哲学传统,尤其是从意大利的维柯到德国的赫尔德以降的历史主义传统和法国以伏尔泰为代表的理性主义传统,虽然英国并没有明确提出经验主义的历史哲学,但却依然坚持普遍历史进步的普遍假设。"对时间、空间和物质的本性以及人与认识对象的关系这些基本问题给出或假设了确定的回答"[①],从而形成三种新的形而上学传统和"现代性方案"。在这个意义上,卡尔·洛维特指出:"一切历史哲学毫无例外地依赖于神学。"[②]

当然,历史本体论假设在近代西方由进化论取代循环论,三种世俗化的神学预设以科学与理性精神之名义,实现上帝的普遍意志。不同的是,培根的经验哲学与实验科学方法把人、自然、历史、社会纳入自然神预设的统一整体与时间序列进程,当然,到洛克之后的经验主义史学则是否认自然神的预设,更重视长期积累的感性实践与经验知识,而休谟把历史研究视为整理感性记忆和记录的历史材料,旨在形成因果关系链条的论证过程。但法国以理性神为预设的历史哲学传统以理性精神为核心,旨在发现理性精神在人类历史普遍进程中的决定性作用,在众多具体、偶然、个别的历史事件中寻找本质性存在的普遍规律与永恒法则。因此,普遍性的命题需要历史作为论证材料,同时也是解释复杂历史进程的关键机制。

在这个意义上,伏尔泰、孔多塞、孔德对宏大变迁的人类文明进程都划分了不同的历史发展阶段,也是人类精神不断理性化与世俗化的

---

① 埃德温·阿瑟·伯特:《近代物理科学的形而上学基础》,张卜天译,湖南科学技术出版社 2012 年版,第 18 页。

② 卡尔·洛维特:《世界历史与救赎历史:历史哲学的神学前提》,李秋零、田薇译,生活·读书·新知三联书店 2002 年版,第 4 页。

普遍历史进程。但源于基督教人文主义的意大利、德国历史主义传统恰恰抵制法国笛卡尔、伏尔泰的理性主义传统，认为人内化了神的力量，是有灵的意志性存在，而历史内蕴了价值、想象与信仰，是人类获得确定性知识的唯一来源，因此不能仅仅作为无生命体活力与进程的材料。在这个意义上，历史主义传统要求探索人之本质性存在的具体性、独特性及其生命意义，以此"直觉"到人类历史整体的生命有机体存在及其普遍进程。

到19世纪之后，历史进步论大获全胜，虽然德国历史主义传统在19世纪末走向衰落，但进化论和发展主义依然是西方主导性的历史本体论假设。本体论假设以承认上帝的实在和启示为前提，历史因此才能获得整体性、目的论、进步性、阶段性、自我完满性的普遍特征和人类兴衰存亡的自我意识。在基督教上帝退位的现代世界之后，无论是认识论层面的培根、笛卡尔、维柯，还是后来方法论层面的孔德、兰克、韦伯等人，都依然保持"上帝犹在"的神秘感与敬畏感。但与中世纪基督教世界对上帝的唯一权威性和实在论不同的是，圣父、圣子、圣灵把个体、自然、理性、科学、历史、意志甚至是现世的政治人物，都推到上帝的神坛位置，由此制造出彼此冲突的实在论。一旦确立了上帝的世俗化替身，关于历史的本体论假设随即重新生效，历史整体及其所具备的普遍特征犹如灵魂附体，再次获得生命力，只须重新理解和调整历史整体的进步观念及其方向、阶段、动力和目的的完满性。进入20世纪，历史进步观念蜕变为现代化理论、趋同论、依附论、历史终结论等，主宰西方社会科学研究的价值观念。

但是，历史进步观念的根本问题在于，带着基督教神秘色彩的历史观念有着强烈的目的论、宿命论与终结论底色，假定了人类历史普遍趋同的未来，忽视文明进程的多样性，容易为各种意识形态所操纵，进而陷入诸如 19 世纪后期所构建的"种族中心论""欧洲中心主义""东方主义"以及帝国/殖民等霸权话语,对差异的不宽容,最终诉诸种族屠杀、文明冲突与世界战争。此外,统一时间进程的历史进步观念带来虚幻的、浪漫的、盲目的乐观主义,缺乏对人类生活的忧患意识与自我反思。①

---

① 对历史进步论更具体的批评可参见卡尔·波普尔:《历史决定论的贫困》,杜汝楫、邱仁宗译,上海人民出版社 2009 年。查尔斯·蒂利也批判发展主义源于 19 世纪的八项"有害假定",参见 Charles Tilly, *Big Structures, Large Processes, Huge Comparisons*, New York: Russell Sage Foundation, 1984, p.12,并认为:"我们必须坚持 19 世纪的问题,但是要放弃 19 世纪的学术路子。"(p.59)沃勒斯坦在批判方面走得更远,认为"发展"是 19 世纪社会科学范式最关键、最有问题的概念,参见沃勒斯坦:《否思社会科学:19 世纪范式的局限》,刘琦岩、叶萌芽译,生活·读书·新知三联书店 2008 年版,第 2 页。

第九章　历史社会学能化解学科之争吗？[*]

　　近年来，中国社会科学越来越重视历史研究在本土化进程中的重要地位，"历史社会学"则成为拓展历史维度的典范。历史社会学在中国社会学领域"初兴"①，具体表现有三：一是资深学者的倡导和中坚学者的具体实践等②；二是专业期刊的推动，如《社会学研究》和《社会》长期开设"历史社会学"专栏；三是高校与研究机构召开研讨会，推进历史社会学的组织化建制。正是学者、期刊平台与学术组织的集体合力，使历史社会学成为中国学术界一股强劲的"学术潮流"。

---

　　* 本章曾以《历史社会学能化解学科之争吗？——基于西方学术史的结构主题模型分析》发表在《社会学研究》2020年第3期，有改动。

　　① 应星：《略述历史社会学在中国的初兴》，《学海》2018年第3期。

　　② 赵鼎新：《国家、战争与历史发展：前现代中西模式的比较》，浙江大学出版社2015年版；周雪光：《寻找中国国家治理的历史线索》，《中国社会科学》2019年第1期；渠敬东：《返回历史视野，重塑社会学的想象力——中国近世变迁及经史研究的新传统》，《社会》2015年第1期；周飞舟：《论社会学研究的历史维度——以政府行为研究为例》，《江海学刊》2016年第1期。

第一节　问题的提出与学术史

一、问题的提出

如今,中国社会学界已经充分认识到,历史社会学不是社会学的分支学科,不仅仅是社会学与历史学的交叉领域,或者为论证社会科学命题提供历史材料。[①] 相反,历史社会学在认识论上强调,社会学不仅要重视传统关注的空间维度,还要真正重视人类社会生活的历史视野与时间维度,在方法论上可以把社会学的结构叙事与历史学的过程叙事有机结合起来。[②] 然而,历史学与社会学两大传统学科之间毕竟存在明显的方法论差异并长期争议不断,已经形成牢固的学科分化体制,那么,历史社会学果真能如此乐观地集历史学与社会学两大学科之长而消弭其间的方法论争论吗? 对此持保留意见的学者认为,两大学科彼此可以相互借鉴与补充,但应该保持二者"良性的紧张关系",以"推动思想的碰撞、知识的深化"。[③] 中国学术界在发展历史社会学时应正视这两种不同的方法论立场。

由于历史社会学的理论与方法问题讨论在中国刚刚兴起,我们暂时难以从中国学术界自身来清晰讨论与评判其间的方法论分歧;相反,西方历史社会学作为介于历史学与社会科学之间独特而明确的一

---

① 成伯清:《时间、叙事与想象——将历史维度带回社会学》,《江海学刊》2015年第5期。

② 赵鼎新:《时间、时间性与智慧——历史社会学的真谛》,《社会学评论》2019年第1期。

③ 周雪光:《寻找中国国家治理的历史线索》,《中国社会科学》2019年第1期。

场学术运动，20世纪六七十年代开始在英美主导的西方学术界"复兴"①，至今已有半个世纪的历史。其研究实践已经硕果累累，而方法论的争议从未消停，以至于研究者们始终存在"身份焦虑"，在理论与方法方面不断倡导"新"历史社会学，对既有研究进行反复批判和修正。其学术运动的变化轨迹有着完整连贯的历史，并充分反映在专业学术期刊的研究性文献中。我们可以把中国学者的方法论分歧与顾虑置于西方历史社会学的学术史脉络，分析其方法论争论的表现、趋势特征与后果，并对其中方法论讨论与经验主题案例的诸多文献进行量化分析。这不仅可以较好回应这一方法论分歧，还有利于在国际历史社会学的学术史脉络中推动中国历史社会学的良性发展。

当代西方学术界对"更新"历史社会学的方法论问题从未消停，但大致形成三次明显的"学术运动"：20世纪七八十年代重新阐释现代化进程的"比较历史分析"运动；90年代开始出现主题扩展的"文化转向"运动；近十几年以来转向以"机制研究"为典型的"新历史社会学"运动。他们希冀在历史学的翔实史料要求与社会学的普遍理论兴趣之间寻求平衡，发展出历史具体性与理论普遍性相结合的新手段。然而，两大学科的内在矛盾却使历史社会学顾此失彼，或因陷于史料的泥潭而导致研究主题的碎片化，或因困于结构方法的僵化而牺牲历史过程的复杂性。历史社会学家致力于为社会科学增加时间维度，因此在认识论层面达成共识，但在方法论层面始终未达成较成熟与统一的研究范式，而是推动主题与方法的不断更新，并呈现阶段性特征。② 为此，历史社会学"对于提出什么论点、如何论证论点，在合法性上具有很大

---

① 史密斯：《历史社会学的兴起》，周辉荣等译，上海人民出版社2000年版。

② 郭台辉：《历史社会学的技艺：名家访谈录》，天津人民出版社2018年版，"导论"。

不确定性"①。我们需要反观历史社会学在当代西方学术史上的总体趋势特征与根本问题,重视其内在的紧张、矛盾及其阶段性变化,谨防盲目乐观与追捧,为推动历史社会学在中国社会科学领域的良性发展提供参照与借鉴。

　　本章关注当代西方历史社会学40年发展史的变迁特征与动力,尝试借用托马斯·库恩的"科学革命"概念说明之。托马斯·库恩反对知识累积性增长的传统解释,区分"常规科学"与"科学革命"。"常规科学"是指在一段确定的时间内,科学共同体内部达成某种共识,遵循某种共同的科学信念、假设、方法与主题。但是科学共同体内部的杰出成员打破"常规科学"的方法论共识,提出一种"反常"的科学思维,突破"常规科学"范畴,最终导致"科学革命",即"科学共同体做出一系列新的承诺,建立一个科学实践的新基础"②,推动标准、问题、主题与方法等科学研究"范式"及其具体实践的转移。西方历史社会学的"常规科学"主要体现在方法共识与主题集中的经验研究领域,其作为"科学革命"的"学术运动"是对常规学术实践的方法论反思与批评,由此推动主题与方法的更新。学术史上的三次"学术运动"均有明显的标志性著述,主导着建构话语权力、转变研究范式、指导学术实践的变革潮流,而"学术实践"作为受此思维变革影响的结果,是具体发生在经验领域的常规研究活动。那么,我们需要解释一个重要问题:历史社会学领域的40年学术史为何不断出现主题与方法"更新"的学术运动?

　　因此,本章借助"学术运动"与"学术实践"这组概念工具,探讨20

---

　　① Julia Adams, Elisabeth Clemens, Ann Orloff, *Remaking Modernity: Politics, History and Sociology*, Durham, NC.: Duke University Press, 2005, p.9.
　　② 托马斯·库恩:《科学革命的结构》,金吾伦等译,北京大学出版社2003年版,第4—5页。

世纪 70 年代以来西方历史社会学在研究主题与方法方面的学术史特征。总体而言,西方历史社会学的"学术运动"存在两种理想类型:一是着重于扩展研究主题的"主题多样化"运动;二是强调确立研究方法的"方法规范化"运动。相应的,我们立足于研究主题和研究方法,着重回答两个经验性问题:1. 学术运动的兴起是据于何种学术实践的背景? 2. 学术运动对学术实践产生何种影响? 通过梳理三次学术运动,我们将历史社会学的内在矛盾概括为方法规范化和主题多样化之间的紧张。其中,七八十年代的第一次运动主张以社会科学的结构方法为"体",切入具有重大历史意义的历史事件,如民族国家形成、资本主义兴起与社会革命,即"方法规范化"运动;90 年代兴起的第二次运动则主张以过程性方法为"体",在社会学的传统领域中融入历史性的视角,重新思考社会生活领域主题的起源与形成,如医疗、卫生、福利、移民、身份、法律等,即"主题多样化"运动;21 世纪之后的十几年来正在兴起的第三次运动,则试图超越这一"体""用"之争,将两者统一起来。本文通过结构主题模型的内容分析方法,主要检验前两次学术运动发生的背景与影响,试图探讨学术运动与学术实践之间的相互关系,揭示其学术变迁的内在动力,最终揭示历史社会学内在矛盾与身份紧张的根本问题。

　　以下内容分五部分展开。第一部分是文献综述(第一节第二小节),重点梳理 20 世纪 70 年代末以来方法论讨论的三场学术运动,厘清学术史在研究主题和方法两个维度的基本主张。第二部分是研究框架(第二节第一小节),提出两种学术运动的理想类型,即"研究主题多样化"和"研究方法规范化"及其超越的尝试。历史社会学的第一次学术运动接近"方法规范化",第二次学术运动则接近"主题多样化"。我们以相应时间段内的学术实践来验证我们的设想,并提出本文的研究假设。第三部分(第二节第二小节)是研究设计、数据与方法。本研究的数据源于历史社会学领域公认的三种专业期刊,即《社会与历史比较研究》(*Comparative Studies of Society and History*,CSSH)、《历史社会学学刊》(*Journal of Historical Sociology*,JHS)和《社会科学史学》(*Social Science History*,SSH)。我们收集三种专业期刊在1976—2018年期间刊发的所有正式论文,以结构主题模型为主要工具,刻画历史社会学在不同时期的趋势特征。第四部分是结果发现(第二节第三小节),我们将确定历史社会学的研究主题,并通过假设检验的方法来验证假设。第五部分是讨论历史社会学的内在矛盾与"新历史社会学"问题(第三节),以此展望中国发展历史社会学时需要警觉的问题。

二、西方历史社会学的三次"学术运动"

二战结束之后,主张社会科学的理论意识与历史研究的历史意识相结合的呼声逐渐高涨。在认识论上,波普尔、亨普尔等逻辑经验论者反对历史决定论与历史主义,提倡历史解释的普遍规律或"覆盖律"(covering law),认为历史研究不能只是关注过去,不是对过去事件的描述和理解,而是可以像自然科学一样发现人类发展规律。[1] 相应的,在方法论上一部分历史学家主动吸收社会科学的定量研究,发展"量化史学"[2];另一部分社会科学家则提出具有历史视野的案例研究,以定性比较分析处理历史材料[3]。到20世纪70年代,历史与理论的相

---

[1] 波普尔:《历史主义的贫困》,何林等译,社会科学文献出版社1987年版;Carl Hempel, "The Function of General Laws in History", *The Journal of Philosophy*, Vol. 39, No. 2 (Jan., 1942), pp.35-48。

[2] 巴勒克拉夫:《当代史学主要趋势》,杨豫译,北京大学出版社2006年版。

[3] Barrington Moore, *Social Origins of Dictatorship and Democracy: Lord and Peasant in the Making of the Modern World*, Boston, MA.: Beacon, 1966.

统一作为一种原则,成为许多社会学家和历史学家共同的愿景①,以至于很多倾向于历史的社会科学家与倾向于社会科学的历史学家都认为,两大学科领域在逻辑、方法论和认识论上都没有区别,本质上是同一门学科②。然而,70 年代以来的 40 多年,西方历史社会学领域并没有实现历史与理论相统一的愿景,而是一直争论不休,并充分反映在著名历史社会学家主编的论文集中,形成三次有明显时间标志的知识运动,推动历史社会学的方法更新与主题扩展,不断迈向"新历史社会学"。

(一) 第一次学术运动:方法规范化

第一次运动出现在社会科学家与历史学家主张高度融合的 20 世纪 70 年代中后期至 80 年代前期。战后时期的历史社会学家越来越意识到,在经历 20 世纪上半叶复杂而重大的历史事件和历史转型之后,有必要对现代性问题和现代化进程加以再思考,对经典社会学的议题与方法进行检讨和发展。③ 传统社会史(如经济史、人口史)所使用的量化方法,由于受研究领域和研究数据所限,对历史的复杂性展现不足,很难满足这一需求。在这一背景下,历史社会学家尝试将传统史学的叙事与社会科学的形式化方法相结合,以结构性的叙事方法重建社会科学研究历史的范式。这些学者有意识地秉承"大结构,长时段,

---

① Dennis Smith, *The Rise of Historical Sociology*, Philadelphia: Temple University Press, 1991; E. Thompson, *Poverty of Theory*, New York: New York University Press, 1978; Arthur Stinchcombe, *Theoretical Methods in Social History*, New York: Academic Press, 1978.

② Fernand Braudel, *On History*, Matthews Sarah (trans.), Chicago: University of Chicago Press, 1980, p.69; Philip Abrams, *Historical Sociology*, Ithaca: Cornell University Press, 1982.

③ Wright Mills, *The Sociological Imagination*, Oxford: Oxford University Press, 2000.

大比较"①的研究旨趣，相互切磋应和，形成一场学术运动。二战后英译出版几部重要的历史著作，如波兰尼的《大转型》、布罗代尔的《地中海文明》、布洛赫的《封建社会》和埃利亚斯的《文明的进程》则是这场运动的催化剂。相应的，在历史社会学方兴未艾之际涌现出一批经典著作，包括巴林顿·摩尔对农民社团与革命的研究、佩里·安德森对绝对主义国家发展的研究、沃勒斯坦关于世界体系与资本主义的理论等。② 这一运动有两条基本线索：一是围绕重大的历史主题展开理论探讨，如针对现代化与资本主义的形成问题展开"布雷纳尔争论"（the Brenner Debate）③；二是围绕历史社会学的结构性研究方法而讨论相关方法论问题。

斯考切波在 1979 年出版的经典著作《国家与社会革命》之所以引起巨大的反响，在于充分体现主题与方法这两条线索的结合。她创造性地把历史叙事统一置于社会科学的结构化分析框架中，以实验科学的思维为指导，以法国、俄国和中国革命为历史案例，在传统向现代转型的过程中提炼出爆发社会革命的历史条件，并按实证社会科学的标准，转化为三个独立变量（军事危机、财政危机、农民社团），以变量的有无及其出现的时序来解释社会革命的后果。④ 这部著作对于第一次学术运动的研究主题与方法具有标志性意义。其中，在研究主题上，

① Charles Tilly, *Big Structures, Large Processes, Huge Comparisons*, New York: Russell Sage Foundation, 1984.

② 斯考切波编：《历史社会学的视野与方法》，封积文等译，上海人民出版社 2007 年版。

③ Trevor Aston, Charles Philpin (eds.), *The Brenner Debate: Agrarian Class Structure and Economic Development in Pre-Industrial Europe*, Cambridge: Cambridge University Press, 1987.

④ 斯考切波：《国家与社会革命：对法国、俄国和中国的比较分析》，何俊志、王学东译，上海人民出版社 2007 年版。

斯考切波以国家为单位进行宏观的革命研究，突破传统史学的社会史领域，提出多重的现代化路径，直接挑战了五六十年代关于单一现代化进程的普遍设定；在研究方法上，用宏观历史的比较分析，研究几个具体案例，通过革命研究得出社会科学常见的普遍结论，既有社会变迁的差异性又保持社会科学方法的统一性。

当然，在八九十年代，斯考切波式的结构化、形式化方法面临诸多批评。其中，来自社会科学的批评认为，她的结构化分析框架本身仍具有明显的结构功能论色彩，把历史转型期的社会革命视为一个抽象的普遍现象，可以跨越不同历史时期和国家进行比较分析。但更多的批评来自历史学领域：第一是不够重视历史的过程性、情境性与复杂性，只是结构化地归纳变量间的相关性，而忽视时间序列对事件展开的作用，甚至出现"时间错置"的错误[1]；第二是把历史时间视为线性发展的、可任意比较的过程，抽离了作为历史本质的时间性，各国发生社会革命时处在不同的发展阶段，忽视"时间之箭"与"时间之环"的二重性，为了理论的普遍性而牺牲历史的特殊性[2]；第三是剪裁和重组历史材料，既违背历史研究的基本原则，也背离社会科学对价值中立的客观追求。历史学家重申"按其真实发生的方式来叙述的历史"[3]，主张重新将叙事作为历史论

① S. Seidman, "Network Structure and Minimum Degree", *Social Networks*, Vol. 5, No. 3 (1983), pp. 269-287.

② Craig Calhoun, "The Rise and Domestication of Historical Sociology", in Terrence McDonald (ed.), *The Historic Turn in the Human Sciences*, Ann Arbor: The University of Michigan Press, 1996, pp. 305-338; R. Aminzade, "Historical Sociology and Time", *Sociological Methods & Research*, Vol. 20, No. 4 (1992), pp. 456-480; Norbert Elias, "The Retreat of Sociologists into the Present", *Theory, Culture & Society*, Vol. 4, No. 2-3 (1987), pp. 223-247.

③ C. Camic, "The Utilitarians Revisited", *American Journal of Sociology*, Vol. 85, No. 3 (1979), pp. 516-550.

述的基本手段①,而结构化方法的历史社会学研究普遍依赖二手文献,对历史进程的理解是片段式的,是经过史学家的二次加工的②。

基于上述批评形成的方法论主张最终反映到《人文科学的历史转向》一书中。③ 在该论文集中,历史社会学家主张引入传统的历史叙事,以发展"叙事的因果性"(narrative causality)。这一主张强调四个特征:叙事性、序列性(sequence)、时间性(temporality)与偶发性(contingency)。④ 他们主张将事件置于形塑该事件的事件链中,而非将相互关联的历史事实视为各自孤立的研究案例;主张"充满事件的"时间性(an eventful temporality),而拒斥以宏大理论为旨趣的"目的论时间性"、以实验思维为导向的"实验时间性"。⑤ 90 年代前期对方法论议题有诸多讨论,一方面是反对僵化的历史研究路径,另一方面也警惕纯叙事方法造成的随意性。多数学者主张弱化对结构分析、因果解释和普遍法则的追求,发展一种对具体历史情境更为敏感的社会历史研究方法。⑥

① E. Hobsbawm, "The Revival of Narrative: Some Comments". *Past & Present*, Vol. 86, No. 1 (1980), pp. 3-8; L. Stone, "The Revival of Narrative: Reflections on A New Old History", *Past & Present*, Vol. 85, No. 1 (1979), pp. 3-24.

② John Goldthorpe, "The Uses of History in Sociology: Reflections on Some Recent Tendencies", *British Journal of Sociology*, Vol. 42, No. 2 (1991), pp. 211-230.

③ Terrence McDonald (ed.), *The Historic Turn in the Human Sciences*, Ann Arbor: The University of Michigan Press, 1996.

④ Margaret Somers, "Narrativity, Narrative Identity, and Social Action: Rethinking English Working-Class Formation", *Social Science History*, Vol. 16, No. 4 (1992), pp. 591-630.

⑤ William Sewell, "A Theory of Structure: Duality, Agency, and Transformation", *American Journal of Sociology*, Vol. 98, No. 1 (1992), pp. 1-29.

⑥ Reinhard Bendix, *Force, Fate, and Freedom: On Historical Sociology*, Berkeley: University of California Press, 1984; Edgar Kiser, Michael Hechter, "The Role of General Theory in Comparative-Historical Sociology", *American Journal of Sociology*, Vol. 97, No. 1 (1991), pp. 1-30.

第一次学术运动不仅改变了历史社会学的基本研究方法，而且也重新界定了该学科的研究主题。在八九十年代的历史社会学中，以资本主义兴起和国家形成为两条基本主线，形成了丰富的文献。这些研究在方法上的共性在于强调时间性、叙事性的历史比较方法，在主题上也具备相当的对话空间。历史社会学在第一次学术运动之后似乎又达成一定程度的研究共识。

（二）第二次学术运动：主题多样化

从20世纪90年代中期开始，年轻一代的历史社会学家开始从新的角度切入资本主义兴起、国家形成等现代性议题：一方面，有学者注意到"边缘化"的群体和议题在国家建构进程中发挥的重要作用，如地方参与对福利国家的作用、精英家庭关系对国家建构的影响、女性运动对政治转型的意义等[①]；另一方面，学者意识到传统研究受限于马克思主义所奠定的物质决定论视角，对思想意识在现代化转型中所发挥的作用阐释不足。由此，他们从思想和文化角度，对一系列传统左翼史学议题加以考察。比如，戈尔斯基创造性地将韦伯对新教伦理的理论应用到国家形成问题上，探索新教的规训作用对现代民族国家产生的影响[②]；贝尔纳吉通过考察英德两国在19世纪对劳动的一般理解，

[①]　George Steinmetz, *Regulating the Social: The Welfare State and Local Politics in Imperial Germany*, Princeton: Princeton University Press, 1993; Julia Adams, "The familial State: Elite Family Practices and State-Making in the Early Modern Netherlands", *Theory and Society*, Vol. 23, No. 4 (1994), pp. 505-539; Elisabeth Clemens, "Organizational Repertoires and Institutional Change: Women's Groups and the Transformation of US Politics, 1890-1920", *American Journal of Sociology*, Vol. 98, No. 4 (1993), pp. 755-798.

[②]　Philip Gorski, "The Protestant Ethic Revisited: Disciplinary Revolution and State Formation in Holland and Prussia", *American Journal of Sociology*, Vol. 99, No. 2 (1993), pp. 265-316.

揭示了劳动概念与工业化进程的关系[1]；斯坦梅兹主张对概念如何引导国家行为加以系统研究[2]。

　　两种倾向都反思和修正了第一次运动之后的历史社会学，因此在随后的发展过程中逐渐交流与合流，最终呈现为亚当斯等人于 2005 年编辑出版的论文集《重建现代性》一书。[3] 这一著作的核心主张，可以概括为"韦伯主义"的问题意识与研究议题，重塑过去由左翼学者主导的传统历史社会学，从而拓展"现代化"的范围和内涵。这种"新历史社会学"的追求成就第二次学术运动，其理论主张表现有三方面的新扩展。第一，拓展现代性的时空范围。传统的历史社会学着重探讨 19 世纪以来的社会学经典理论传统建立的问题意识，从而将现代性的历史范围限定在较早时期（中世纪结束后到 19 世纪）的西方世界，使得历史社会学本质上是面向过去的、西方中心的；而新一代历史社会学家重视探讨"重建现代性"，即探索现代性意涵长期以来的发展和变化，探讨现代性在边缘地区发展的特征与共性，本质上应当是面向当下的、全球视野的。第二，扩展现代性的研究主题。他们认为，传统历史社会学的研究主题都是权力主体，比如西方国家、精英阶级、主体民族等，应该把被支配的国家和群体纳入历史社会学的考量，比如殖民地、边缘群体、少数民族、女性等。第三，扩展现代性的问题意识。传统历史社会学主要与左翼史学传统和结构功能主义对话，但两种传统都注重物质条件和结构因素对历史事实的重要作用，而忽视了非物质条件对行动者的塑造作用；他们主张从关系

---

　　① Richard Biernacki, *The Fabrication of Labor: Germany and Britain, 1640-1914*, Berkeley: University of California Press, 1995.

　　② George Steinmetz, "Introduction: Culture and the State", in *State/Culture: State-Formation after the Cultural Turn*, Ithaca: Cornell University Press, 1999, pp.1-49.

　　③ Julia Adams, Elisabeth Clemens, Ann Orloff, *Remaking Modernity: Politics, History and Sociology*, Durham, NC.: Duke University Press, 2005.

网络、意识形态、共同利益等角度来分析社会行动，尤其行动者的主观意志，而非简单寻找行动者的共同物质基础。

《重建现代性》既宣言式地总结了第二次学术运动的"新历史社会学"宗旨，也集中展现了参与者贯彻运动宗旨的学术实践。这些参与者创造性地发掘出一系列具有社会学意味的历史问题，如福利国家的形成（奥洛夫）、社会运动的传统组织形式（古尔德）、宗教与政治意识（戈尔斯基）、职业的现代化（罗）等。19 世纪的理论传统对现代性的界定主要限于官僚制、民族国家和资本主义，而新一代历史社会学者的学术实践则大大扩宽了现代性的理论视野，将现代化的历史纵深与主流社会学的当下热点研究（如社会政策、社会运动、职业组织、福利、卫生、移民、身份等领域）相勾连。不同于第一次运动主要针对研究方法的标准化，第二次运动的目标主要是研究主题的拓展。

但是，随着研究主题的纵深扩展，历史社会学也渐渐摆脱对传统经典议题的依赖，进入更为广阔的学术空间，将特殊区域或个别群体的多样化研究，全部纳入历史社会学的研究范畴。因此，有学者认为，历史社会学似乎拥有"太多的"研究议题，从而大大削弱了学术研究之间的对话空间。[①] 在这种情况下，是否能够为历史社会学重新找到一种规定性的学科基础，似乎再次成为了历史社会学家亟待解决的问题。

（三）第三次学术运动：新的历史社会学？

因此，在千禧年之后，历史社会学的方法规范化与主题多样化都出现了新变化，形成新一轮的学术运动，致力于调解两次运动之间的矛盾，并在回归形式化方法的讨论中限制主题的多样化扩展。其中，最

---

① Elisabeth Clemens, "Toward A Historicized Sociology: Theorizing Events, Processes, and Emergence", *Annual Review of Sociology*, Vol. 33 (2007), pp. 527-549.

明显的特点是吸收 20 世纪 90 年代的"无历史"批评,通过"时期化"(periodization)把时间意识与历史过程带回来,主张对事件形成和生发过程本身予以"过程社会学"(the sociology of process)的理论化,以此为基础建立新的历史社会学。[①]"时期性"运动似乎获得了部分学者的呼应,一些重要的经验研究明确地、有意识地将自己纳入"时期性"的框架中。[②] 在此基础上,21 世纪十几年来历史社会学的新一轮学术运动主要流行三种视角与方法。

其一,比较历史分析的回归。如果给新一轮运动确定一个开端,那么詹姆斯·马候尼等人编写的《社会科学中的比较历史分析》(*Comparative Historical Analysis in the Social Sciences*)[③]是一个标志,该书从知识论、分析工具与方法议题以及个案分析等几个层次,重新评价历史社会学的核心方法"比较历史分析"。该书得到历史社会学领域诸多精英的支持,比如斯考切波、彼得·霍尔、保罗·皮尔森、凯瑟琳·塞伦、罗杰·古尔德、金世杰等,得到连续再版,有很高的引用率,把曾饱受批评的普遍理论、大结构、长波段等议题以新的方式带回到历史社会学的核心领域,并且兼容原本相对立的研究策略,比如理性选择分析与阐释分析。由此,因果机制、因果推论与描述推论、必要原因与充分原因、概念分析与测量、研究假设与时间过程及其路径依赖

---

① Elisabeth Clemens, "Toward A Historicized Sociology: Theorizing Events, Processes, and Emergence", *Annual Review of Sociology*, Vol. 33 (2007), pp. 527-549.

② A. Mische, "Relational Sociology, Culture, and Agency", in John Scott, Peter Carrington (eds.), *The SAGE Handbook of Social Network Analysis*, New York: Sage Publications Ltd., 2011, pp. 80-97; Ivan Ermakoff, "The Structure of Contingency", *American Journal of Sociology*, Vol. 121, No. 1 (2015), pp. 64-125; Liliana Riga, "The Ethnic Roots of Class Universalism: Rethinking the 'Russian' Revolutionary Elite", *American Journal of Sociology*, Vol. 114, No. 3 (2008), pp. 649-705.

③ James Mahoney, D. Rueschemeyer (eds.), *Comparative Historical Analysis in the Social Sciences*, Cambridge: Cambridge University Press, 2003.

相结合，形成的普遍理论可以超越社会科学主流的统计分析，使有适度条件限制的比较历史分析纳入社会科学的方法论。[①] 比较历史分析已经发展成为一种主导方法，尤其广泛应用于政治科学、比较政治学与国际政治等领域的国家形成与扩展研究。[②]

其二，"中层理论"倾向的社会机制成为21世纪历史社会学公认的新研究策略。戈尔斯基将社会机制简洁地定义为"某一系统内各种相关联的实体生发性的因果效应"[③]。这一界定表明，社会机制的因果解释主要在三个方面区别于"覆盖律"：虽然关注原因和结果的关联性，但严格受制于一定的时空条件（time-space dependency）；因果性处于同一个历史过程，原因与结果之间由一连串具体的社会行动予以联结，而且往往以层次更微观的行动单位来解释层次更宏观的社会历史现象或结果；具体的历史事件是一组机制综合作用的结果，而不是一个机制决定一个事件，因此，任何历史过程都具有多重因果性和偶发性的特征。[④] 社会机制研究从历史过程本身来理解变量之间的复杂关联，从而更贴近历史的真实，旨在建立、建构有适度历史条件限制的中层理论。这可以关注历史现象背后的经验事实并建立有机联系，既可以

① James Mahoney, "Comparative-Historical Methodology", *Annual Review of Sociology*, Vol. 30 (2004), pp. 81-101.

② Hillel Soifer, *State Building in Latin America*, Cambridge: Cambridge University Press, 2015.

③ Philip Gorski, "Social 'Mechanisms' and Comparative-Historical Sociology: A Critical Realist Proposal", in Peter Hedström, Björn Wittrock (eds.), *Frontiers of Sociology*, Hague: Brill, 2009, pp. 147-194.

④ Zhao Dingxin, *The Confucian-Legalist State: A New Theory of Chinese History*, Oxford: Oxford University Press, 2015; Philip Gorski, "Social 'Mechanisms' and Comparative-Historical Sociology: A Critical Realist Proposal", in Peter Hedström, Björn Wittrock (eds.), *Frontiers of Sociology*, Hague: Brill, 2009, pp. 147-194; James Mahoney, "Comparative-Historical Methodology", *Annual Review of Sociology*, Vol. 30 (2004), pp. 81-101.

解释社会过程中的社会行为、社会结构及其关联,又可以检验历史关节点何以发挥"意外结构"与"涌现"的作用,并且可以与社会科学方法论的因果性问题结合起来讨论。

其三,社会机制的研究策略还与历史制度主义与网络分析结合起来。历史制度主义以制度的历史形成为核心,强调序列发展路径的初始事件与时间,由此形成的机制反复发生。最近十几年,历史制度主义增加了对关键节点(critical junctures)和或然性的关注,重视关键事件对制度变迁的决定性作用,强调历史变迁过程中的偶然事件,能够将特定结构中的要素予以重组,由此解释制度变迁机制。[1] 引入关键事件来强化时间意识,突出历史过程的偶然性与非连续性,形成"意外的结构""涌现"和"反事实推理",推动系列分析以及事件过程的理论化。[2] 由此,历史学与社会学重新获得统一,但也由此激起相关的专题讨论。[3] 社会网络分析是一种重要的社会机制研究,强调一组行动者

[1] James Mahoney, "Path Dependence in Historical Sociology", *Theory and Society*, Vol. 29, No. 4 (2000), pp. 507-548; James Mahoney, Kathleen Thelen, "A Theory of Gradual Institutional Change", in *Explaining Institutional Change: Ambiguity, Agency, and Power*, Cambridge: Cambridge University Press, 2010; Charles Ragin, *The Comparative Method: Moving Beyond Qualitative and Quantitative Strategies*, Berkeley: University of California Press, 2014.

[2] Ivan Ermakoff, "The Structure of Contingency", *American Journal of Sociology*, Vol. 121, No. 1 (2015), pp. 64-125; Elisabeth Clemens, "Toward A Historicized Sociology: Theorizing Events, Processes, and Emergence", *Annual Review of Sociology*, Vol. 33 (2007), pp. 527-549; Philip Gorski, "What Is Critical Realism? And Why Should You Care?", Working paper, 2013.

[3] Mark Gould, "History is Sociology: All Arguments Are Counter-Factuals", *Journal of Historical Sociology*, Vol. 32, No. 1 (2019), pp. 1-10; Y. Zhang, "Thinking Counter Factual Sequentially: A Processual View of Counter-Factual in Historical Sociology", *Journal of Historical Sociology*, Vol. 32, No. 1 (2019), pp. 15-21; E. Malczewski, "Constants in History and Sociology: A Commentary on Mark Gould's 'History is Sociology'", *Journal of Historical Sociology*, Vol. 32, No. 1 (2019), pp. 11-14.

及其较稳定的社会关系网络,可以同时关注宏观与微观议题的历史分析。但具体分析存在形式论与关系论两种不同的研究路径。[1] 其中,形式论重视分析社会网络的结构模式,更适合大规模结构转型,比如帝国、民族、文化、经济[2];关系论强调行动者之间关系互动的作用,更适合分析群体认同、社会运动、抗争与革命等主题[3]。

当然,至今为止十几年里,"时间理论化"问题在历史社会学的不同视角与方法中有不同的落实,而具体方法的讨论仍一直在分化发展中,并且充分体现在学术实践的不同研究主题上。但研究方法的学术运动在研究主题中的反映并不显著和集中,主题与方法之间关系也并不完全稳定。换言之,第三次"新历史社会学"运动仍在进行中,主题与方法尚未出现一种完全不同于前30年的新变化。当然,重大事件在21世纪层出不穷,如恐怖主义、宗教冲突、民族冲突、经济危机等,进一步推动新主题与新策略之间的紧密结合。相较于20世纪90年代的主题碎片化问题而言,21世纪的研究主题更趋集中,回归到现代性问题的宏大和经典主题中。这方面可以从历史社会学两个学术奖项的获奖情况来体现。21世纪以来历史社会学领域开始设置两年一度的评选

---

[1] Harrison White, *Identity and Control: A Structural Theory of Social Action*, Princeton: Princeton University Press, 1992; Eric Erikson, N. Occhiuto, "Social Networks and Macro-Social Change", *Annual Review of Sociology*, Vol. 43 (2017), pp. 229-248.

[2] Karen Barkey, *Empire of Difference: The Ottomans in Comparative Perspective*, Cambridge: Cambridge University Press, 2008; Andreas Wimmer, "The Making and Unmaking of Ethnic Boundaries: A Multilevel Process Theory", *American Journal of Sociology*, Vol. 113, No. 4 (2008), pp. 970-1022; Eiko Ikegami, *Bonds of Civility: Aesthetic Networks and the Political Origins of Japanese Culture*, Cambridge: Cambridge University Press, 2005; J. Padgett, W. Powell, *The Emergence of Organizations and Markets*, Princeton: Princeton University Press, 2012.

[3] A. Mische, "Relational Sociology, Culture, and Agency", in John Scott, Peter Carrington (eds.), *The SAGE Handbook of Social Network Analysis*, New York: Sage Publications Ltd., 2011, pp. 80-97.

活动,其中"巴林顿·摩尔奖"(2001—2018 年)包括最佳著作奖与提名奖,共有 32 部著作获奖;"查尔斯·蒂利奖"(2005—2018 年)是最佳论文奖,共 21 篇论文获奖。在代表历史社会学最高水平的这 53 项成果中,研究主题依然集中在政治经济领域的现代性问题域,比如资本主义(9 项)、国家形成(8 项)、抗争(7 项)、民族与种族(6 项)、帝国/殖民(5 项)、法律(4 项)与福利(4 项)。可见,21 世纪以来历史社会学关注的研究主题主要还是在 20 世纪七八十年代第一次运动所确定的物质生活范围内,重新关注宏观社会变革的问题。当然,非物质领域的文化与宗教(8 项)也有明显增加,但主要表现为论文形式。

在主题与方法都出现变化的 21 世纪,历史社会学是否能同时实现方法规范性与主题多样性呢? 这要求"新历史社会学"能突破 20 世纪 90 年代以叙事分析为主要特征的"新历史社会学"[1],也能突破民族国家视域的视野[2],重新关注世界性与区域性问题,从而在荣莉亚·亚当斯命名为"历史社会学第三次浪潮"的基础上开始出现"第四次浪潮"。21 世纪历史社会学在方法与主题上的变化似乎带来历史学与社会学关系的重新反思,两大学科阵营是否可以真正融合在一起呢? 这是历史社会学的学术史研究必须关注的问题。

梅尔和威尔森做过一个探索性研究,以美国历史社会学领域最重要的奖项巴林顿·摩尔奖的 32 部获奖著作为数据来源,分析其各自如何处理历史材料,发现了历史与理论关系的四种基本风格。[3] 这一研

---

[1]　K. Gotham, W. Staples, "Narrative Analysis and the New Historical Sociology", *Sociological Quarterly*, Vol. 37, No. 3 (1996), pp. 481-501.

[2]　Stefanie Börner, *Belonging, Solidarity and Expansion in Social Policy*, Berlin: Springer, 2013.

[3]　Damon Mayrl, Nicholas Wilson, "What Do Historical Sociologists Do All Day? Historical Method in Theory and Practice", Working paper, 2013.

究揭示，历史社会学家受历史学家影响甚深，对一手文献的重视程度与日俱增。但受制于问题意识与数据来源，这一研究并不能全面反映这一发现与前述学科融合争论之间的关系。斯坦梅兹近期的一项研究以 20 世纪德国和法国历史社会学为对象，研究不同历史情境下历史学与社会学的融合方式。① 该研究发现，历史学与社会学的融合往往肇始于两个学科的内在矛盾，但却中止于学科间的权力关系。理想的融合需要若干条件，如智识上的互补、学院体制无法满足本学科学者的职业发展、策略性的学科扩张等。但现有的文献没有充分予以研究和论证，而方法更新与主题调适都仍在发展中，无法表明第三次学术运动的停止或者学术实践已经达成共识，抑或"新历史社会学"依然没有实现。因此，我们只能检验其展开的学术实践背景，尚无法如前两次运动那样讨论起学术实践的后果。

第二节　数据来源与发现

我们认为，上述三种探索"新历史社会学"的努力都是类似于"科学革命"的学术运动。其目的是为了回应特定结构的学术思维变化和学术研究内在的紧张，并能够在不同程度上对知识更新产生影响。在历史社会学中，学术运动主要是探讨学科建设的研究主题与研究方法问题，即"研究什么"和"如何研究"的问题。但除了理论与方法探讨之外，历史社会学研究者们也进行具体的经验研究，即进行"学术实践"。

---

① George Steinmetz, "Field Theory and Inter-Disciplinarity: History and Sociology in Germany and France During the Twentieth Century", *Comparative Studies in Society and History*, Vol. 59, No. 2 (2017), pp. 477-514.

学术实践不同程度上受到学术运动的影响，由此形成的学术实践范式又成为新的学术思维结构，酝酿新的学术运动。

一、分析框架与假设

　　基于上述理解，我们提出两次学术运动的理想类型。"方法规范化运动"是致力于整合并规范学术实践的研究方法，"主题多样化运动"则是致力于拓展学术实践中的研究主题，把既定的研究范式应用到更广泛的研究实践中去。作为"常规科学"的学术实践具有相对明确的方法以及相对固定的问题意识和研究主题，并不断扩展到更为广泛的社会议题中去。结果是出现研究领域过多、研究之间缺乏有效对话的"碎片化"问题，亟待寻求新的学科基础。"方法规范化运动"强调特定研究方法的有效性，抵制学术实践因缺乏研究方法规范而导致的主题泛化，从而明显增加对研究方法的讨论，但方法的发展也使得研究主题突破既有边界。因此，"主题多样化"与"方法规范化"两种运动出现内在紧张。当方法的规范性加强，历史社会学家采纳普遍类似的方法，研究主题和视野就因受限于相应的方法而相对集中，主题的多样性程度下降。相反，当研究主题快速拓展，研究视域扩大，既有的方法往往受到相应的冲击。当然，在具体的研究实践中，"方法规范化"与"主题多样化"之间存在时间差，不一定同时发生，在此我们仅仅表达两者动态变化的理想状态。

　　学术运动的发生具有特定的学术实践背景。在运动的兴起阶段，学术实践的经验表现与学术运动的理论主张相反，也就是说"方法规范化"运动兴起于方法规范性不足的学术实践环境，"主题多样化"运动兴起于主题多样性较低的学术实践环境。但随着运动发展到较高阶段，学术运动的理论主张对学术实践造成实质性的影响，学术实践的经验表现与学术运动的理论主张相对一致，"方法规范化"运动造成方法规范性的上升，而"主题多样化"运动造成主题多样性的上升。

具体而言，我们所讨论的三次学术运动主张三种不同的"新"历史社会学。第一次运动试图将社会科学的研究方法带入 19 世纪的现代性传统中。斯考切波的批评者认为其形式化方法落入实证主义方法论的窠臼，但并没有否定方法论讨论本身的意义。这种研究策略希望用社会科学方法来改造传统社会史研究，因此是"方法规范化"运动。这一运动之兴起在学术实践中的背景，是历史社会学的研究主题处于扩张阶段，但对研究方法缺乏共识。学者试图为历史社会学寻找一致性的研究方法，从而对学科范围加以规定。我们推测，历史社会学的学术实践一方面会响应学术运动的号召，在热烈的理论讨论之后达成一定的方法论共识；与此同时，另一方面，作为运动的"副作用"，研究主题的多样性将在运动后期有所下降。为了验证这一推断，我们将对比运动兴起阶段和收尾阶段的学术实践所具有的特征，并提出如下假设：

假设1：在历史社会学第一次运动期间，在历史社会学的学术实践中，

    a) 研究方法的规范性先下降后上升；

    b) 研究主题的多样性先上升后下降。

第二次学术运动试图挑战左翼传统所限定的研究主题，主张将历史视野引入更为边缘的国家与群体议题。他们认为，在历史社会学经历第一次学术运动之后，其问题域受限于传统现代化理论而过分狭窄。因此，他们将历史学的过程性视角带入更为广阔的社会学研究议题中，希冀勾连历史社会学与主流社会学。这次运动接近于"主题多

样化运动"。类似的,我们推测这一运动的背景是,学术实践的规范性
不断提高,但研究主题也逐渐固化;受这一运动影响,学者在学术实践
中积极开拓研究领域,突破历史社会学在第一次运动中形成的主流议
题,从而加强了研究主体的多样性,但也打破了学界对于研究方法的
共识。同样的,我们通过观察运动发展阶段和运动总结阶段的学术实
践来验证这一猜想,由此提出以下假设:

　　　　假设2:在历史社会学第二次运动期间,在历史社会学的学术
　　　实践中,
　　　　　　a) 研究方法的规范性先上升后下降;
　　　　　　b) 研究主题的多样性先下降后上升。

　　新一代学者尝试重建理论,试图将作为方法的历史社会学与作为
主题的两次运动统一起来,建构一种关于时间性的问题意识。尽管这
一运动仍在进行中,但我们推断这是第二次"方法规范化"运动,或说
"方法再规范运动"。这一运动的兴起背景是主题的扩展造成了知识
的碎片化,通过方法论讨论,历史社会学家正在重新寻求新的共识。
由于运动还没有结束,我们无法将运动的总结阶段与兴起阶段进行对
比,但我们可以将现有阶段视为"兴起阶段"。类似于第一次运动,当
下学术实践的背景是,研究领域不断增加,而研究方法的规范性削弱,
从而提出以下假设:

　　　　假设3:在历史社会学第三次运动的兴起阶段,在历史社会学
　　　的学术实践中,
　　　　　　a) 研究方法的规范性在下降;

b）研究主题的多样性在上升。

从逻辑上说，"方法规范性"与"主题多样性"是一对矛盾，二者既相互依存，又相互对立。作为社会科学研究，历史社会学必然要关注时间序列对塑造社会结构的普遍性作用，但从历史社会学漫长的理论传统来看，其理论建构必然遵循一定的学术传统及其问题意识。"历史"既是社会科学的研究方法，本身又有明确的研究主题。但是，主张"历史学为体"的观点往往批判忽视过程性和情境性的主流社会学传统①，要求把历史思维应用到一切社会学的分支领域中；相反，主张"历史学为用"的观点则试图将研究问题聚焦于社会学理论传统的若干"重大"问题，而将研究主题的过分扩展视为碎片化而加以抵制。前者扩张而后者聚焦，这决定了两者具有不可调和的矛盾。

于历史社会学而言，这种内在矛盾恰恰是生成"学术运动"的动力，推动着"学术运动"不断发生且充满活力。在进行"方法规范化运动"时，学科发展重视形式化和规范化，容易逐渐陷入若干理论议题而趋于僵化，从而引发"主题多样化运动"；反之，在"主题多样化运动"中，学者着重讨论历史社会学的问题域，学科容易失去研究议程的聚焦，陷入各自为战的碎片化，从而引发新一轮的规范性运动。作为研究主题的历史社会学与作为研究方法的历史社会学，将始终处于此消彼长的矛盾之中。为了在经验研究中检验这个判断，我们提出第四个假设：

假设4：在历史社会学的学术实践中，方法规范性与主题多样

---

① Julia Adams, Elisabeth Clemens, Ann Orloff, *Remaking Modernity*: *Politics, History and Sociology*, Durham, NC.: Duke University Press, 2005.

性呈负相关。

二、研究设计、数据与方法

(一) 研究设计

为了验证本章的假设,我们需要测量学术实践中研究方法的规范性与研究主题的多样性,并在学术史的时间进程中观察其变化。我们选择历史社会学主要期刊发表的学术论文作为学术实践的具体表现。这一选择是出于以下考量:历史社会学在外部时刻面临社会学与历史学之间的学科争论,内部的方法与主题一直不稳定而出现不断发展的学术运动。其研究所处的场域特征具有二重性:场域边界不断变动,内涵和外延不断调整;始终处于一个学科权力的场域,学术体制和学科边界受学科中的权力关系塑造,限制其学科化进程。选择学术论文而非学术论著,是为了更为灵活和充分地考虑学科内涵和外延的变化;选择权威期刊而非不加选择地考察更多期刊,是为了强调学术体制中的权力关系,昭示学术刊物掌握话语权和主导作用。

在此基础上,我们选择结构主题模型(STM)来测量学术实践中的研究主题。近年来,主题模型是社会科学领域发展极快的内容分析方法,主要用于以机器学习的方式进行文本主题识别。其基本原理是通过计算不同词汇同时出现的频率,将经常共同出现的词汇分为若干组群。相比于传统的人工编码,主题模型更为标准化和客观,而且往往能发掘出文本中未被发现的特征。主题模型适用于基于一套标准化词汇的、较为正式的文本,社会学家一般用以分析报刊文章或政府报告[①]，学术论文无疑也在此列。本章所使用的结构主题模型整合了多种既有的主题模型，如隐狄利克雷分配模型（LDA）、相关主题模型（CTM）等，其优点是便于观察主题与协变量（如文件的类型或发表时间）的交互关系，从而使主题模型具备假设检验的可能性。这一模型在近期的社会学前沿中已经获得应用[②]，尤其切合本章的需要。

通过结构主题模型，我们可以获得两方面重要的信息：1. 历史社会学对方法论的讨论；2. 历史社会学的研究主题跨时间的变化。前者可以帮助我们测量历史社会学方法论的规范性。如果历史社会学的学术实践在特定时期"涌现"方法论探讨，则说明学术界对研究方法的兴趣和争议较大，同时也说明研究方法缺乏共识，这标志着学术实践对"方法规范化运动"的反映；反之，如果研究者对方法论的兴趣和争议较低，则说明研究方法已经形成较广泛的共识。同时，后者帮助我们测量研究主题的多样性——通过分析论文中这些主题的差异程度，测量研究主题的多样化水平。如果主题多样化程度处于上升状态，则说明学术实践积极回应"主题多样化"运动，而在主题多样化下降时期，学术实践对研究主题的边界有较为确定的认识。

（二）数据

本研究使用"科学网"（Web of Science）对社会学、历史学、社会科学

① Paul DiMaggio, Manish Nag, David Blei, "Exploiting Affinities Between Topic Modeling and the Sociological Perspective on Culture: Application to Newspaper Coverage of Us Government Arts Funding", *Poetics*, Vol. 41, No. 6 (2013), pp. 570-606; N. Fligstein, Stuart Brundage, M. Schultz, "Seeing Like the Fed: Culture, Cognition, and Framing in the Failure to Anticipate the Financial Crisis of 2008", *American Sociological Review*, Vol. 82, No. 5 (2017), pp. 879-909.

② Christopher Bail, Taylor Brown, Marcus Mann, "Channeling Hearts and Minds: Advocacy Organizations, Cognitive-Emotional Currents, and Public Conversation", *American Sociological Review*, Vol. 82, No. 6 (2017), pp. 1188-1213.

史的分类,确定互有交叉的三种期刊 CSSH、SSH、JHS,并以此作为研究对象。CSSH 和 SSH 分别创刊于 1958 年和 1976 年,均由剑桥大学出版社出版,前者是社会与历史比较研究协会(The Society for Comparative Study of Society and History)的会刊,后者是美国社会科学史学会(The Social Science History Association)的会刊。JHS 创刊于 1988 年,由威利-布莱克维尔(Wiley-Blackwell)公司出版。三种刊物在历史社会学界声望卓著,能够较好地反映历史社会学的发展趋势。我们将 SSH 创刊的 1976 年作为本研究的起始年,以全面了解历史社会学的经验研究自 20 世纪 70 年代末以来 40 年的变化。

我们通过三部期刊的学术网站,下载了自 1976 年初到 2018 年底的所有论文,并通过设计文本处理程序,将所有文字重新识别录入,以论文为单位,抓取标题、期刊、出版时间等基本信息。通过阅读标题,我们筛选出所有研究性论文,排除了书评、勘误、通知等非研究性的语料文本。最终确定的数据库共包括 2642 篇论文,其中 CSSH 论文 1199 篇,SSH 论文 857 篇,JHS 论文 586 篇。本文不讨论期刊之间倾向的内部差别。

(三) 方法

1. 学术运动的分期

为了检验前三组假设,我们需要权宜性地设置三次学术运动的起讫年份。我们界定学术运动时期的标准来自一个简单的经验判断:学术运动通常开始于该领域标志性学者针对某个或某几个具体话题的重要研究,由此引发理论性的讨论和经验性的检验,最终收尾于由代表性的学者牵头并组织出版具有影响力的论文合集。根据这一标准,我们以斯考切波发表《国家与社会革命》的 1979 年为第一次运动的起点,而以论文集《人文科学的历史转向》发表的 1996 年为运动的收尾;

以斯坦梅兹等学者开始集中发表相关论文的 1993 年为第二次运动的起点，而以论文集《重建现代性》发表的 2005 年为终点；第三次运动开始于马候尼等人于 2003 年编辑出版的《社会科学中的比较历史分析》，至今仍在发展。

2. 结构主题模型（STM）

为了检验三组假设，我们需要测量论文中理论成分、叙事成分、研究主题三个变量在不同历史时期中的变迁。我们认为，结构主题模型可以较好地满足这一需求。我们根据玛格丽特·罗伯茨等人设计的结构主题模型及其算法来实现本研究。[①] 主题模型假设的全部文本（语料库）是一个"词袋"（bag of words），文本的主题可以通过词汇出现的频率来测量，而出现的顺序则无关紧要。每一个主题包括一系列词汇，而每一个文档又包含多个主题。主题模型认为，特定词汇 W_i 出现在特定文档 d 中的概率，取决于：1. W_i 出现在全部可能主题 z（主题数 K 给定）中的概率；2. 各主题 Z_i 出现在该文档中的概率，表达式写作：

$$P(w_i \mid D = d) = \sum_{k=1}^{K} P(w_i \mid z_i = k) P(z_i = k \mid D = d)$$

一些早期的主题模型认为，主题在所有文档中的分布是一致的。STM 模型修正了这一假设，将主题分布视为文档某些特征（如发表时间、写作者、发表场合等）的函数。在相关文献中，文档的特征一般被称为元数据（metadata），记作矩阵 X。W_i 出现在全部可能主题 z 中的

① Margaret Roberts, Brandon Stewart, Dustin Tingley, "STM: An R Package for Structural Topic Models", *Journal of Statistical Software*, Vol. 10, No. 2 (2014), pp. 1-40; Margaret Roberts, Brandon Stewart, Edoardo Airoldi, "A Model of Text for Experimentation in the Social Sciences", *Journal of the American Statistical Association*, Vol. 111, No. 515 (2016), pp. 988-1003.

概率和主题 Z_i 出现在特定文档中的概率分别服从元数据 X 为参数的特定分布。[①]

在本研究中，我们将所有论文转化为词汇构成的语料库。我们的数据清理包括以下步骤：首先，我们去掉了文本中表示期刊格式的内容（如页码、刊名），清理了文本中的数字和符号，清理后文档总字数为 4 874 929 字；其次，去掉了英文中常用的但不具有表现主题意义的"停用词"（stopwords，如 the、and、it）；再次，我们又去掉出现次数过少（在所有文档中出现不超过 15 次），以致无法精确代表主题的词汇；最后，我们保留了 21 819 个有效特征值，共计 4 361 435 字；同时，我们也对单词进行标准化处理，去掉英文的前缀、后缀，将名词变格、动词变位转化为标准形式。

结构主题模型要求研究者事先确定主题的数量。借助类似研究的做法，我们检验了 5—20 种分类的结果，认为确定 15 个主题时可以得到相对稳定、清晰的分类结果。因此我们将历史社会学的基本主题确定为 15 个。

3. 方法规范性与主题多样性的测量

我们以特定时期内学术论文对方法论问题的关注度来测量方法规范性。特定时期内方法论讨论占全部学术内容的比重越高，说明学界对方法规范性的共识越弱。在结构主题模型中，我们也识别了"理论与方法论"这一主题（见下文）。

我们以结构主题模型的结果为基础测量主题多样性。结构主题模型测量了 n 个主题在每个文档（论文）上的分布。我们引入在聚类分析

---

① Margaret Roberts, Brandon Stewart, Dustin Tingley, "STM: An R Package for Structural Topic Models", *Journal of Statistical Software*, Vol. 10, No. 2 (2014), pp. 1-40.

等方法中较为常用的差异程度测量方法，以欧几里得距离比较任意两篇论文在主题上的差异程度。对于任意一对文档 P 和 Q，如果 n 个主题的概率分布分别为 $(p_1, p_2, \cdots, p_n)$ 和 $(q_1, q_2, \cdots, q_n)$，则两者的欧几里得距离为：

$$d(P, Q) = \sqrt{\sum_i^n (p_i - q_i)^2}$$

距离越大，说明 P 和 Q 在主题上的差异程度越大。我们计算了任意论文与同一年份出版的所有其他论文之间的欧几里得距离，并将其平均值称为"差异度"。一篇论文的差异度越大，说明该论文在主题上越偏离当年论文研究主题的"主流"；反之，则说明其越接近"主流"。由此，我们得以测量主题的多样化水平。某一年份所发表论文的差异度均值越大，说明论文主题分布越分散，即主题多样性越大。

三、结果发现

（一）主题类型分布与变化

在表 9-1 中，我们呈现了结构主题模型最终确定的 15 个主题的高频词汇，并对各主题进行归纳。在表中，各主题包含两列数据。"词汇概率"（probability）指特定词汇（而非其他词汇）出现在某一主题中的概率。词汇概率在主题间的互斥性较弱，比如 use（使用）这个词作为一般性的常用词汇，既经常出现于"理论与方法"，也经常出现于"量化史学"。"主题概率"（FREX）指某一词汇出现在特定主题（而非其他主题）中的概率。主题概率互斥性较强，比如 Weber（韦伯）一词经常出现在"理论与方法"中，但较少出现在其他主题中。词汇概率即结构主题模型的拟合结果,主题概率则是词汇概率的函数。[1]

我们综合两种不同指标下的词汇,并利用我们对历史社会学学术脉络的认识,确定了表 9-1 中 15 个主题:理论与方法论、文化研究、量化史学、制度演变、政治经济研究、民族/国家、革命/劳工、法律研究、亚洲研究、民主研究、性别与婚姻、帝国研究、种族研究、卫生/健康、拉美研究。比如,我们识别"理论与方法论"这一主题的过程是:这一主题最常见的词汇是"社会"(society)、"历史"(history)和"文化"(culture)等范畴性词汇,并且排他性地使用了"韦伯"(Weber)、"理论"(theory)和"概念"(concept)等理论术语,这些都是历史社会学论述方法论的常用词汇。通过观察这一主题在不同时期的变化,我们得以观察学术实践对研究方法的兴趣是如何变化的。

图 9-1 展示了 15 个主题在本文研究时期内的分布情况即"期望比重"(expected proportion)的估计。总体而言,理论与方法论是历史社会学最重要的主题,在所有语料中占比 15%左右,体现了历史社会学不断反思重构的理论传统。其次是文化研究与量化史学研究,均占比 10%左右。这一发现具有反常识的意味,因为通常认为历史社会学对于文化研究不够重视,而量化史学则早已衰落,但事实并非如此。政治经济研究和革命/劳工都是传统的历史社会学研究议题,而制度演变和民族/国家则是 20 世纪七八十年代以来兴起的"新历史社会学"议题,占比均在 5%—10%。最后,边缘地区(如亚洲研究、帝国研究、拉美研究)和弱势人群(种族、女性)研究占比都较低,说明第二次运动对历史社会学忽视边缘议题的判断是基本成立的。总体而言,我们可以

---

[1] Margaret Roberts, Brandon Stewart, Dustin Tingley, "STM: An R Package for Structural Topic Models", *Journal of Statistical Software*, Vol. 10, No. 2 (2014), pp. 1-40.

表9-1 结构主题模型的主题与高频词汇

理论与方法论		文化研究		量化史学		制度演变		政治经济研究	
词汇概率	主题概率	词汇概率	主题概率	词汇概率	主题概率	词汇概率	主题概率	词汇概率	主题概率
social	Weber	one	photography	use	census	state	insurance	land	crop
history	theory	use	artist	population	sample	govern	Canada	product	cotton
culture	sociology	term	paint	data	data	new	bank	market	agriculture
politic	concept	time	Tibetan	term	variable	public	Canadian	labor	farm
society	anthropology	new	ritual	content	estimation	policy	plan	use	farmer
use	theoretic	subject	art	census	regression	social	welfare	economy	agrarian
term	critique	people	aesthetic	age	table	develop	fund	agriculture	tenant
history	philosophy	see	divinity	subject	statistics	nation	program	peasant	price
study	Marx	culture	museum	year	rate	institution	financial	industry	commodity
one	conceptual	content	visual	rate	ratio	politic	finance	farm	grain
universal	intellectual	like	god	city	coefficient	economic	neoliberal	rural	harvest
subject	methodology	work	spirit	number	migration	city	Toronto	economy	market
new	ethic	life	ceremony	difference	height	universal	cricket	term	landlord
can	sociologist	history	magic	economic	enumeration	power	commission	capital	wheat
theory	philosophy	way	status	century	average	local	sport	village	peasant

| 民族/国家 | | 革命/劳工 | | 法律研究 | | 亚洲研究 | | 民主研究 | |
词汇概率	主题概率	词汇概率	主题概率	词汇概率	主题概率	词汇概率	主题概率	词汇概率	主题概率
nation	Jewish	worker	Soviet	law	Hindu	Islam	Ottoman	politic	vote
politic	Jew	class	Russia	India	Tamil	state	Mongol	party	elector
state	Israel	social	Socialist	court	Delhi	Muslim	Islam	election	voter
people	Palestinian	politic	Russian	India	India	Chinese	Istanbul	vote	elect
core	Israel	labor	Germany	legal	Bengal	term	Qing	use	republican
Jewish	violence	union	Moscow	case	Bombay	China	Iran	democrat	congressional
new	Palestine	work	German	century	Calcutta	Ottoman	Iranian	state	presidential
violence	memory	German	Commune	use	Madras	core	Ibn	new	party
movement	holocaust	revolution	bourgeoisie	state	cast	universal	Sultan	term	democrat
Jew	refugee	industry	Hungary	colony	court	use	Armenian	content	poll
term	nationalist	state	strike	one	crime	new	Egyptian	republican	suffrage
one	terrorism	use	bourgeois	subject	prison	subject	Muhammad	support	partisan
right	army	term	Hungarian	govern	Hindus	religious	Cairo	American	candidate
identity	guerrilla	content	Lenin	British	Brahman	empire	Korean	subject	turnout
group	commemoration	movement	Stalin	author	criminal	nation	Madrasa	elector	realign

续表

性别与婚姻		帝国研究		种族研究		卫生/健康		拉美研究	
词汇概率	主题概率	词汇概率	主题概率	词汇概率	主题概率	词汇概率	主题概率	词汇概率	主题概率
women	marriage	colony	Africa	American	black	health	medicine	Mexico	Nacion
family	marry	slave	slave	black	white	medical	disease	Spanish	Inca
children	husband	African	Nigeria	white	racial	disease	medicine	Latin	Brazilian
men	women	Africa	aboriginal	school	African	death	patient	state	Cuzco
marriage	kin	British	Caribbean	education	lynch	body	physician	term	Estudio
household	widow	European	Dutch	new	segregation	medicine	sterile	use	bueno
work	female	French	colony	south	school	sexuality	health	new	Indio
social	wife	term	Ghana	universal	Detroit	social	clinic	Mexican	Madrid
female	daughter	new	Yoruba	racial	teacher	practice	epidemic	America	Rio
gender	kinship	trade	Uganda	African	Negro	century	cholera	see	Mexico
male	wives	subject	Tanzania	race	Carolina	public	insane	Brazil	revista
marry	family	state	settler	immigration	race	cause	hygiene	Indian	Oaxaca
live	woman	core	Congo	York	fraternity	report	hospital	city	Spaniard
age	divorce	Indian	guinea	work	apartheid	new	infection	Spain	Janeiro
class	gender	world	Jamaica	class	college	work	homosexual	American	Argentina

发现历史社会学虽然有丰富的研究主题,但对不同主题的侧重有较大差异。

STM 模型拟合了各主题在各年份的变化。由于主题较多,时期跨度较大,我们在此不逐年展示回归结果,而仅通过附图展示各主题跨年代分布的预测结果。40 余年来,历史社会学发展较快的主题是文化(由 6% 上升至 12%,但近年又有所下滑)、制度演变(2%—11%)、民族/国家(3%—13%)、亚洲研究(2%—8%);同时,衰落较快的主题是量化史学(16%—6%)、政治经济研究(12%—5%);性别与婚姻研究、种族研究、拉美研究在经历 20 世纪八九十年代的短暂发展后,近十年来重归沉寂。这些变化体现了运动的作用。第一次运动的方法规范作用,排除了结构化方法,致使量化史学衰落;同时,比较研究方法的引入使得制度演变与民族/国家研究成为主流,而政治经济研究则相对衰落。第二次运动的方法多样作用,引入了边缘地区和群体,促使文化、地区研究、性别与婚姻、种族研究快速发展,但是随着运动的结束和新一轮的方法规范,部分主题的重要性似乎再次衰落。对比研究主题在 70 年代后期与近年的分布情况,除了理论与

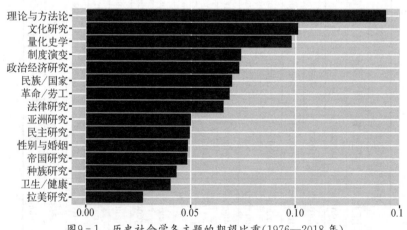

图9-1　历史社会学各主题的期望比重(1976—2018 年)

方法论讨论一直是历史社会学学术实践的重点，70 年代最重要的三个主题是量化史学、革命/劳工、政治经济研究，而这些主题近年来已完全让位于新的主题如制度演变、民族/国家、文化研究。这一学科的基本研究对象和研究旨趣发生了根本变化。这符合我们对历史社会学 40 年余学术史的基本判断：学术运动不断进行反思与探索，而在具体研究领域上不断游移而缺乏共识。

（二）方法规范性的时期变化

为了检验假设 1a、2a 和 3a，我们重点考察了"理论与方法论"这一主题所占比重在学术运动不同阶段的变化。第一次运动（1979—1996 年）期间，"理论与方法论"这一主题的比重高于此后任何时期，尤其在 1990 年以前持续保持在 15％以上，是当时最为重要的研究论题，进入 90 年代之后才逐渐下行。虽然没有出现假设 1a 所预测的"先上升"的情况，但这一主题的重要性可以支持我们对第一次运动的判断，即它是一次"方法规范性运动"。90 年代中期"理论与方法论"讨论出现低谷，也说明第一次运动对方法规范性有所贡献，致使历史社会学家对学科方法论达成一定共识，从而减少了相关讨论。

第二次运动（1993—2005 年）期间，有关理论与方法论的讨论从 15％左右下降至不足 10％。这说明第二次运动并不非常关心理论与方法论的探讨，这一运动并非"方法规范性运动"，与第一次运动有着显著不同。值得注意的是，假设 2a 预测运动后期方法规范性下降、相关讨论重新上升。在学术实践中，这种情况虽然没有在 2005 年之前出现，与假设略有差别，但紧接着下一次运动就发生，说明第二次运动确实对方法规范性有所削弱，致使学术实践重启了一轮方法论讨论。在第三次运动（2003 年至今）期间，相关讨论基本呈现上升趋势，符合假设 3a，说明第三次运动的学术实践对理论与方法论讨论颇为重视，也侧面说明历史社会学再一次缺乏方法规范性的共识。这一点在文献回顾部分也充分展现出来了。

(三)主题多样性的周期变化

图 9-2 展现了 1976—2018 年间论文主题差异度均值的变化,由此我们得以检验假设 1b、2b 和 3b。由图可见,在第一次运动期间(1979—1996年),学术主题的平均差异度先上升后下降,整体变化趋势与假设 1b 的预测相一致。在 20 世纪 70 年代末 80 年代初,论文之间研究主题的差异度增加。这一时期存在的主导性主题,如量化史学、革命/劳工、政治经济研究等,彼此之间也缺乏逻辑关系。这说明历史社会学家尚在学术实践中探索这一学科的研究边界。但在第一次运动的后半段,论文主题平均差异度整体减小,体现了第一次运动削弱主题多样性的作用。作为方法规范运动,第一次运动也催生了一系列逻辑上相关的研究主题,如制度演变、法律研究、民族/国家等。这些研究的主导是论文主题平均差异度减小的主要原因。

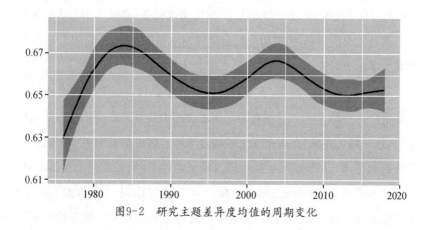

图9-2　研究主题差异度均值的周期变化

第二次学术运动期间(1993—2005 年),研究主题平均差异度整体处于上升状态,而差异度的最低点恰恰出现于运动初期。这一观察符合假设 2b 的预测,说明第二次运动兴起于研究差异度较低的阶段,其效果是扩大了研究差异度,强化了主题多样性。这一时期,亚洲研究、种族研究、文化研究较为兴盛,体现了第二次运动对文化研究和边缘议题的重视。类似的,第三次运动兴起之后(2003 年至今),研究主题的差异度缓慢下降,这一观察与假设 3b 相反。虽然我们将第三次运动视为方法规范运动,其确实具有降低主题多样性的作用,但这一变化出现在运动兴起阶段似乎为之过早。考虑到 2003 年前后的平均差异度峰值并没有超过 20 世纪 80 年代初期,我们认为相关研究对研究主题"碎片化"的判断似乎过于严重,第三次运动有过快加剧研究同质化的危险。

　　研究主题在多样性上的周期变化,大约以 20 年为周期,经历了多次"上升—下降"的钟摆运动。这也体现了历史社会学在研究主题上的"自我焦虑"。从对假设 1—3 的检验而言,我们基本确认了方法规范性运动与主题多样性运动之间循环往复的辩证关系。但值得注意的是,在两次运动交替的 2000—2010 年间,理论与方法论的低谷正好对应了主题多样性的高峰,这与假设 4 的预测是相反的。我们认为,由于研究方法与研究主题之间存在时间差,研究方法的发展和共识,并不能立即在研究主题上体现出来。因此,本文对假设 4 的验证缺乏足够的证据,这是值得未来研究继续探索的。

第三节　讨论:学科体制的持续与超越

　　本章通过量化的客观数据,实证观察到西方历史社会学的学术实践如何回应三次学术运动(即"方法规范化运动""主题多样化运动"和新一轮的"方法规范运动")。我们发现,方法规范化与主题多样化之间客观上存在明显的张力,二者并没有齐头并进,而是处于辩证循环的运动过程中,即方法规范化运动削弱主题多样性,而主题多样化运动削弱方法规范性。当然,由于第三次运动正在发展中,这一推断尚缺乏足够长时段的历时性证据,需要时间继续跟踪与验证。但至少从我们所观测的西方历史社会学40年学术史中,历史学与社会学之间的方法论矛盾与紧张关系并没有消解,致使主题与方法交替主导的两种运动前后相接。这一判断已经得到了数据的充分支持。在过去的数十年间,历史社会学家们在认识论层面充分发展社会科学的历史维度,但在方法论层面展开充分的自我批评和再反思,不断提出"新历史社会学"的新策略与新方案。

当然,历史社会学的这些再思考始终无法克服社会学与历史学两大学科之间的"体用之争",只是把社会学与历史学之间的紧张关系转移到自身内部,推动历史社会学的方法与主题不断更新,形成辩证的学术运动。正是传统学科之间的紧张关系及其学术运动成为历史社会学一直充满学术活力和吸引力的源泉。因此,本研究使我们更愿意采信周雪光①的谨慎保守倾向,即历史社会学应该保持两大学科传统的良性紧张关系;而不是赵鼎新②的积极乐观倾向,即历史社会学可以消解两大学科的方法论分歧,追求"结构叙事"与"时间序列叙事"的"有机结合"。

从更漫长的学术史来看,西方历史社会学出现过三次"浪潮式"的发展。③ 第一次是19世纪的"前学科时代",以托克维尔、马克思、韦

---

① 周雪光:《寻找中国国家治理的历史线索》,《中国社会科学》2019年第1期。
② 赵鼎新:《时间、时间性与智慧——历史社会学的真谛》,《社会学评论》2019年第1期。
③ 史密斯:《历史社会学的兴起》,周辉荣等译,上海人民出版社2000年版。

伯、涂尔干等人为先驱，立足于欧洲中心主义，反思欧洲后革命社会的现代性问题，共同关注从传统向现代转型的重大事件与历史过程，核心主题是资本主义、现代国家、政治革命、劳动分工、民主化。第二次是二战后至 20 世纪 80 年代的"学科化时代"，以巴林顿·摩尔、斯考切波等人为代表，在社会学学科复兴作为分支领域的历史社会学，阐释和运用第一代历史社会学家的关键概念，继续探讨现代性主题，如阶级不平等、政治权力、军事暴力、社会冲突等。他们以现代化理论或者马克思的物质生产模式为主导理论，通过"输入"历史学的证据并吸收相邻学科的知识，目的是批判帕森斯主导的结构功能主义范式。他们以比较历史的定性分析为研究方法，在抽象经验主义的社会理论与强调具体事件的、严格时间次序的历史学之间谋求其独特的位置。

　　然而，始于 20 世纪 90 年代的"第三次浪潮"进入到知识生产的"后学科时代"和社会问题的全球化时代，对"新历史社会学"的探索恰恰是这次浪潮的标志与结果。经过 80 年代后期和 90 年代前期的诸多方法论争论之后，历史社会学同时改变主题与方法，以新的研究策略突破学科边界和子学科领域的范畴，拓展新的研究主题，再次成为社会科学与历史研究共同参与的学术运动，进入 21 世纪后至今正在走向不同于传统史学、社会学及其历史社会学子领域的新形态。我们的研究确认了"新历史社会学"是历史社会学不断自我更新的动态形式，在认识论意义上强调时间与空间相互交织的学术立场，这在经验研究的具体实践上已经成为历史社会学的基本共识。在研究策略上，历史社会学维持了理论建构的传统取向，但却是由"覆盖律"的普遍理论转向有意识受历史社会条件限制的中层理论。更为灵活的研究策略大大扩展了研究主题，打破了社会史、经济史以及传统历史社会学的传统分割，转而汇入到更为微观和多样化的社会生活层面。在这个意义上，社会学和历史学共同为历史社会学的新发展贡献其学科成果，二者的紧张关系使历史社会学得以集两大学科之长，而无法归属于任何传统学科。

同时，在"新历史社会学"的学术运动中，研究策略的新发展与研究主题的多样化之间很可能存在着某种因果联系。人文学科的非物质议题，如文化、语言、性别、情感、宗教、知识、技术等，原本受意识和材料所限，没有进入历史社会学的分析视域。这些高度社会化和生活化的研究议题虽然是现代性扩展的后果，却难以进入现代化与民族国家建构的宏大叙事，因此往往在传统历史学的关注之外。20世纪90年代中期以来，历史社会学放弃对"覆盖律"理论的追求，对理论施加时空关系的限制性条件，在历史研究中落实罗伯特·默顿意义上的"中层理论"，在理论与历史之间寻找平衡点，并扬弃实证主义传统的结构方法，充分吸收历史研究传统的叙事分析。新历史社会学恰恰发挥中层理论和叙事分析相结合的策略优势，把很多原来被人文社会科学边缘化的社会议题带到历史社会学的中心地带。

新一代历史社会学家们立足于一手档案文献，充分挖掘文化、宗教、语言、性别等议题的历史维度，更深层次地理解恐怖主义、区域政治和经济变迁等新问题。同时，新历史社会学发展出历史制度主义、社会网络分析、理性选择学说等重要的中层理论，重新结合社会科学传统的多变量分析和多案例比较。一方面是继续关注政治、经济、人口、军事和社会运动等物质化主题，但更重视时间序列、历史节点等问题；另一方面是重视物质化主题背后的语言、性别、文化等非物质结构，甚至模糊主题之间、层次之间各自的沟壑。历史社会学的新研究策略贯通日常生活的微观领域与全球的宏观结构，统一人文、自然和社会等原本被分割的领域，把人类社会生活所关系到的主题都进行"历史化"处理，增强历史意识。

　　"新历史社会学"带来研究策略与主题的新变化，可以舒缓长期以来的"学科霸权"问题。新历史社会学运用过程叙事分析来寻找中层理论的研究策略，具有灵活性和普适性，模糊了传统学科的边界与性质，而广泛的社会议题为更多学科的进入创造空间。从此，无论是历史学还是社会学，都不可能主导新历史社会学的发展，难以把历史社会学"私有化"为传统学科的子领域范畴。在这个意义上，新历史社会学大大推动了历史学与社会学的学科融合。然而，从研究主题的多样化来看，新历史社会学又已经超越了学科融合问题的悲观与乐观立场争论。这是因为，新兴的研究主题，如艺术、文化、自然、宗教、语言等都无法纳入传统学科的对象范畴。即使是传统的研究对象，也被重新情境化与性别化，与新兴主题交织在一起，已无法在传统学科的阵营对立或融合意义上来理解。因此，历史社会学需要置换到更大范畴的"历史社会科学"中来理解，打通自然科学、社会科学、人文科学的壁垒，才能理解和解释全球化时代人类须共同面对的系统问题。

　　然而，从另一面看，"新历史社会学"对宏观大视野的历史分析和理论讨论似乎失去兴趣，也缺乏统一关注的重大问题、核心主题和重要方法，难以产生类似于沃勒斯坦"世界体系论"的宏大理论和主要概念。这使历史社会学失去统一的研究对象与知识生产目标，不再是卡尔霍恩等人定位的"批判武器"[1]，没有聚焦于特定的主题和理论的统一指导，更不可能成为主题集中与方法独特的"独立学科"[2]，无法在学科分化或融合的问题域来定位历史社会学的新形态。更甚者，新历史

---

[1]　Craig Calhoun, "The Rise and Domestication of Historical Sociology", in Terrence McDonald (ed.), *The Historic Turn in the Human Sciences*, Ann Arbor: The University of Michigan Press, 1996, pp.305-338.

[2]　斯考切波编：《历史社会学的视野与方法》，封积文等译，上海人民出版社 2007 年版。

社会学拆解了传统学科划分的知识生产方式。

一般而言，现代社会的知识体系是通过分类化和学科化生产来完成的，而作为知识生产体制的现代学科，都有各自的学术史传统和核心特征，如研究领域、理论、概念与方法，但更多的是通过特定的认识论基础、方法论原则及其主导的研究策略来界定的。因此，一个现代学科有其固定标志的核心假设、理论和方法，所生产的系统知识是所有分支学科的基础和母体，子学科领域并不是生产知识，而是应用知识去解释或解决特定的议题、现象和问题。由此，"问题倾向的经验研究没有创造持久的、自我再生产的学科共同体"①。然而，在具体的经验实践过程中，新历史社会学的知识生产却难以完全遵从学科标准和学术体制，反而以"学术运动"的方式不断模糊学科之间严格的边界范畴，打破认识论与方法论之间的规范对应，从而产生学科之间各种可能的转向、交叉、融合及其争论问题。如今，历史社会学形成新的研究策略，容纳新的研究主题，的确为知识生产的方式与来源注入新的活力。然而，新历史社会学带来新的问题，难以完成"重塑现代性"的任务②，甚至可能意味着社会学核心特征的迷失。

"新历史社会学"运动已经远远超出社会学的"知识输出"和历史学的"证据输入"之间的传统跨学科关系，而是在人文社会科学，甚至自然科学领域"输入"知识与证据。结果，子学科领域纷纷转向历史，脱离其母体学科的核心，缺乏对母体学科的整体认同与贡献，反而给社会学研究带来进一步的碎片化。当所有子学科领域和研究主题都接受

① Andrew Abbott, *Chaos of Disciplines*, Chicago: University of Chicago Press, 2001, p.134.

② Julia Adams, Elisabeth Clemens, Ann Orloff, *Remaking Modernity: Politics, History and Sociology*, Durham, NC.: Duke University Press, 2005.

历史意识，并应用历史社会学的新研究策略时，历史社会学自身就失去其独特的意义，甚至走向消亡的境地。同时，新研究策略的碎片化应用使历史社会学成为一种历史性反思的感知，即"社会学的历史想象力"①，也意味着社会学学科的知识生产失去了传统目标，不再是在世俗实践生活中寻找无时间、内在连贯的永恒真理与普遍的理论、概念与方法，而是一系列历史实践的"地方性知识"②。从此，社会学不存在"输入"与"输入"之间的知识等级，而是各主题自由地、历史地、反思性地理解这个流动性、扁平化的大众社会。

如今，随着历史研究的地位在中国学术界迅速提高，中国社会科学整体上出现了转向历史的学术潮流，历史社会学亦成为中国社会科学可资利用的学术资源。中国社会科学界已经在认识论层面充分突出时间维度与历史传统，但在方法论层面的讨论才刚刚开始，许多争论有待进一步呈现，有必要充分关注当代西方历史社会学 40 年学术史所呈现的学术运动及其矛盾问题。尤其值得注意的是：

1. 学科争论问题。中国学术界发展历史社会学，不可能化解传统学科的"门户之争"，也没必要发展成为一门独立的学科体系或者某个学科的"领地"。恰恰相反，本研究对中国正在起步的历史社会学有着重要启示，即应该宽容与支持外部性的学科冲突及其向历史社会学内在紧张的转化，"方法规范化"与"主题多样化"之间的天然矛盾及其交替出现，应该成为刺激历史社会学不断自我更新与反省的内在动力，从而使之成为人类知识生产的独特方式，进而跳出现代主流学科关于

---

① Charles Tilly, *Explaining Social Processes*, London: Routledge, 2015, Chapter 11.

② Michael Burawoy, "For Public Sociology", *British Journal of Sociology*, Vol. 56, No. 2 (2005), pp. 259-294.

知识生产的认知窠臼及对知识本身的长期争论。

2. 研究策略问题。历史社会学不断更新研究视角、策略、方法与概念，旨在理解当代人类社会生活中面临的各领域问题及其历史形成，但中国学术界正在发展历史社会学，不能采用"拿来主义"态度，推崇或固守某一种研究策略，而忽视了历史社会学自身不断反思与发展的动态过程。

3. 研究视野问题。西方历史社会学正在流行各种"中层理论"，的确充分结合了语境条件与时间过程，但却忽视了大理论与大历史及其相互结合的结构性问题，容易造成知识碎片化的无意义感。因此，中国新兴的历史社会学需要立足于当前中国社会高度关注的核心问题，必须转向中长时段的历史视野与中、宏观层次的理论分析，让主题与方法、历史与理论在"适度紧张"的基础上有机地结合起来。

附图：历史社会学 15 个研究主题的时期变化

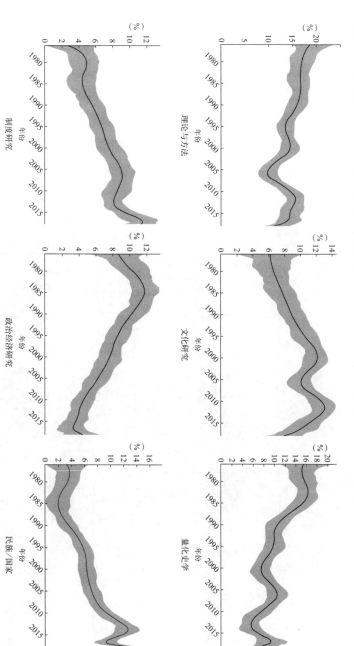

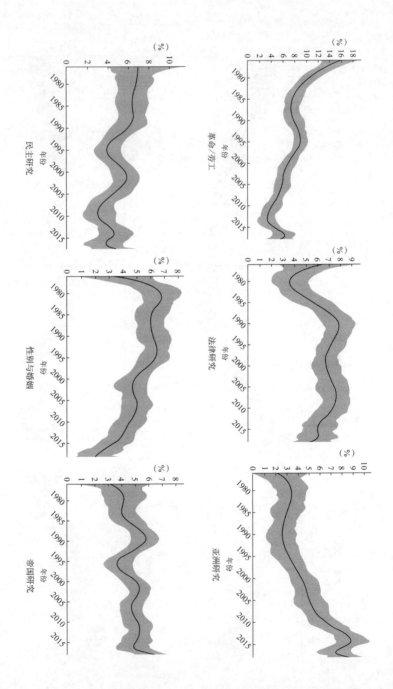

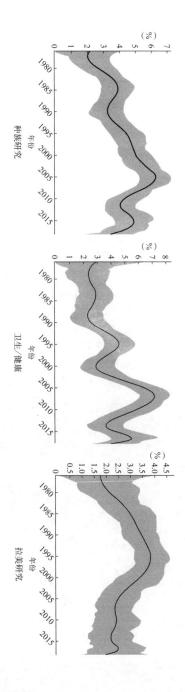

种族研究

卫生/健康

拉美研究

年份

结论与展望

本书作为上一部著作《历史社会学的技艺》(以下简称《技艺》)的续篇,取名为《历史社会学的力量》(以下简称《力量》)。《技艺》是以一对一访谈的交流形式,重在展示当代西方富有创造性的历史社会学家,记录其学术思想、研究导向与主要成就。《力量》这部著作是在《技艺》基础上的学术史反思,以分析论证的独白形式,系统揭示西方历史社会学的前世今生。

对于什么是学术史,培根有一个详细的界定:"一部完整的学术史应当包括学术的起源,学术的派别,学术的创新,学术的传统,多样的管理和实施方式,繁荣的盛况,反对者的意见,衰落、缓慢、泯灭、变迁的缘由和清晰,还有所有其他跟学术有关的事件,都要分门别类,按照年代顺序记载清楚。"①但本书并不是一部历史编纂学的著作,而是从西方历史社会学的学术史切入,反思西方世界的知识史。本书在形而上学预设、认识论基础、方法论原则与分析策略四个层面,系统论述古希腊与中世纪的时空关联、17—19 世纪前学科时代的历史社会研究传统、20 世纪学科化时代的历史社会学,通过知识生产方式及其变迁,把四个层面的类型与三个阶段的谱系结合起来思考。

---

① 培根:《学术的进展》,刘运同译,上海人民出版社 2015 年版,第 64 页。

一、结论

本书可以得出如下几个结论。

其一是关于兴起问题。按照前学科与学科化的时代划分，西方知识界进入 20 世纪之后才确立现代学科分化体制。社会科学彻底脱离历史研究，并且把知识生产方式的分工划分为社会学、经济学、人类学与政治学的学科分类体制。只有在学科分类体制确立之后才可能出现"历史社会学"意识。这种时间发生的先后次序意味着，19 世纪的马克思、韦伯、托克维尔等经典思想家处于知识分化的前学科时代，他们不是历史社会学的开创者，而是坚持 18 世纪孟德斯鸠、伏尔泰、休谟等启蒙思想家的历史社会研究传统。20 世纪兴起并发展至今的历史社会学是西方历史社会研究传统的延续。

其二是关于性质问题。数十年来，西方历史社会学发展得轰轰烈烈，在学术界家喻户晓，但它并不是一个理论流派、一种独特的方法、一门具体的学科领域。其实，历史社会学在知识生产方式方面的性质定位是给社会科学各学科领域的既有主题增加历史面向，包括提倡历史意识、追踪历史轨迹、提供历史材料等，是沟通历史学与社会科学的桥梁纽带。这恰恰可以突破 20 世纪以来西方知识界的学科界限与学科分类体系，进而成为反现行学科分类分化体制的一股学术运动与潮流。没有现代社会科学的学科分化体制就没有历史社会学。正因为如此，历史社会学难以安放在现行的学科体制中，更无法跻身于历史学与社会科学的主流行列。

其三是关于力量问题。20 世纪的西方历史研究与社会科学研究有诸多结合方式，而历史社会学是最成功的典范，也是抵制在历史学与社会科学之间、社会科学各学科之间进行人为分割的最有效力量。

但是，参与这股反抗力量的学者群体及所涉知识门类非常庞杂，越来越多的学科领域卷入其中，导致研究力量与研究领域极为分散、研究策略高度分化。虽然已有查尔斯·蒂利、斯考切波等人主要归纳出模式解释、变量分析、过程阐释三种研究方式，但在研究实践中远不止如此。研究技术与策略不断分化与裂变，带来知识的碎片化，对现代学科体制的解构有余，对知识的创造和建构明显不足，反过来有可能稀释这股学术运动，使反抗的力量迈向自我消解的趋势。

其四是关于力量的源泉问题。西方历史社会学，作为反现代学科体制的一种积极力量，继承了前学科时代的历史社会研究传统，主张时间与空间、历史与经验哲学（社会科学）之间的紧密结合。历史学与社会科学在观念上的诞生，都可以追溯到 19 世纪前期，但唯有进入 20 世纪之后，才在学术体制与研究实践上真正实现彻底分离。历史社会学之所以有反学科体制的持久力量，就在于历史社会研究传统扎实的知识合法性基础，包括认识论基础与方法论原则，有着漫长连绵的历史演进过程。

其五是关于力量分散的根源问题。西方历史社会学的力量之所以自我消解，在于延续 19 世纪的方法论分野，17—18 世纪在经验主义、理性主义、历史主义之间的认识论分化。虽然方法论层面存在融合与调和的可能，但认识论（能知道什么）都有其相应的方法论（如何能知道），而且，彼此冲突的方法论与认识论都受制于背后特定的形而上学预设。其中，自然神预设决定了经验主义的认识论传统，理性神预设决定了理性主义认识论传统，意志神预设决定了历史主义认识论传统。基督教"三位一体"的神学传统在中世纪后期的式微，圣子、圣父、圣灵"三位格"都声称代表上帝，对自然世界、社会世界、心灵世界有各自不同的立场与解释，形成近代三种特殊的形而上学预设，确立了"何为真理"与"何为实在"的本体论依据。这样,形而上学预设、认识论基础、方法论原则与分析策略四个层级之间的设定、分殊、争论与冲突问题,构成了从西方历史社会研究传统到历史社会学的学术史脉络,也是历史社会学力量分散的根源。

其六是关于时空关联问题。西方历史社会学充当反学科分类体制的积极力量,内在又充满结构性张力,还在于西方知识界的时间与空间两种意识及其之间的关联方式。每一种文化与文明都有自己的时空观念传统,时空观念决定了历史社会研究。在西方文明进程中,时间观念在古希腊的"时间之环"转换为中世纪基督教神学的"时间之箭"之后,奠定了线性的、阶段的、进化的观念传统,一直延展到 19 世纪欧洲范围的进步论、20 世纪世界范围的现代化理论和发展理论。在这个过程中,西方文明内在分化对峙的三大认识论传统对时间、空间及其关联的认知不同。其中,理性主义关注未来(向何处去),经验主义强调当下(如何形成现在),而历史主义则把过去(从何而来)与未来(向何处去)关联在一起。在经验主义与理性主义相结合的实证研究领域,未来决定现在的发展方向,而线性时间观弱化了过去对现在的影响。结果,时间成为常量而被悬置,历史的作用被忽视或被固化,以至于在认识论层次上更聚焦于空间秩序的设计、发展规律与操作性问题,使时空的观念分离成为可能,进而造成历史学与社会科学在知识生产体制中的分离与研究实践的分化。

因此,西方主流的社会科学传统难以破解线性时间观的"信仰魔咒",很难接纳主张时空关联的历史社会学,更不容易接受由现代物理学发起而已为很多学科所吸收的"时空体"理念。

二、思考：现代社会科学的反历史特征

近代西方社会科学源于"科学革命"，但在观念上成型于 19 世纪确立的各种方法论传统。19 世纪是后革命时代的社会危机、资本主义危机、精神信仰危机相交织的不确定时代，社会运动频繁、国际格局复杂与思想流派纷争，形成现代性的总问题域。然而，社会科学方法论并没有完全切断与历史研究的联系，而是理解和解释现代性问题的历史形成，反思过去和借鉴经验，回应与化解时代危机，维护既定秩序与推动进步。历史研究在社会科学方法论传统中所发挥的作用不同，其中，在实证主义传统中作为"用"，在阐释学传统却是"体"。

唯有进入 20 世纪之后，现代西方社会科学追随美国版本，完全转向当下现实，切断与历史研究的所有联系，也失去了诊断现代性问题的历史面向。在二战后的 40 年里，西方社会再次凸显现代性危机，也带来社会科学的危机，而"转向历史"的思潮是其走出危机的方式，重启并汇入历史社会学的"蓄水池"。"转向历史"的浪潮在和平时代是用历史研究来提供合法化论证，在危机时代则是反思当下问题的历史过程，希冀在历史经验中展望未来。

然而，"转向历史"的目的，无论是为既定体制提供历史论证，还是为社会科学方法与概念提供历史材料与案例，都没有超出实证主义的窠臼。西方社会科学与历史研究看似结合紧密，但实际上只是停留在方法论层次与具体研究实践，并没有在认识论及其形而上学预设层面深刻反思文明进程及其内在分化与紧张。这种"历史"缺乏多层多线变化的可能性，时间与空间意识更没有吸收现代物理学的"时空体"成就，无法根本解决西方社会科学中的线性历史和反历史问题。

西方社会科学的历史并不漫长，方法论传统有着清晰的发展脉络，

与历史研究的彻底切割也只有一个多世纪的时间。然而,中国社会科学恰恰诞生于西方社会科学与历史学的切割过程中。社会科学意识及其学科建制在晚清西学东渐的特殊历史时期传入中国知识界,而中国社会科学在认识论与方法论上长期模仿、追随并依赖西方社会科学的发展,甚至时间与空间意识及其关联或切割都严重受其影响。历史时期的"特殊"主要体现在:

其一,西方社会科学本身正在从近代向现代转型的历史时刻,恰逢欧洲民族国家体系的建制基本完成,又遇美国与欧洲诸帝国的新旧交替。西方社会科学的重心迅速转移到没有历史意识的美国。

其二,在民族化与国家化的关键时期,社会科学与历史研究逐渐分离,各自内部也开始高度分化,社会科学各学科受心理学与数学以及个人主义与自由主义意识形态的综合影响,走向无历史或反历史的个体心理、行为研究。结果,中国社会科学的历史始于各学科的分化建制,自发引入不同国家的学科门类形式,却屏蔽西方科学论领域的内在争论与政治意识形态的冲突。

其三,在引入西方社会科学的清季民初之际,中国社会恰逢内忧外患,从统一走向分裂,是传统向现代急剧转型的历史时刻。仓促舶来的社会科学知识不成体系,失去独立性与自主性,也无法与中国具体的社会政治实践相结合,却为其背后隐藏的各国政权和党派意识形态所裹挟。

其四,在"冷战"后期复杂的国际形势下,中国推行改革开放,重新恢复社会科学的学科建制,但甫一开始就面临革命与现代化两种水火不相容的国际学术话语形态、政治意识形态与知识形态。革命与现代化之间尽管势不两立,但反历史意识是其共同特征。重新恢复的中国社会科学并不是在二者之间做非此即彼的选择,而是通过"中国特色"

话语的糅合,使对立双方得以暂时调和,并继承其共同的反历史特征。在 20 世纪 90 年代以后,中国社会科学各学科在方法论层面加速倒向由美国主导的西方社会科学模式,接受现代化的目标、话语与意识形态,包括进化论、行动论、系统论、结构功能主义等反历史的观念体系与知识体系。

因此,中国社会科学,无论是在过去 100 多年还是最近 40 年里,都与现代西方社会科学保持一致,在总体上的共同特征是反历史性。

三、展望:中国社会科学的历史基础

中华文明与人类文明都是连续不断的历史统一体,而在充满不确定性的全球化时代,中华民族共同体与人类命运共同体又面临共时性的构建。这意味着,中国社会科学与历史研究需要结合起来,必须同时具备中国性与世界性、时间性与空间性的二重特征。同时,中国社会科学需要立足于当代科学研究的前沿,重视时空交织的时空体及其知识属性,统一人文精神的信仰、社会秩序的建构与自然规律的探索,并纳入同一历史整体和变迁进程。

然而,对于历史的理解,中西文明体系之间有很大不同。中华文明体系理解的历史观念没有超越性的、先验性的形而上学假设,因此不同于基督教文明体系的历史哲学传统与线性进化史观。相反,中国人传统的精神世界以历史为基础,即"六经皆史",这种历史有生命史的严格时间限度和次序安排,而历史的无限性恰恰是有限历史连绵不断的结果,是以一种完全世俗的、经验的历史意识来克服西方先验的、超越的形而上学问题。正如赵汀阳所言,"历史乃中国精神世界之根基",意味着"六经皆史""经史一体"与"事道一体",其中,"经"与"道"为"史"与"事"提供精神支柱,而"史"与"事"为"经"与"道"提供活力。

历史不需要西方形而上与形而下、先验与经验的二分法预设,也不存在其间的张力,而是二者的合体,并且都在经验的真实世界得到理解。[1]

因此,历史是中国人进行自我精神认知、形象塑造、秩序重建的来源,历史研究也应该成为中国社会科学确立时空体意识的基础。但是,历史并非仅仅作为方法、认知或本体,不能在其间选择或切割,而是三者融为一体。其中,历史本体为历史认知铺陈的普遍基础,使历史认知不至于走向碎片、浪漫、虚构与想象,而历史认知恰恰为历史方法注入真正的历史感和历史意识。

中国社会科学确立时空体意识,一方面在于理解中国精神世界意义上的历史意识以及由此形成的物质世界之变迁,没有必要模仿西方形态,寻找其背后所谓先验性、终极性、超越性的历史假设;另一方面在于把社会世界视为一个整体,而各学科只是理解社会世界整体的一种视角。这种社会世界以整体的形态进入历史世界,并成为精神世界的一部分,使社会、历史与精神统一为一个整体。在这个意义上,中国社会科学以社会、精神与历史为基础和问题意识来源,相应也把本体论、认识论与方法论关联在一起,把社会世界、精神世界与历史世界组成的一个有机统一体视为研究对象,旨在理解其间的事实关联及运转机制。

---

[1] 赵汀阳:《历史・山水・渔樵》,生活・读书・新知三联书店 2019 年版,第 1—29 页。

参考文献

《马克思恩格斯全集》第 3 卷，人民出版社 2002 年版。

《马克思恩格斯全集》第 13 卷，人民出版社 1956 年版。

《马克思恩格斯全集》第 20 卷，人民出版社 1962 年版。

《马克思恩格斯文集》第 1 卷，人民出版社 2009 年版。

《马克思恩格斯文集》第 2 卷，人民出版社 2009 年版。

《马克思恩格斯文集》第 8 卷，人民出版社 2009 年版。

《马克思恩格斯文集》第 9 卷，人民出版社 2009 年版。

《马克思恩格斯文集》第 10 卷，人民出版社 2009 年版。

《马克思恩格斯选集》第 1 卷，人民出版社 2012 年版。

《马克思恩格斯选集》第 2 卷，人民出版社 2012 年版。

《马克思恩格斯选集》第 3 卷，人民出版社 2012 年版。

《马克思恩格斯选集》第 4 卷，人民出版社 2012 年版。

阿伦特：《过去与未来之间》，王寅丽、张立立译，译林出版社 2011 年版。

埃德温·阿瑟·伯特：《近代物理科学的形而上学基础》，张卜天译，湖南科学技术出版社 2012 年版。

爱德华·卡尔：《历史是什么？》，吴柱存译，商务印书馆 1981 年版。

爱因斯坦等：《相对论原理》，赵志田、刘一贯译，科学出版社 1980 年版。

安托万·基扬：《近代德国及其历史学家》，黄艳红译，北京大学出版社 2010 年版。

奥尔德罗伊德:《知识的拱门:科学哲学和科学方法论历史导论》,顾犇等译,商务印书馆 2008 年版。

奥古斯丁:《忏悔录》,周士良译,商务印书馆 1963 年版。

奥古斯丁:《独语录》,成官泯译,上海社会科学院出版社 1997 年版。

奥古斯丁:《论三位一体》,周伟驰译,上海人民出版社 2005 年版。

奥古斯丁:《上帝之城》,王晓朝译,人民出版社 2006 年版。

奥古斯特·孔德:《论实证精神》,黄建华译,商务印书馆 2001 年版。

巴赫金:《小说理论》,白春仁、晓河译,河北教育出版社 1998 年版。

巴勒克拉夫:《当代史学主要趋势》,杨豫译,北京大学出版社 2006 年版。

巴特菲尔德:《现代科学的起源》,张卜天译,上海交通大学出版社 2017 年版。

柏格森:《创造进化论》,姜志辉译,商务印书馆 2004 年版。

柏拉图:《理想国》,郭斌和、张竹明译,商务印书馆 1986 年版。

彼得·伯克:《历史学与社会理论》,姚鹏等译,上海人民出版社 2000 年版。

彼得·哈里森:《科学与宗教的领地》,张卜天译,商务印书馆 2016 年版。

彼得·瓦格纳:《并非一切坚固的东西都烟消云散了:社会科学的历史与理论一探》,李康译,北京大学出版社 2011 年版。

波考克:《马基雅维里时刻:佛罗伦萨政治思想和大西洋共和主义传统》,冯克利译,译林出版社 2013 年版。

波里比阿:《罗马帝国的崛起》,翁嘉声译,社会科学文献出版社 2013 年版。

波普尔:《历史主义的贫困》,何林等译,社会科学文献出版社 1987 年版。

波特、罗斯主编:《剑桥科学史》第 7 卷,大象出版社 2008 年版。

伯恩斯、皮卡德:《历史哲学:从启蒙到后现代性》,张羽佳译,北京师范大学出版社 2008 年版。

伯纳德·科恩:《自然科学与社会科学的互动》,张卜天译,商务印书馆 2016 年版。

布克哈特:《意大利文艺复兴时期的文化》,何新译,商务印书馆 2007 年版。

布罗代尔:《论历史》,刘北成、周立红译,北京大学出版社 2008 年版。

布洛赫:《封建社会》,张绪山等译,商务印书馆 2004 年版。

布洛赫:《为历史学辩护》,张和声、程郁译,中国人民大学出版社 2006 年版。

策勒尔:《古希腊哲学史纲》,翁绍军译,山东人民出版社 1992 年版。

德兰迪、伊辛主编:《历史社会学手册》,李霞、李恭忠译,中国人民大学出版社 2009 年版。

狄尔泰:《历史中的意义》,艾彦译,北京联合出版公司 2013 年版。

迪尔凯姆:《社会学方法的准则》,狄玉明译,商务印书馆 1995 年版。

笛卡尔:《谈谈方法》,王太庆译,商务印书馆 2017 年版。

笛卡尔:《探求真理的指导原则》,管震湖译,商务印书馆 1991 年版。

多萝西·罗斯:《美国社会科学的起源》,王楠、刘阳、吴莹译,生活·读书·新知三联书店 2019 年版。

冯·赖特:《解释与理解》,张留华译,浙江大学出版社 2016 年版。

弗朗索瓦·多斯:《碎片化的历史学:从〈年鉴〉到"新史学"》,马胜利译,北京大学出版社 2008 年版。

伏尔泰:《风俗论》,梁守锵译,商务印书馆 2003 年版。

福山:《历史的终结及最后之人》,黄胜强等译,中国社会科学出版社 2003 年版。

戈伊斯:《政治中的历史与幻觉》,黎汉基、黄佩璇译,江苏人民出版社 2017 年版。

格兰特:《近代科学在中世纪的基础》,张卜天译,湖南科学技术出版社 2010 年版。

古奇:《十九世纪历史学与历史学家》,耿淡如译,商务印书馆 1998 年版。

郭台辉:《历史社会学的技艺:名家访谈录》,天津人民出版社 2018 年版。

哈贝马斯:《后形而上学思想》,曹卫东、付德根译,译林出版社 2001 年版。

哈耶克:《经济、科学与政治:哈耶克思想精粹》,冯克利译,江苏人民出版社

2000 年版。

哈耶克:《科学的反革命:理性滥用之研究》,冯克利译,译林出版社 2003 年版。

海德格尔:《存在与时间》,陈嘉映、王庆节译,商务印书馆 2018 年版。

海德格尔:《康德与形而上学疑难》,王庆节译,上海译文出版社 2011 年版。

海登·怀特:《叙事的虚构性:有关历史、文学和理论的论文(1957—2007)》,罗
  伯特·多兰编,马丽莉、马云、孙晶姝译,南京大学出版社 2019 年版。

黑格尔:《精神现象学》,贺麟、王玖兴译,商务印书馆 1981 年版。

黑格尔:《历史哲学》,王造时译,上海书店出版社 2001 年版。

黑格尔:《哲学史讲演录》第 4 卷,贺麟等译,上海人民出版社 2013 年版。

洪涛:《逻各斯与空间:古代希腊政治哲学研究》,上海人民出版社 1998 年版。

华勒斯坦等:《开放社会科学:重建社会科学报告书》,刘锋译,生活·读书·新
  知三联书店 1997 年版。

怀特:《元史学:19 世纪欧洲的历史想象》,陈新译,译林出版社 2013 年版。

怀特编著:《分析的时代:二十世纪的哲学家》,杜任之主译,商务印书馆 1981
  年版。

霍布斯:《利维坦》,黎思复、黎延弼译,商务印书馆 1986 年版。

吉尔德·德兰逊:《社会科学:超越建构论和实在论》,张茂元译,吉林人民出版
  社 2005 年版。

吉莱斯皮:《现代性的神学起源》,张卜天译,湖南科学技术出版社 2011 年版。

卡尔·贝克尔:《18 世纪哲学家的天城》,何兆武译,北京大学出版社 2013
  年版。

卡尔·波兰尼:《大转型:我们时代的政治与经济起源》,冯钢、刘阳译,浙江大
  学出版社 2007 年版。

卡尔·波普尔:《开放社会及其敌人》,郑一名等译,中国社会科学出版社 1999
  年版。

卡尔·波普尔:《历史决定论的贫困》,杜汝楫、邱仁宗译,上海人民出版社

2009 年版。

卡尔·洛维特：《世界历史与救赎历史：历史哲学的神学前提》，李秋零、田薇译，生活·读书·新知三联书店 2002 年版。

卡西勒：《启蒙哲学》，顾伟铭、杨光仲、郑楚宣译，山东人民出版社 1988 年版。

凯尔恩斯：《政治经济学的特征与逻辑方法》，刘璐译，商务印书馆 2016 年版。

凯利：《多面的历史：从希罗多德到赫尔德的历史探询》，陈恒、宋立宏译，生活·读书·新知三联书店 2006 年版。

康德：《纯粹理性批判》，邓晓芒译，人民出版社 2004 年版。

康德：《纯粹理性批判》，韦卓民译，华中师范大学出版社 2000 年版。

康德：《康德全集》第 4 卷，李秋零主编，中国人民大学出版社 2005 年版。

康德：《未来形而上学导论》，庞景仁译，商务印书馆 1997 年版。

柯林伍德：《历史的观念》，何兆武、张文杰译，商务印书馆 1997 年版。

柯林伍德：《形而上学论》，宫睿译，北京大学出版社 2007 年版。

柯文尼：《时间之箭》，江涛译，湖南科学技术出版社 2007 年版。

克莱因：《雅各布·克莱因思想史文集》，张卜天译，湖南科学技术出版社 2015 年版。

克利斯特勒：《文艺复兴时期的思想与艺术》，邵宏译，东方出版社 2008 年版。

克利斯特勒：《意大利文艺复兴时期八个哲学家》，姚鹏、陶建平译，上海译文出版社 1987 年版。

克罗齐：《历史学的理论和实际》，傅任敢译，商务印书馆 2017 年版。

库朗热：《古代城邦：古希腊罗马祭祀、权利和政制研究》，谭立铸等译，华东师范大学出版社 2006 年版。

兰克：《拉丁与日耳曼民族史（1494—1514）》，付欣、刘佳婷、陈洁译，广西师范大学出版社 2015 年版。

兰克：《世界历史的秘密：关于历史艺术与历史科学的著作选》，罗格·文斯编，易兰译，复旦大学出版社 2012 年版。

雷迅马：《作为意识形态的现代化：社会科学与美国对第三世界政策》，牛可译，中央编译出版社 2003 年版。

李凯尔特：《李凯尔特的历史哲学》，涂纪亮译，北京大学出版社 2007 年版。

利昂·庞帕编译：《维柯著作选》，陆晓禾译，商务印书馆 1997 年版。

卢卡奇：《历史与阶级意识：关于马克思主义辩证法的研究》，杜章智、任立、燕宏远译，商务印书馆 1996 年版。

卢梭：《论科学与艺术的复兴是否有助于使风俗日趋纯朴》，李平沤译，商务印书馆 2016 年版。

罗蒂：《后形而上学希望：新实用主义社会、政治和法律哲学》，张国清译，上海译文出版社 2003 年版。

罗素：《西方哲学史》上卷，何兆武、李约瑟译，商务印书馆 1996 年版。

罗雪尔：《历史方法的国民经济学讲义大纲》，朱绍文译，商务印书馆 1986 年版。

马克斯·韦伯：《经济与社会》，林荣远译，商务印书馆 1997 年版。

马克斯·韦伯：《民族国家与经济政策》，甘阳等译，生活·读书·新知三联书店 1997 年版。

马克斯·韦伯：《社会科学方法论》，韩水法、莫茜译，中央编译出版社 1999 年版。

马克斯·韦伯：《社会科学方法论》，杨富斌译，华夏出版社 1999 年版。

马克斯·韦伯：《新教伦理与资本主义精神》，康乐、简惠美译，广西师范大学出版社 2010 年版。

麦考莱：《麦考莱英国史》，刘仲敬译，吉林出版集团有限责任公司 2014 年版。

梅尔茨：《十九世纪欧洲思想史》第 1 卷，周昌忠译，商务印书馆 1999 年版。

梅尼克：《历史主义的兴起》，陆月宏译，译林出版社 2010 年版。

门格尔：《经济学方法论探究》，姚中秋译，新星出版社 2007 年版。

米尔斯：《马克思主义者》，商务印书馆 1965 年版。

米尔斯:《社会学的想象力》,李康译,北京师范大学出版社2017年版。

莫米里亚诺:《论古代与近代的历史学》,晏绍祥译,北京大学出版社2015
　　年版。

莫米里亚诺:《现代史学的古典基础》,冯洁音译,华东师范大学出版社2009
　　年版。

帕斯卡尔:《思想录:论宗教和其他主题的思想》,何兆武译,商务印书馆2017
　　年版。

培根:《论古人的智慧》,李春长译,华夏出版社2017年版。

培根:《培根论说文集》,水天同译,商务印书馆2017年版。

培根:《新工具》,许宝骙译,商务印书馆2017年版。

培根:《学术的进展》,刘运同译,上海人民出版社2015年版。

佩里·安德森:《绝对主义国家的系谱》,刘北成等译,上海人民出版社2001
　　年版。

彭加勒:《科学与假设》,叶蕴理译,商务印书馆1989年版。

皮尔逊:《时间中的政治:历史、制度与社会分析》,黎汉基、黄佩璇译,江苏人民
　　出版社2014年版。

瑟诺博司、朗格诺瓦:《历史研究导论》,李思纯译,中国人民大学出版社2011
　　年版。

史密斯:《历史社会学的兴起》,周辉荣等译,上海人民出版社2000年版。

斯宾诺莎:《伦理学》,贺麟译,商务印书馆1997年版。

斯考切波:《国家与社会革命:对法国、俄国和中国的比较分析》,何俊志、王学
　　东译,上海人民出版社2007年版。

斯考切波编:《历史社会学的视野与方法》,封积文等译,上海人民出版社2007
　　年版。

涂尔干:《孟德斯鸠与卢梭》,李鲁宁等译,上海人民出版社2003年版。

托马斯·库恩:《科学革命的结构》,金吾伦等译,北京大学出版社2003年版。

托尼·比彻、保罗·特罗勒尔:《学术部落与学术领地:知识探索与学科文化》,唐跃勤等译,北京大学出版社 2015 年版。

维尔南:《希腊人的神话和思想:历史心理分析研究》,黄艳红译,中国人民大学出版社 2007 年版。

维柯:《新科学》,朱光潜译,商务印书馆 2017 年版。

沃尔什:《历史哲学导论》,何兆武、张文杰译,北京大学出版社 2001 年版。

沃勒斯坦:《否思社会科学:19 世纪范式的局限》,刘琦岩、叶萌芽译,生活·读书·新知三联书店 2008 年版。

沃勒斯坦:《沃勒斯坦精粹》,黄光耀、洪霞译,南京大学出版社 2003 年版。

沃勒斯坦:《现代世界体系》,郭方等译,社会科学文献出版社 2013 年版。

希尔:《欧洲思想史》,赵复三译,广西师范大学出版社 2007 年版。

希罗多德:《历史》,王以铸译,商务印书馆 2017 年版。

休厄尔:《历史的逻辑:社会理论与社会转型》,朱联璧、费滢译,上海人民出版社 2013 年版。

休谟:《人类理解研究》,关文运译,商务印书馆 2011 年版。

休谟:《人性论》,关文运译,商务印书馆 1997 年版。

休谟:《休谟散文集》,肖聿译,中国社会科学出版社 2006 年版。

休谟:《英国史》,刘仲敬译,吉林出版集团有限责任公司 2012 年版。

休谟:《自然宗教对话录》,陈修斋、曹棉之译,商务印书馆 1962 年版。

修昔底德:《伯罗奔尼撒战争史》,谢德风译,商务印书馆 2017 年版。

雅斯贝尔斯:《历史的起源与目标》,魏楚雄、俞新天译,华夏出版社 1989 年版。

亚里士多德:《物理学》,张竹明译,商务印书馆 2017 年版。

亚里士多德:《政治学》,吴寿彭译,商务印书馆 2017 年版。

伊格尔斯:《德国的历史观:从赫尔德到当代历史思想的民族传统》,彭刚、顾杭译,译林出版社 2014 年版。

伊格尔斯:《二十世纪的历史学:从科学的客观性到后现代的挑战》,何兆武译,辽宁教育出版社 2003 年版。

伊格尔斯:《欧洲史学新方向》,赵世玲、赵世瑜译,华夏出版社 1989 年版。

以赛亚·伯林:《启蒙的三个批评者》,马寅卯、郑想译,译林出版社 2014 年版。

易兰:《兰克史学研究》,复旦大学出版社 2006 年版。

约翰·麦奎利:《基督教神学原理》,何光沪译,上海三联书店 2006 年版。

约翰·密尔:《精神科学的逻辑》,李涤非译,浙江大学出版社 2009 年版。

约翰·密尔:《约翰·密尔自传:大师是这样培养出来的》,柏洋译,江西教育出
版社 2012 年版。

约翰·穆勒:《论政治经济学的若干未定问题》,张涵译,商务印书馆 2017
年版。

约翰·穆勒:《逻辑体系》第 1 卷,郭武军、杨航译,上海交通大学出版社 2014
年版。

曾霄容:《时空论》,青文出版社 1972 年版。

张广智:《西方史学史》,复旦大学出版社 2010 年版。

赵鼎新:《国家、战争与历史发展:前现代中西模式的比较》,浙江大学出版社
2015 年版。

赵汀阳:《历史·山水·渔樵》,生活·读书·新知三联书店 2019 年版。

Alfred Stern, *Philosophy of History and the Problem of Values*, Hague: Mouton, 1962.

Andrew Abbott, *Chaos of Disciplines*, Chicago: University of Chicago Press, 2001.

Andrew Abbott, *Processual Sociology*, Chicago: University of Chicago Press, 2016.

Arthur Stinchcombe, *Theoretical Methods in Social History*, New York: Academic Press, 1978.

Auguste Comte, *Cours de philosophie positive*, Vol. 1, Paris: Rouen, 1975.

Auguste Comte, *Système de politique positive, ou traité de sociologie instituant la religion de l'Humanité*, Paris: Carilian-Goeury, 1851-1854.

Auguste Comte, *The Positive Philosophy of Auguste Comte*, Harriet Martineau (trans.), London: J. Chapman, 1853.

Auguste Comte, *The Positive Philosophy*, Vol. 1, Harriet Martineau (trans.), London: Bell, 1896.

Auguste Comte, *The Positive Philosophy*, Vol. 2, Harriet Martineau (trans.), London: Bell, 1896.

Auguste Comte, The *System of Positive Polity, or Treatise on Sociology, Instituting the Religion of Humanity*, London: Longmans, Green and CO., 1875-1877.

Aviezer Tucker, *Our Knowledge of the Past: A Philosophy of Historiography*, Cambridge: Cambridge University Press, 2004.

Barrington Moore, *Social Origins of Dictatorship and Democracy: Lord and Peasant in the Making of the Modern World*, Boston, MA.: Beacon, 1966.

Carl Hempel, *Aspects of Scientific Explanation and Other Essays in the Philosophy of Science*, New York: Free Press, 1965.

Charles Ragin, *The Comparative Method: Moving Beyond Qualitative and Quantitative Strategies*, Berkeley: University of California Press, 2014.

Charles Tilly, *Big Structures, Large Processes, Huge Comparisons*, New York: Russell Sage Foundation, 1984.

Charles Tilly, *Explaining Social Processes*, London: Routledge, 2015.

D. Landes, Charles Tilly, *History as Social Science*, Englewood Cliffs: Prentice-Hall, 1971.

Dennis Smith, *The Rise of Historical Sociology*, Philadelphia: Temple University Press, 1991.

E. Thompson, *Poverty of Theory*, New York: New York University Press, 1978.

Eiko Ikegami, *Bonds of Civility: Aesthetic Networks and the Political Origins of Japanese Culture*, Cambridge: Cambridge University Press, 2005.

Emile Durkheim, *The Rules of Sociological Method*, Steven Lukes (ed. and intro.), Glencoe: The Free Press, 1982.

Eugene August, *John Stuart Mill: A Mind at Large*, New York: Charles Scribner's Sons, 1976.

Eugene Portalie, *A Guide to the Thought of Saint Augustine*, Chicago: Henry Regnery Company, 1960.

F. Bradley, *The Presuppositions of Critical History*, Canada: J. M. Dent & Sons, 1968.

Fernand Braudel, *On History*, Matthews Sarah (trans.), Chicago: University of Chicago Press, 1980.

Francis Mineka, *The Earlier Letters of John Stuart Mill, 1812-1848*, Vol. VII, Toronto: University of Toronto Press, 1963.

George Steinmetz, *Regulating the Social: The Welfare State and Local Politics in Imperial Germany*, Princeton: Princeton University Press, 1993.

George Steinmetz, *State/Culture: State-Formation after the Cultural Turn*, Ithaca: Cornell University Press, 1999.

Gerardo Munck, Richard Snyder (eds.), *Passion, Craft, and Method in Comparative Politics*, Baltimore: The Johns Hopkins University Press, 2007.

Harriet Martineau, *The Positive Philosophy of Auguste Comte*, Kitchener: Batoche Books, 2000.

Harrison White, *Identity and Control: A Structural Theory of Social Action*, Princeton: Princeton University Press, 1992.

Hillel Soifer, *State Building in Latin America*, Cambridge: Cambridge University Press, 2015.

J. Padgett, W. Powell, *The Emergence of Organizations and Markets*, Princeton: Princeton University Press, 2012.

James Mahoney, D. Rueschemeyer (eds.), *Comparative Historical Analysis in the Social Sciences*, Cambridge: Cambridge University Press, 2003.

James Mahoney, Kathleen Thelen, *Explaining Institutional Change: Ambiguity, Agency, and Power*, Cambridge: Cambridge University Press, 2010.

John Figgis, Reginald Laurence (eds.), *Lectures on Modern History*, London: Macmillan, 1906.

John Mill, *Auguste Comte and Positivism*, Marc D'Hooghe, 1865.

John Scott, Peter Carrington (eds.), *The SAGE Handbook of Social Network Analysis*, New York: Sage Publications Ltd., 2011.

Julia Adams, Elisabeth Clemens, Ann Orloff, *Remaking Modernity: Politics, History and Sociology*, Durham, NC.: Duke University Press, 2005.

Karen Barkey, *Empire of Difference: The Ottomans in Comparative Perspective*, Cambridge: Cambridge University Press, 2008.

Karl Mannheim, *Essays of the Sociology of Knowledge*, London: Oxford University Press, 1952.

Keith Baker, *Condorcet: From Natural Philosophy to Social Mathematics*, Chicago: The University of Chicago Press, 1975, Appendix B.

L. Bernard (ed.), *The Fields and Problems of Sociology*, New York: Farrar and Rinehart, 1934.

L. Bernard, J. Bernard, *Origins of American Sociology: The Social Science Movement in the United States*, New York: Thomas Y. Crowell Co., 1943.

Neil Smelser, Paul Baltes (eds.), *The International Encyclopedia of the Social*

&- *Behavioral Sciences*, Oxford: Elsevier, 2001.

O. Haac (ed.), *The Correspondence of John Stuart Mill and Auguste Comte*, London: Transaction Publishers, 1995.

Otto Hintze, *The Historical Essays of Otto Hintze*, Felix Gilbert (ed.), Oxford: Oxford University Press, 1975.

Peter Hedström, Björn Wittrock (eds.), *Frontiers of Sociology*, Hague: Brill, 2009.

Peter Novick, *That Noble Dream: The "Question of Objectivity" and The American Historical Profession*, Cambridge: Cambridge University Press, 1993.

Philip Abrams, *Historical Sociology*, Ithaca: Cornell University Press, 1982.

R. Collins, *Three Sociological Traditions*, Oxford: Oxford University Press, 1985.

R. Atkinson, *Knowledge and Explanation in History: An Introduction to the Philosophy of History*, Ithaca: Cornell University Press, 1978.

Reinhard Bendix, *Force, Fate, and Freedom: On Historical Sociology*, Berkeley: University of California Press, 1984.

Richard Biernacki, *The Fabrication of Labor: Germany and Britain, 1640-1914*, Berkeley: University of California Press, 1995.

Robert Colodny (ed.) *Frontiers of Science and Philosophy*, Pittsburgh: University of Pittsburgh Press, 1962.

Robert Park, R. Burgess, *Introduction to the Science of Sociology*, Chicago: University of Chicago Press, 1925.

Robert Wright, *Principia; Or, Basis of Social Science*, Philadelphia: J. B. Lippincott, 1875.

Ronald Fletcher (ed.), *The Crisis of Industrial Civilization: The Early Essays of Auguste Comte*, London: Heinemann Educational Books Ltd., 1974.

Stefanie Börner, *Belonging, Solidarity and Expansion in Social Policy*, Berlin: Springer, 2013.

Terrence McDonald (ed.), *The Historic Turn in the Human Sciences*, Ann Arbor: The University of Michigan Press, 1996.

Trevor Aston, Charles Philpin (eds.), *The Brenner Debate: Agrarian Class Structure and Economic Development in Pre-Industrial Europe*, Cambridge: Cambridge University Press, 1987.

W. Walsh, *An Introduction to Philosophy of History*, New York: Harper & Row, 1968.

W. Walsh, *Kant's Criticism of Metaphysics*, Edinburgh: Edinburgh University Press, 1975.

W. Walsh, *Metaphysics*, London: Hutchinson & Co., 1963.

Walter Simon, *European Positivism in the Nineteenth Century: An Essay in Intellectual History*, Ithaca: Cornell University Press, 1963.

William Dray, *Laws and Explanation in History*, London: Oxford University Press, 1957.

Wright Mills, *The Sociological Imagination*, Oxford: Oxford University Press, 2000.

Zhao Dingxin, *The Confucian-Legalist State: A New Theory of Chinese History*, Oxford: Oxford University Press, 2015.

从历史社会学到历史政治学？（代后记）

政：郭老师，您好！非常感谢您接受"政治学人"的专访！您曾赴美国纽约大学做访问学者，从事历史社会学的方法论研究，7年之后出版《历史社会学的技艺》，以学术访谈的形式展示15位倾向历史研究的社会科学家，包括沃勒斯坦、迈克尔·曼、裴宜理、塔罗等世界顶尖学者。您能否谈谈自己的学习与思考历程？是什么契机让一个政治学者对跨学科的历史社会学产生浓厚兴趣？这些访谈引起您哪些新思考？

郭：我从事学术研究与我的人生一样，过程充满变数与偶然，所以我更重视当下的享受与对过去的反思，不太考虑未来的走向。我的学术出身比较卑微，没有接受过正规的科班训练，没有在自己学科领域长期扎根，是一个半路出家、旁门左道的四不像学者，游走于几个学科之间，而且都是在自己摸索中缓慢前行。比如，我硕士阶段在厦门大学，跟随陈炳辉教授研究西方国家理论，博士阶段在复旦大学，跟随孙关宏教授，博士论文是研究齐格蒙特·鲍曼的社会理论。这种选题与我没有接受过严格的

2020年6月，我接受微信公众平台"政治学人"邀请做了此访谈。从中可以清楚了解我个人从事历史社会学研究的学术历程，以及对历史社会学和历史政治学及其间关联的理解。该访谈的学术立场与本书关联密切，特此作为背景性支撑。在访谈中，"政治学人"简称"政"，"郭台辉"简称"郭"。

科班训练有关。在求学阶段，两位导师都非常包容，不给我额外任务，也不要求我做课题和写论文，让我有足够的时间和自由，去选择自己觉得对的东西。在走上工作岗位之后，我是"一棵野蛮生长的小草"，经过十几年努力，发展成为如今"自由的狙击手"，瞄着自己设定的标靶，在学术道路上谋生存。这些年的迷茫、痛苦、转型及其中的快乐，曾以《我的学术逆袭之旅》为题发表在"学术与社会"的公众号上。

至于闯入历史社会学，完全是"顽皮猴误入野猪林"，是误打误撞的结果。2009年意外接手翻译《利维坦的诞生》，在此过程中与作者埃特曼保持密切联系，因此受邀赴纽约大学社会学系做访问学者。我不知道自己要干什么，埃特曼就告诉我不妨了解一下西方历史社会学的学术史。在埃特曼的鼓励和帮助下，我拜访大纽约地区在这方面的许多顶级学者。因为做任何研究，容易上手的方式是从具体人物和作品开始，这显然是一个非常好的学习机会，同时也锻炼了英语和胆量。但之前做鲍曼研究的教训告诉我，做人物研究最痛苦的是没人与你交流，不好出成果。

我通过"滚雪球"的方式开始这个工作，联系上一个学者，就请他/她推荐所认可和熟悉的同行给我，因此逐渐联系到这个领域的一批学者。通过阅读他们的研究成果，与他们见面和交流，慢慢意识到这个领域是一个富矿。这是我转向历史社会学学术史的契机。当然，我前后花了七八年的时间，才逐渐消化并整理与这些世界顶级学者的交流，于是有了《历史社会学的技艺》这个访谈录。我很清楚，自己的专业不是社会学，也不是历史学，而是政治学。在一个高度学科化的知识世界里，完全凭个人兴趣进入一个高度跨学科的知识领域，在学术品位和专业学识上明显感觉到能力限制与储备不足，也难以得到学界同行的认可。正是这种挑战自我的意识，让我在2012年晋升教授职称之后也没有止步，坚持在这个领域单打独斗，至今其乐无穷。

政：您认为广义的历史社会学是转向历史的社会科学，倾向于在具体历史背景下关注社会变迁。那么到底什么才是历史社会学呢？历史倾向的社会科学（历史社会学）与社会科学倾向的历史学（如新史学、新社会史、新文化史等）之间有何区别？您能帮忙普及一下历史社会科学的相关知识和有关历史社会学的争论吗？

郭：这个问题争议比较大，目前尚无定论。社会学领域专门从事历史研究的学者已经有很多解释，我的理解有所不同，也只能从个人的角度努力回答一下。一方面，历史社会学不能是也不应该是社会学的子学科领域。如果把它视为社会学的子学科，社会学其他领域的历史转向就失去知识合法性，转向历史的其他学科也意味着与社会学抢饭碗。另一方面，自称为历史社会学者的人不可能只有这一个领域，而是必须要有一个主题研究来支撑，比如革命、国家形成、制度、宗教、女性、家庭、文化、福利、卫生等研究领域，而只要关联到历史形成，就需要关注历史社会学的学术史问题。显然，历史只是一种时间意识和材料来源，而不是一个独特的具体主题领域，因此，历史社会学不能作为一个独立的学科存在。

形成一个学科，必须具备几大要素：相对集中的具体主题、主流的理论与方法范式、公认的学术史和知识史脉络传统。历史社会学起码不具备前两个要素，那么，它到底是什么呢？我认为大致可以从三个方面来理解：一、在认知上是社会科学研究的历史意识；二、在经验论证上以一手史料为主，二手文献为辅；三、在主题上是扩展并丰富历史形成过程。之所以冠名为"历史社会学"，就在于社会学比较敏感，贴近社会生活，也有关注社会变迁的知识传统，转向历史所受到的阻力最小，研究成效也最显著。实际上，不同的学科，在转向历史方面存在很大差别，比如政治学一直跟历史研究结合在一起，尤其是 19 世纪的政治学，与政治史毫无二致。只是后来受到美国行为主义政治科学的影响,尤其是 20 世纪 80 年代受到经济学的影响,使政治学抛弃了历史意识,割断与历史研究的联系。当然,在 90 年代之后又慢慢找回来了。所以,如果要给历史社会学下一个定义的话,那就是,社会科学发展历史意识,把社会科学中的一些重大命题放在历史过程中考察,并利用历史材料检验或者从历史事实中提炼理论命题。

那么,历史社会学跟历史倾向的社会科学是什么关系? 在我看来,历史社会学是历史倾向的社会科学当中"最漂亮的一顶帽子",它并不是社会学的专利,而是属于整个社会科学,就像当年看美国职业篮球联赛时有一句笑话,乔丹、科比与姚明这些明星不应该属于哪个国家,而是属于世界人民共同享有的明星。它跟社会科学倾向的历史学有什么关系呢? 这里有两派不同的历史学家。第一派是在二战后喜欢运用社会科学的理论、方法、框架以及数学模型的定量史学,但它在 80 年代之后走向了衰落。第二派是法国年鉴学派的史学,注重结构性、规律性与问题导向性的历史研究,运用社会科学的问题、方法和结构性的思维来看待历史过程,反对纯粹的历史考据和史学编纂(比如兰克史学派)。后一种意义跟历史倾向的社会科学没有太大区别,仅有的差别是,它反对纯粹把历史作为数据来源与论证工具的社会科学。

历史社会学的争论其实是社会科学的内在争论与历史研究的外部争论的加总。外在争论有三:一是自然主义与人文主义的"体用之争","自然主义"把历史作为资料场、实验场和论证工具,而"人文主义"强调历史是人之存在或前人留下的宝贵财富,所有资料来源都有历史感,而不仅仅是一堆冷冰冰的数据。这是 20 世纪以来最持久的学术争论,也是 19 世纪的实证主义跟德国阐释学派的方法论之争,以及 17—18 世纪理性主义与历史主义的认识论之争的双重延续。二是结构与过程之争。

历史学更强调人的行动过程与事件发生过程，这个过程必须严格尊重时间次序，但社会科学如果只把历史作为数据，必然完全打乱严格的时间次序，违背了历史的真实发生。三是在表述方式上，体现为"讲故事"与"讲道理"之争。社会科学重视"讲道理"，强调结构、命题以及结论的发现，其他只作为论据，而历史学主张"讲故事"，按照历史叙事，强调过程的生动性与材料的丰富性。内在争论体现在我们社会科学方法论熟悉的定性与定量、归纳与演绎之间。但是，历史社会学并不能化解这些争论，而是把这些争论转移到内部，而争论的任何一方都有一系列的成果。我们只有从具体的主题与问题研究切入，才能发现历史社会学内部的明显分化。

政：二战后，西方社会科学内部掀起一股"转向历史"的学术潮流，被称为历史社会学的复兴。那么，最初为什么要转向历史以及转向什么历史呢？他们转向历史的知识资源是什么？为何您认为他们仍没有走出实证主义的窠臼？

郭：任何一股学术潮流的兴起都有两个面向：一是回应当今世界的重大问题，学术讨论是对现实进行观察、反思与判断；二是要反思知识领域的理论与方法本身，颠覆或修正原来的一些理论命题、学术判断和共识，推进知识的进步。

从这两个面向出发，我们可以回答二战后"转向历史"的潮流为什么在社会科学内部兴起。它其实来源于两个不满。从现实来说，西方经历了50年代的黄金时代之后，在60年代出现了各种反现代、反主流、反体制的社会政治运动。这些社会运动针对美国在50年代的现代化和消费主义，年轻人不情愿遵守启蒙运动所确定的现代价值标准。学术界需要回应这些现实问题。同时，在60年代，现代化作为一种意识形态在哲学与社会理论界开始面临挑战,社会科学内部出现一股反体制的潮流。我们熟悉的巴林顿·摩尔、查尔斯·蒂利、斯考切波,他们都属于社会学领域里的"哈佛革命派"。他们原先在哈佛大学长期受到帕森斯结构功能主义一派的排挤,试图通过"转向历史"来反抗现代化理论、结构化理论、功能理论、系统论和博弈论等,反抗这一套主导西方社会科学主流的学术范式。他们转向现代化道路的偶然性与多样性,重新认识社会变迁理论。相应的,西方主流的社会理论开始面临挑战。当时以美国为首的社会科学有两大派别,第一派是中层理论(微观的行为主义观察),第二派是帕森斯的结构功能论,这两派支撑英美世界的社会科学,强调线性、必然性、规律性和永恒性。那些原先处于边缘地位的社会科学家们开始强调革命,突出历史过程的偶然性和意外结果,这样就形成一股转向历史的学术复兴潮流。

至于转向什么样的历史?这里又需要看到六七十年代那一批历史社会学者存在的问题。他们依然认可和坚持现代化的理论预设,特别关注15—18世纪这几百年内的资本主义和民族国家两个基本议题。相应的,这成为他们的历史资源,而理论资源是关注那段历史时期的马克思、韦伯和涂尔干等19世纪经典思想家。我之所以认为他们没有走出实证主义的窠臼,原因在于:他们的主流是在孔德传统的意义上来理解历史,把历史作为材料、方法与用途,他们还是想得出重大的理论发现和结构观察,运用社会科学的分析性语言,并没有真正尊重历史。20世纪80年代后期和90年代前期,一批历史学家开始批评那些自称为历史社会学的学者们,认为他们不尊重历史的时间次序和叙事手法。但进入新世纪之后,新一代的学者还是没有完全跳出20世纪六七十年代奠定的比较历史分析传统,也没有真正按照历史感和人文主义传统来对待历史。

政:您曾翻译过埃特曼的《利维坦的诞生》、迈克尔·曼的《社会权力的来源》等历史社会学著作。诸多历史社会学家们具体是如何运用历史材料的，他们形成哪些研究导向？中国未来需要如何构建历史社会学呢？

郭：你这个问题包含经验与展望两个层面。

经验上的差别是，迈克尔·曼是老一代学者，埃特曼属于中生代学者，他们存在承接和超越的关系。在迈克尔·曼这一代学者当中，他们关注宏大叙事和长时段的社会变迁，特别强调理论模型的解释力及其对理论与方法的贡献，但并不重视论证材料的原始性。因此可以看出，特别强调理论构建的学者不重视论证材料，而强调方法创建和应用的学者对知识理论的发现不足，所以论证材料、理论、方法之间总是存在一定的张力。因此，重视理论发现的迈克尔·曼比较宽容二手材料，也特别能驾驭各种各样二手的研究性文献。面对对材料不真实的质疑，他认为在大量运用材料的过程当中可以剔除虚假，并找出真实有用的材料。这是七八十年代历史社会学者的普遍特点。

90 年代成长起来的历史社会学者在受学术训练时，恰恰是历史学家批评历史社会学者不重视材料与历史的时候，所以他们很警觉，更在意史料来源，尊重历史学成果，属于进入档案馆的社会科学家，成果更容易得到历史学界的认可。当然，公允说来，埃特曼本人的学术贡献仅仅是他在博士论文基础上出版的《利维坦的诞生》，至今没有突破。再"八卦"一下，我跟他接触之后才发现，他尊重历史另有其因：一是家庭的影响，他妻子的名气很大，是哥伦比亚大学的近代英国史教授，所以，埃特曼的材料经得起历史考验，他自己也在史学研究杂志上发表过文章；二是在理论上，他对导师斯考切波的研究不太感兴趣，而是更喜欢查尔斯·蒂利，追求理论发现和材料尊重的合一。蒂利既是史学家又是社会理论家，是极少能得到双重认可的社会科学家。

那么，西方历史社会学传统的复兴形成一些什么研究导向呢？首先是理论研究的导向。以巴林顿·摩尔为代表,用社会科学的结构性思维来看待社会变迁的曲折性和复杂性,针对或反对帕森斯那一派线性进化论的学者。其次是当下问题的导向。比如埃特曼从历史过程当中看欧洲如何形成现代国家,他关注当下社会问题的历史形成。最后是方法导向,比如金世杰只是运用了历史材料,这是最弱意义上的、最不得到历史社会学认可的研究导向。中国应该如何构建历史社会学呢?一方面,我们需要反思支撑西方历史社会学传统的时空观念和文明基础;但更重要的另一方面是,需要有中国自己的时空观念传统,因为任何一种文明都有自身对历史的看法、对时间的判断和对空间的认识,而历史社会学恰恰就是把时间和空间这两种观念组合在一起。正因如此,中国自身的历史社会学是要把我们中国人传统的时间观和空间观同时带进来思考。

政:政治学研究在中国也开始出现历史转向,我们应该如何秉持价值关怀来追问政治学和历史学这两个学科的关联?历史政治学与历史社会学又有何联系及区别?中国的历史政治学如何才能有效利用悠久的历史资源?

郭:在学术界兴起理论流派,一般有两种情况。一种是先有实后有名,研究很久之后才扣上帽子;一种先有名后有实,为表达未来的展望而先戴一顶帽子。以"历史政治学"为名来表达中国政治学"转向历史"的意识与期待,这显然是属于后一种情况,因为很多工作还没完全展开,许多问题需要讨论。实际上,在中国政治学领域重视历史转向的学者还不多,但庆幸的是,国内开始有政治学前辈在身体力行和奔走呼号,也有一批年轻学生与学者开始从事跨学科研究。这是很好的兆头。接下来我也将从历史社会学转入到历史政治学,在主题研究和学科史研究两个方面积极推动政治学研究的历史转向。

　　当前对于政治学的历史转向问题,我认为中国学术界有三种争论:要转向吗? 为什么转向? 怎么转向? 不同的态度对历史的认识及感知不同。从学科史来说,中国过去40年的政治学发展,受到两种不尊重历史的外来传统影响:一是革命传统。革命传统来自马克思主义,其标志是"两个决裂",即跟传统所有制关系决裂,跟传统一切关系决裂。这意味着要求根本隔断与历史的联系。二是现代化传统。现代化传统以启蒙运动的理性主义为基础,以进步论为假设,也是排斥历史的。从现状来说,中国政治学受到另外两种无历史感的力量影响。一是研究性质的行政学化,二是研究过程的治理化与技术化,这已经挑战了政治学的学科尊严与传统地位。我们需要转入历史或者倚重历史,重塑政治学的历史意识与历史传统,重新激活自身学科的研究活力。这需要历史意识,并接受史学训练,尤其重视学科史,而这恰恰是我们这一代政治学者所缺乏的。同时,正是受到上述影响,政治学转向历史所遇到的阻力、所面临的难度远大于社会学转向历史。

　　到底如何推动历史政治学这股新潮流? 第一是学习历史社会学,第二是不要着急。怎么学习历史社会学呢? 首先,因为它已经有长达半个多世纪的学术史,可以深入其方法论争论及其根源,认真对待其知识遗产。其次,历史社会学的研究对象几乎完全是政治学研究的核心主题,尤其是20世纪七八十年代所讨论的国家之间比较、民族国家的形成与构建、政治体制的运转与变迁等,还有新时期兴起的帝国与殖民问题。最后,在研究方法上比较历史分析与比较政治学没有质的差别,只需要比较政治学增加历史意识。

　　但仅此远远不够。从学科传统来说,政治学跟历史学的关系,与社会学跟历史学的关系差别非常大。发展出历史政治学,应该有政治学者自己的判断与追求,而不是简单复制历史社会学的路数。首先,从形成时间来说,社会学是在 19 世纪兴起的,而政治学始于亚里士多德时代,有两千多年的历史。政治学者应该站在自己的学科传统来看待与历史的关联。其次,从主题来说,社会学与工业革命、社会政治革命、资本主义兴起与运转、民族国家形成与建构等现代性问题关联在一起,关注 18—19 世纪以来的宏大社会问题,一般不关注资本主义兴起与现代国家之前的主题,更不可能在规范性层次讨论人类永恒的权力与权利问题。政治学的核心议题是政体的构架与运转、权力的兴衰、资源的权威性分配与制度安排、合法性基础、合法化路径、民主、自由、正义等。因此,转向历史的政治学必须立足于这些传统议题的历史形成过程、结构变迁、统治途径差异、权力扩展与抵制过程。换言之,社会学关注现代性问题,而政治学可能关注的是权力与权利、政治结构与体制运转等更加普遍性的人类问题。最后,从价值规范来说,社会学与政治学的不同之处在于,如同亚里士多德说的"政治学是最高善的实践科学"。我们始终要抓住"最高善",这个善就是 public good,让公共领域与权力结构永远向善,接受政治伦理的价值规范引导。在政治空间中的每个个体尊重秩序,关注伦理秩序和人的福祉。我们所说的各得其所、各司其职,其实就是柏拉图、亚里士多德意义上"善"的问题。因此,政治学有深厚的价值关怀,伦理问题始终在场。相比较而言,社会学更关注社会秩序的维持与构建,它背后的伦理价值在现代性意义上,或被剥夺了,或被悬置了,或被解决了之后才出场。因此,伦理价值规范问题难以成为社会学的议题,却是政治学的基础性议题。

显然,政治学跟历史学的关联方式更为复杂,而所有经典作品都有浓厚的历史感。亚里士多德在《政治学》中从政体流变的意义上来看待时间对政治秩序的影响,形成"时间政治学",而马基雅维利和孟德斯鸠都有作品专门论述古罗马的政治体制。即使霍布斯从几何学意义上来建构《利维坦》,似乎没有历史感,但如果考虑到他翻译古希腊史家修昔底德的《伯罗奔尼撒战争史》，就能发现他的历史意识并不缺乏。这说明什么呢？政治学和历史学在大多数时候都是紧密结合的。只是进入 20 世纪在美国政治科学占主导地位之后，受实用主义哲学和行为主义方法论影响，为数据模型的统计技术所支配，才与历史学分离。但在欧洲尤其是德国和法国的政治学，至今仍有很强的价值规范意识和历史意识，一直都是游走于哲学与历史之间的。如果我们要重新找回曾经高贵的政治学学科，就必须重温和重启政治学和历史学之间的亲密无间，而不是仅仅复制历史社会学。此外，政治学者更应该立足于人类文明的宏观大历史，关注政治权力体制的运转与兴衰，并与主导文明进程的制度、信仰、地缘等因素结合起来，关注城邦、帝国、民族国家这些政治共同体的权力扩张、收缩与约束机制，而不能仅仅局限于被资本主义世界体系和西方中心主义主宰的几百年历史。

最后一个问题：中国的历史政治学如何有效运用悠久的历史资源？首要的是复兴中国人自己传统的时间观念和空间观念。有一句不知出处但在理的话说，"历史是中国人的宗教"，这表明，我们中国人的历史感特别强，应该重拾自身的历史意识。只有回到受西方进化论影响之前的传统时空观念，才能够说如何传承和挖掘历史资源。无论沿着西方设定的何种方式的目标走向现代化，都不是中国人自身的传统。当然，回到中国自身的历史，说来容易，其实非常艰难。至少就我自己而言，这方面很欠缺，我对西方传统的了解远高于对中国自身的了解，这是莫大的悲哀。我们抛弃自己的历史传统已经太久了。这就是为什么中国建构自己的历史政治学不可能是一劳永逸，而是一项任重道远的长期工程。

政：我们了解到您曾研究西方政治思想史，近十年来又对概念史颇有研究。那么，思想史与概念史对于中国有何意义，在收集与解读历史材料方面有何不同?

郭:这个问题不在历史社会学范畴,但作为政治学人还是可以谈一谈。我自己是政治学出身,但起步于西方政治思想史。思想史的研究方法有一个不断精准、精确、复杂化的过程。为什么这么说呢? 在 20 世纪 80年代初,第一代政治学人都从人物出发来研究西方政治思想史与国家理论。但是,人物研究没有关注其时代情境与问题争论,只是解读与提炼经典作家的"伟大作品",以此形成"中国特色"的西方政治思想史叙述方式。直到 21 世纪,我们才开始引进剑桥学派的思想史研究。剑桥学派的一个研究特点是细致,不仅仅关注伟大作品,而且重视作者同时代的报纸杂志、修辞方式、用词形式、当时的核心争论及其宗教文化以及语言变迁的背景。这给中国学者的西方政治思想史研究带来很大的麻烦,因为我们没有办法去研究当时的拉丁文与报刊文献,或者这么细致的研究对于中国似乎没有太大意义。这直接导致我们很难撰写出西方政治思想史领域的"本土"优秀作品。

不过,思想史研究现在有两大转向。其一是转向翻译现代性,关注西方的经典作品如何历史地进入到中国,包括使用什么语词概念来对译与表述,在汉语语境下怎么影响中国思想界和观念世界。这方面是一个富矿,还有很多资源可以挖掘。其二是转向概念史,在传统向现代转型过程中,一些重大概念、基础性概念、新的概念和关键概念出现语义的生成与变迁。我们用概念或概念集群来替代孤立的文本,把文本及其作者一起带入到历史的特定时空语境,运用当时的报刊资料,更细致地看待作者等当事人的心态、写作背景和社会交往关系网络。我认为这两个路径非常重要,也已经成为当今的学术潮流。

从思想史转入概念史和翻译史,这个路径意义很大。第一,我们可以知道自己如何抛弃传统,如何引进西方,如何成为现代。我们要探寻自己向何处去，就必须知道我们是从哪里来。第二，进入现代之后，中国人失去精神和文明的独立性，只能对西方概念加以"中国特色"的限制，比如中国式的现代化、中国化的马克思主义、中国特色的社会主义、中国式民主。那么，中国人的精神是什么？它又是如何变化的？所以，我们应该还原思想、观念与概念的历史，把西方的归西方，传统的归传统，哪个时期的归回到哪个时期，将原本普遍的概念与理论进行历史化和情境化处理。只有这样，我们才能够还原出一个真实的中国，认识到一个不断发展变化的中国历史，才能重新找回曾经丢失的传统，看清楚我们仍在有意无意坚守的传统观念。

对于如何收集和运用材料的问题，我认为可以学习西方搜集史料和运用史料的新方法，比如把现在的机器学习和大数据运用到历史文本，利用社会网络分析，考察近代文人的人际关系网络如何推动社会政治结构的转型与变革。我觉得，在大问题的引导下，比如中国是如何从传统走向现代的，或者现代抛弃了哪些传统，哪些传统对现代中国和未来中国的发展还有作用，可以打通事件史、社会史、思想史、观念史和哲学史之间的总体断层，重新对历史进行立体化与问题化。提出一个问题或系列问题，形成问题域，把复杂的历史过程勾连在一起，生成意义链，才能真正理解中国人的精神史与心灵史，并对中国的现在与未来有帮助，也才能够超领域、跨学科，最终做出有思想、有品位、经得住时间考验的学术作品。

政：以往社会学与政治学的研究缺乏历史面向，如今得到重视。那么，历史方法研究的竞争性优势在哪里？历史社会学与我们熟知的比如"比较历史分析""历史制度主义"等方法有什么联系与差异呢？

郭：首先，我们需要澄清一下，有必要在方法（method）与视角（approach）之间做一定的区分。approach 是"接近"，是指我们看待问题不断地走近真相与真实的渐进过程，是分析问题的角度与工具，跟观察的 per-spective（视角）和解决的问题有关，也就是说，当你确定好一个视角和研究目的时，就要同时注意其优势与限制，如同天文望远镜，瞄准某个点就意味着看不到另一个点。method 是指收集材料的手段和研究技术，比如量化与质性研究。无论视角还是方法，都可以关联到历史，但含义不同。在method 意义上是把历史看作论证材料的来源，定量是把历史转换为数据，比如量化史学，而质性研究把历史作为案例。但在此之前你得先确定如何看待历史，比如"比较历史分析""历史制度主义"，这决定了选取、收集与运用什么历史材料。

　　但无论如何，视角与方法意识都是立足于社会科学，一般不会真正尊重历史学的人文面向，没有重视历史场域中活生生的人物与时空情境。这也是遭到历史学抵制的根本原因所在。在确定这个前提的基础上，我们才能求其次，讨论社会科学的历史方法优势问题。首先是可以拓展认知空间与视野，而不是局限于单一方法与视角。例如思想史，不仅仅是研究思想家的作品，还需要考虑作者当时的书信及与报纸杂志的相关争论。因此，空间的扩展与时间的延伸是一个很大的优势，重视方法与视角的多样性和包容性。

　　此前的社会科学研究并非完全没有历史视角，而是认识论及其前提假设太集中于进化论，而现在需要扩展视域范围，从多层面多角度多领域进入历史。但是，历史社会学不是视角与方法，而是时间跟空间的整体考虑，它反对以前的历史学只关注时间、社会科学只关注空间，进而强调的是时空统一，而且空间是时间中的空间，时间在空间中流淌，一定要强调两者结合，这才符合人们社会生活的真实样态。至于后来发展出来的"比较历史分析""历史制度主义"，其实都来自历史社会学的母体，并没有质的区别。只是说关注历史制度主义的人更考虑历史中的制度，强调把历史变迁放在制度变迁与制度的偶然性、必然性和复杂性之中，而不够重视历史中的人物、事件与思想。这把历史社会学所关注的广阔空间聚焦在制度层面。这是你所问的联系层面。

差异层面也是很明显。20世纪六七十年代的历史社会学家们把重点放在国别与体制之间的比较，形成一种比较历史的分析工具；斯考切波从社会学转到政治学，把这个分析工具带到政治学，使得比较历史分析和历史制度主义成为他们脱离历史社会学并重新激活政治学资源的最好工具。但这一派的研究特点依然是社会科学的结构性思维和分析性语言，脱离了历史学的人文意识。

政：了解到您接下来还将出版一部相关的新著作，这与您的前一本《历史社会学的技艺》有哪些联系呢？能否透露一些关于本书的构思与亮点？对历史社会学从理论到方法的思考，您近年来一系列文章和著作背后的核心关注与前沿思考是什么呢？

郭：正如之前说的，我进入历史社会学领域较慢，十年时间我只是在慢慢消化国际知名学者的思想观点，学习他们做学问、做学者和做人的方法，站在巨人的肩膀上总是让我诚惶诚恐。在这段时间里，我也有所积累，而最有意义的地方在于"三步走"：第一步是阅读伟大人物的伟大作品，第二步是跟他们面对面交流，第三步是在西方众多作品的基础上思考自己的研究。我关注的问题是：这些学者背后有什么共同特点与问题？形成20世纪历史社会学潮流的动力是什么？为什么形成这个潮流以及要走向哪里？显然，我关注的焦点是西方学术史。

这个问题促使我反思西方历史社会学传统的近代根源，进而上溯到西方文明源头上的时空关系观念。西方文明传统的时空观念为何物？在古希腊与中世纪如何表现？近代又出现什么变化？其背后的核心争论是什么？这不仅涉及西方思想史，还扩展到哲学史、观念史以及其背后的核心问题争论过程，包括17—18世纪维柯、笛卡尔、培根围绕历史主义、理性主义、经验主义三大传统之间的第一大认识论争论；第二大争论是19世纪初在密尔、孔德、兰克之间的方法论争论。我试图揭示其背后争论的本质，这构成20世纪历史社会学的争论基础和前提。20世纪之后，美国主导的社会科学越来越抛弃历史，历史学又受到兰克史学派的影响，而德国历史主义的、思辨性的历史研究不断收缩，这带来了时间和空间的分离与学科分化。历史社会学的真正价值是时空的重新结合，抵制时空分离的学科分化机制，而历史社会学又无法安放在现行的学科体制中。揭示这个关系矛盾或许是我这本书的基本框架和亮点。

当然，这部著作是在我这两年集中思考与发表的基础上的进一步整合与系统化。这个思考的核心任务是立足于西方文明史来反思历史社会学的学术定位。如果说还要进一步思考的话，就是建构我们中国社会科学的历史转向问题，即接着讲我们中国人自己的故事：我们需要以自身时空关系观念为基础的社会科学。所以，我接下来将回到政治学，准备再利用十年时间，思考两个大问题：一是进一步从西方文明史和学科史层面反思历史学和政治学的关联，二是尝试从中华文明史来思考政治与历史之间的关系。

政：我们注意到您已经在2019年下半年从华南师范大学调到云南大学，这是基于什么考虑呢？您将如何把已有研究与他们发展成熟的民族政治学结合起来？您是否可能把您擅长的概念史与历史社会学结合起来，给中国民族国家构建议题带来新的思考呢？

郭：通过对这个问题的回答，我想向学术同仁表达心声。我在华南师范大学工作了十几年，享受到很大的自由空间，正如我前面用的"狙击手"比喻，没有约束也没有压力。这给我很大的行动空间和自由的想象力，也因此成就我现在这样的学术个体户。但去年云南大学民族政治研究院邀请我，这有点像个体户加盟集团公司。周平教授在20多年的辛勤耕耘下，把民族政治学这个"集团公司"发展成为学术界无人不知的"学术品牌"。

对我自己来说，这次加盟可以把我过去所有的研究整合起来，投入到这个平台。我过去的研究，在这些年弱化了，我要以此为契机重新捡起来，这是其一。其二，我以前从思想史转入概念史，现在又做历史社会学，因此接下来集中在"中华民族—中国人"这个主题，把公民身份、历史社会学和概念史研究三者更加有机地结合起来，形成我的两个视角研究与一个方法论问题研究，视角研究是身份—认同与概念—话语，并在方法论层面发展这两个视角的历史面向，并且主要立足于云南独特的区位优势来提炼丰富的案例，进行比较案例分析。当然，这样的具体工作不是我一个人能完成的，必须发展研究团队来推动整个课题工程。我相信，这个新的研究定位可以回应中国政治及其对政治学发展的需要，也能够推动两个视角的理论创新。因此，我是想借云南大学政治学的一流学科平台，以"传—帮—带"的方式，培养一批学生，产出一批有特色的研究成果。

其三，我之前的研究主要集中在思想史、概念史、历史学、社会学和哲学，而对政治学学科的具体议题研究贡献不多，我接下来想重新回到政治学领域，回到现代民族国家构建与国民身份构建这个主题上来，并且是放在具体的历史形成中去考察。另一个重要方面是，中国领土幅员辽阔，东南西北的文化差异巨大，我们必须进行比较历史分析，考察政治身份构建的差异性和多样性、"一"与"多"的有机统一，必须充分比较东南西北、城市和农村、边疆和沿海城市。这是一个庞大的且很有意义的研究工程，值得我余生慢慢推进。

最后感慨一下，对于我所做的研究，并不是去满足某一领域或某一时的现实需求，而是强调对得起自己的过去和未来。希望在许多年以后，当我回看自己的学术简历时，我敢冷静地欣赏我的学术历程，每一项成果都清楚记录我自己学术人生的发展路径，而且对得起自己的良知。我不希望"未来的我"在否定"过去的我"，这是我最根本的学术心愿与最大的价值追求。

政：非常感谢您接受我们的采访，采访的最后是"政治学人"读者的福利时间。作为青年学人的我们应该如何选择和进入自己的研究领域呢？您能结合自己的"逆袭之旅"给未来的政治学人送上几句建议和期许吗？

郭：我认为任何走上学术道路的人，都非常不容易，一定面临各种各样的困难、挑战、诱惑和期待。在这个过程中，并不是你想怎样就怎样，而是受到各方面机缘和偶然因素的影响。我很羡慕现在你们这一代年轻人有良好的学习条件、平台、天生与后天的优势，而且我时刻清楚自己出身贫寒，天生愚钝，学术出身卑微，只能不断"逆袭"，因此才艰难走到现在，也将在学术道路上继续走下去。所以，我认为，首先你要知道自己的所短，才能做到自己所长。同时，你要知道别人所长，但不是囿于某一个学术领域，不是崇拜某一派的学术权威，而是吸取百家之长，成就自己一点点不可替代的特长。只有你的胸怀和境界宽广，你内心才不会焦虑，才能做好自己的研究，才能在诸多的道路选择和学术成果中发现自己的生长空间，才能找到自己安身立命的方法。

我有一个可操作性建议可以分享给大家。每一个学术大腕看似都是自成一体，言之有理，但你只要把他跟其他同样的大腕放在一起，就一定有争论和张力。那么，你的作用是什么呢？你是支持谁，反对谁，还是走出第三条道路呢？我认为，你不是批评或者肯定他，而是立足于学术史的长河，冷静思考，吸取各自的长处来成就自己的研究，思考你的研究对于知识增长是否有贡献和推进。这意味着，一定要关注学术争论，思考分歧的真正根源，然后提取自己的问题，采用不同的材料和论证手段，寻找新的发现，然后参与并回应争论。

最后，我送给大家的一句话是，多阅读，多思考，多参与学术争论，同时希望社会科学研究多关注历史，宽容、多元、复合地看待历史。

图书在版编目 (CIP) 数据

历史社会学的力量 / 郭台辉著 . —北京 : 商务印
书馆 , 2021
ISBN 978-7-100-20002-8

Ⅰ . ①历… Ⅱ . ①郭… Ⅲ . ①历史社会学－研究
Ⅳ . ① K03

中国版本图书馆 CIP 数据核字（2021）第 104930 号

历史社会学的力量

郭台辉 著

商 务 印 书 馆 出 版
（北京王府井大街 36 号 邮政编码 100710）
商 务 印 书 馆 发 行
南京新世纪联盟印务有限公司印刷
ISBN 978-7-100-20002-8

2021 年 9 月第 1 版 开本 880×1240 1/32
2021 年 9 月第 1 次印刷 印张 12⅛

定价：59.00 元